生態学的言語論が語る
学びの未来

宇都宮 裕章 著

風間書房

目　次

第1章　研究概要 …………………………………………………… 1
1.1　背景 ……………………………………………………………………… 1
1.2　目的 ……………………………………………………………………… 6
1.3　用語 ……………………………………………………………………… 9

第2章　言語と教育を繋ぐ視座の萌芽 ……………………… 13
2.1　変化への注視 …………………………………………………………… 13
2.2　理論と実践 ……………………………………………………………… 17
2.3　能力と状況 ……………………………………………………………… 20
2.4　個人と社会 ……………………………………………………………… 27

第3章　生態学的言語論 ………………………………………… 35
3.1　言語形成への生態学的アプローチ …………………………………… 37
　3.1.1　言語の動的側面 …………………………………………………… 38
　3.1.2　記号過程と言語形成 ……………………………………………… 51
　3.1.3　アフォーダンスと意味 …………………………………………… 58
　3.1.4　相互作用 …………………………………………………………… 70
　3.1.5　行動と主体変容 …………………………………………………… 78
　3.1.6　記号過程の全体像 ………………………………………………… 90
3.2　生態学的言語論の方法 ………………………………………………… 97
　3.2.1　意味と教育の接点 ………………………………………………… 98
　3.2.2　対話と教育の接点 ………………………………………………… 109

第4章　意味分析の実際 ……………………………………………… 121

4.1　言語形成についての意味分析 ……………………………………… 121
 4.1.1　数量詞 ……………………………………………………… 125
 4.1.2　格助詞 ……………………………………………………… 129
 4.1.3　言語規範に対する考え方 ………………………………… 134
4.2　主体変容ついての意味分析 ………………………………………… 141
 4.2.1　学習者分類の問題点 ……………………………………… 142
 4.2.2　学習者の意味 ……………………………………………… 150
 4.2.3　学習者の変容 ……………………………………………… 153
 4.2.4　学習者理解という支援者の行動 ………………………… 163
4.3　実践場面についての意味分析 ……………………………………… 168
 4.3.1　場面変化の過程 …………………………………………… 168
 4.3.2　意味づくりの学習 ………………………………………… 182
 4.3.3　意味としての評価 ………………………………………… 188

第5章　生態学的言語論と教育実践 ………………………………… 195

5.1　多様性・均衡性・持続可能性 ……………………………………… 196
 5.1.1　出来事間の連続性 ………………………………………… 197
 5.1.2　体制整備からの脱却 ……………………………………… 204
 5.1.3　生態学的教育目標 ………………………………………… 210
5.2　実践場面としての言語活動 ………………………………………… 213
 5.2.1　こえの素材 ………………………………………………… 214
 5.2.2　教科学習の中の言語活動 ………………………………… 219
 5.2.3　協働学習が意味するもの ………………………………… 225
  5.2.3.1　主言語の授業 ……………………………………… 227
  5.2.3.2　非主言語の授業 …………………………………… 233
5.3　言語形成における媒介 ……………………………………………… 240

5.3.1 専有の発生と相互作用・対話・意味づくり	241
5.3.2 創発するカリキュラムとシラバス	245
5.3.3 仲介者としての支援者	251
5.3.4 媒介物としての教材	254

第6章 結論と展望 ··· 261

付記 ·· 269
引用文献 ·· 273
索引 ·· 283
謝辞 ·· 291

図表一覧

図 3.1　エンフィールドの記号過程 ·· 43
図 4.1　学習者の多様性 ·· 152
図 4.2　記号過程としての ZPD（van Lier, 1996, p.194 を改変したもの）············· 154
図 4.3　［44］直後の板書 ··· 177
図 4.4　実践場面の全体像 ·· 181
図 5.1　学級担任との協議 ·· 205
図 5.2　TA の業務 ··· 205
図 5.3　児童自作のノート ·· 206
図 5.4　保護者との面談会 ·· 206
図 5.5　時間割 ·· 207
図 5.6　特別編成学級 ·· 207
図 5.7　放課後勉強室 ·· 208
図 5.8　保護者懇談会（左）・子育て相談会（右）································ 209
図 5.9　個人的行動 ·· 222
図 5.10　集団的行動 ·· 223
図 5.11　対人的行動 ·· 224
図 5.12　班内の議論と教師のサポート ·· 229
図 5.13　英語での対話活動 ·· 234

表 3.1　言語の構成 ·· 49
表 3.2　記号過程の全体像 ·· 91
表 3.3　各分野における研究目的・方法論・検証法 ································ 93
表 3.4　分析上の表記 ·· 96
表 4.1　先行研究上の学習者分類 ·· 142
表 4.2　支援者と学習者の対話 1 ·· 171
表 4.3　支援者と学習者の対話 2 ·· 172
表 4.4　支援者 T_3 の記述 1 ·· 173
表 4.5　支援者 T_4 の記述 ·· 173
表 4.6　支援者と学習者の対話 3 ·· 174
表 4.7　支援者 T_6 の記述 1 ·· 175

表4.8	支援者 T_6 の記述2	175
表4.9	支援者 T_3 の記述2	176
表4.10	支援者と学習者の対話4	177
表4.11	支援者 T_3 の記述3	179
表4.12	支援者 T_3 の記述4	179
表4.13	支援者 T_8 の記述	180
表5.1	階層表1（ひらがな筆記の実践）	214
表5.2	A小学校での授業の一場面	216
表5.3	階層表2（A小学校）	218
表5.4	授業の概要（N教諭作成・一部筆者が改変）	220
表5.5	階層表3（H中学校）	225
表5.6	生徒に配付された授業進行表＋論点表（日本語訳）	228
表5.7	階層表4（Jenny Gomes校）	232
表5.8	本時の授業進行	235
表5.9	対話の中での専有1（Q小学校）	242
表5.10	対話の中での専有2（T高等学校）	243

第 1 章　研究概要

1.1　背景

　近年、世界的に国境を越える人々の移動規模が拡大の一途を辿っている。それに伴い各国への移住者の長期滞在化・定住化が進み、追随して言語教育も早急な対応が求められるようになってきた。移動先の社会で多くの人々がコミュニケーションに支障をきたしていたり、社会に馴染めずに孤立していたり、希望する職業に就けなかったりする事態についての対応がそれである。我が国においては、特に教育現場を中心に、入国してきた家族の子どもたちに対する指導が行われてきた。

　数値的に見ると、言語指導が必要と言われる子どもの数は2016年度現在、日本国籍の児童生徒を含め4万4千人に近づいている（文部科学省, 2017）。統計が示す事態の深刻さが広く認識されてきたことも相まって、行政的な対策が進んでいる地方自治体を多く挙げることができるまでになった[1]。こうした基盤整備においては、緊急避難的に行われてきた対応に相応の根拠を示した点で、なるほど研究活動の貢献は無視できないだろう。言語種や教科に対する力点の置き方によって研究テーマは様々であるが、中でも子どもの母語の保持と活用による学習支援を謳った主張（清田, 2003; 朱, 2003; 岡崎, 2005）、教科内容を主軸にして第二言語での理解を優先する試み（齋藤, 1999; 光元他, 2006; 南浦, 2008）、第二言語に焦点を当ててその能力の測定に関する考察（川上, 2003; 川上・髙橋,

---

[1]　特に、外国人集住地域と呼ばれる静岡県浜松市、群馬県太田市・大泉町、三重県可児市、愛知県豊田市などでは、外国に繋がる児童生徒に対する先進的な取り組みが行われている。当該児童生徒が多く在籍する学校に特別に常勤の教師を配置する加配教員制度も存在し、他地域に比べると行政的な整備が手厚い。むろん、それでも不十分だという声があることも事実である。

2006）といった当時の新観点からのアプローチは評価に値する。

　しかしながら、現時点においては、諸研究成果が強調するほどに実際の現場状況の好転に貢献しているとは言い難い側面が散見される。少なくとも筆者が接してきた教育現場においては、上述した研究成果が十全に活かされていると思えない状況にある。その意味では、四半世紀以上前から議論されてきたにもかかわらずなかなか解消までには至っていない、今日的な問題と言わざるをえない。悲観的な文言を用いれば、混迷度がますます高まっている状況にある（小川, 2003; 小川, 2010）。何年も前に指摘された事項がほとんど同じ形で、しかも何度も何度も現出する（静岡新聞, 2016）ことを鑑みると、研究姿勢になんらかの不備があったのではないかと疑われても不思議ではない。

　もっとも、成果還元が遅々として進まぬ理由を研究姿勢だけに起因させることはできないかもしれない。社会情勢の変化によって予想もしていなかった側面が現れたため、従来の対応が不能になっているということもありえよう。日本国内の言語教育は特に社会の影響を受けやすく、単に言葉を教えるという技術論をこえて問題が多方面に拡散していった様相が見られる。たとえば、年少者特有の言語習得・発達に関する問題に加え、教材・教科書・教室・指導者確保等に関する資源の問題、指導法開発・クラス運営・張り付き・取り出し・時間割調整等に関する方法の問題、生活適応・カウンセリング・いじめへの対応といった人間関係の問題、学年配置・教科教育・進路選択・入試といった既存教育制度との整合性問題、入国管理・定住・住所不定・不就学・オーバーステイ等に関する社会・法律制度の問題、養成課程・教師への指導・研修等の人材育成に関する問題、多文化交流・国際理解教育といった文化的教育の問題、ボランティア活動・母語あるいは継承語支援に関する地域との連携など、概略を列挙するだけでも複雑さが垣間見られる。

　では、一体どこに研究成果不浸透の根があるのだろうか。

　当該事象の発生源が判明していないところだろうか。確かに、個々の事象を深く探究することによって当該事象の原因を特定することは可能だと考えられ、とりわけその事象が問題化している場合には原因の究明が問題解決への手がか

りになる可能性はある。たとえば、「どのようなことから教えていけばよいのかわからない」のならば、教授内容を明らかにすればよいとも言える。「説明が難しい」「理解してもらえない」のならば、教授方法を提供するだけでも問題解決に向かう可能性が高くなろう。たとえ完全な解決に至らなくとも、考察によって施された捉え方や考え方が具体的な行動を促すこともあるだろう。

　ところが、教育現場の人たちにしてみれば「そんなことは百も承知だ」というのが本音である。筆者も繰り返しその言葉を耳にした。分かっていてもどうにもならなかったからこそ、およそ解決などしてくれそうにない研究者相手にまで、何とかして欲しいという微かな期待を込めて意見を吐露するのである。現場の教員たちの声が暗示しているのは、さらに改善への訴えがいつまで経っても途絶えないのは、原因の特定あるいは内容や方法の提示という対処法では機能しないということなのではあるまいか。研究史を概観してみると、従来のとりわけ日本での言語教育研究の結論の大半は言語的内容あるいは教育的方法の提唱である。しかしながら、もしそれで解決済みならば、そしてもし当該提唱が本当に有益であったならば、これほどまでに現場を苦しめることもなかったはずである。

　本研究の問題提起は、従来の研究が無駄だったというものではない。研究成果が現場に浸透していかない理由は、おそらく内容や方法自体の不適切さに因らない。むしろ、諸研究の成果が関連付けられていないところにあるのではないだろうか。しかるに、本研究の方針は先の言語的内容と教育的方法それぞれの解明や開発を主軸にするところから距離を置き、両者を繋ぐ視座に基づいて考察していくものとならざるをえない。

　両者を繋ぐ視座をもつということは、研究の方向性自体を実際の教育現場に向けるということでもある。研究成果が学校や地域等の文脈全体まで届かなかったのは、ひとえに教育的活動の捉え方が不十分だったからとも言える。個別の問題解決を指向する研究は近視眼的に問題そのものを表面化・目的化する傾向にあるが、それで終わりにしてはいけなかったのである。この研究姿勢は、当座の問題点をあぶり出し、唯一の解決策を求め、結論を強制的に実現化しよ

うとすることに直結する。特に言語教育の文脈では、これらがそれぞれ異物を（問題化しそれを）取り除こうとする目的、矛盾（に目をつぶりそれ）を避けようとする目的、決着を強要しようとする（全てをうまくまとめて終わりにしようとする）目的に結び付く。その目的が教育現場に影響すると、当該現場においては上述したような諸領域に関する潤沢な資源や有能な人材を望むべくもないために、対応に従事しようとする人たちに過度の負担を強いることになってしまう。さらにその事態が日常化すると、明示的な問題の解消に汲々とする実践、さらには問題解消こそが実践なのだという取り違えの下に教育的営為が行われることになる。いくら理屈の通った、高度に先進的な解決策を提供できたとしても、現場に「無いものが必要である」という結論では無用の長物と化する。さらに、提供物を越える考察、たとえば学びそのものについての考察を無視してしまうと、もっとも大切にすべき学習者としての子どもたちと、子どもたちの居場所への配慮がおざなりになってしまうのではなかろうか。現に、万策尽きて八方塞がりとなったため起こる言語教育の放棄（たとえば子どもたちが授業中に放って置かれた様子）を、かつて筆者も、いくつかの場面で目にしている。

　多くの場合、研究結果がそのまま実践となるわけではないものの、このような目的に準拠して行われた研究が現実的な取り組みに根拠を与え続けているのは事実である。特に、教育現場に散見される「人材確保」と「補償教育」を優先する対応などはまさに当該結果の実現化である。

　言語教育のエキスパートを獲得しようとする方策が人材の確保と言われている。しかし、実際に求められる資質への要求が先の問題群が示す通り極めて広範囲に及んでいるために、そのすべての要求に応えられる人材を求めれば求めるほど適格者が減っていく。逆に、その範囲を網羅しようとすると様々な領域からの専門家を揃えなくてはならなくなる。資金面の制約からそれらが困難になると、今度は実在の教職員に相応の専門的技量を獲得してもらうという働きかけが生じる。ところが、この技量獲得には相当数の時間捻出を要する。職務中の公的な時間から捻出すると通常業務の時間が削られ、私的な時間から捻出すると精神的なゆとりをなくし追いつめられる危険性がある。このような事情

はどこの現場でも発生可能性のある構造的なものとも言えるが、それをある特定の個人に負わせてしまうと、その人が本来もっている力を発揮する時間や機会が喪失する。一方、現場にまったく存在しない知識・技能を獲得しようとすればするほど、どこまで行っても充足しない人材や教材の不足が次々と露呈する。

　もう一つの補償教育は、主流語（ある社会における占拠的・支配的な言語）の教育体制を整える方策である。特に、主流語による「コミュニケーションの困難や齟齬」が発生すると、程度差はあれ何らかの言語教育を実施すべしという主張が各地で聞かれるようになる。むろんこの背景には、言語力の不十分である者がそのままの状態でいた場合に起こりうる人権侵害の回避と、社会参加の保障や学習権の確保といった各種国際条約（世界人権宣言・国際人権規約・子どもの権利条約）等からの要請がある。現場の教職員としても、学習ができないという状況を放置することは堪え難いことだろう。しかしながら、こうした学習者の権利保障および成長への貢献と、主流語の補償を必然的な因果関係で結び付けることについては批判がある（山田, 2010; ハタノ, 2009, pp.30-31）。それは、使えないのなら学ぶべきという主流語補償の状況そのものが、互いに異質な構成員同士が対等な関係を維持しながら社会参加をし、同じ地域に属する者として社会を営むという共生理念を遠ざけているためである。加えて、主流語を使いこなせるか否かの差がそのまま権益の差となって顕現するためでもある。いわば、補償教育自体が、主流語が話せれば社会的地位の向上に直結する（逆に話せなければ不利を被る）ことを前提としているのである。それがために、補償を厳格に実施しようとすればするほど主流語が分かるか否かで一方的に評価され、学習者の自己と自律性が無視され、主流社会からの抑圧を受ける危険性が高くなっていく。むろん、他の教育施策と同様、補償教育でも端的に専門家や各種資源が求められることには変わりないが、補償教育でさえ充実していないのが現状で、そうした稀少性ゆえ専門家が育っていない、現場にも存在していないと心無い指摘を受けやすい。加えて、一定の専門家が存在していても、高度な補償教育的（従来型の言語教育的）専門性のないことを理由に短絡的に不適格者

とする風潮が他の領域に比べ強いとも考えられる。

こうして、補償教育が不十分だと専門家の補充が謳われ、専門家の補充がうまくいかないと日常業務が複雑化し、日常業務が複雑になると補償教育が充実しなくなる。まさに、悪循環と言えよう。この悪循環の鎖は是非にも断ち切らなくてはならない。

本研究における考察の端緒は、上の対応を希求し続けることには限界があるという点にこそある。異物の排除は特定の個人、もしくは社会制度への一方的な責任追及に繋がってしまう。そうしないためには、あるがままの場の肯定を試みていくしかないのではないか。また、個の尊重と集団の維持を同時に実現しようと思えば、必ずどこかで綻びが生じる。それを回避するには、何らかの形で両極の接点を探っていくしかないかもしれない。さらに、一方的な決着の強要は反感や抵抗を生むことに結び付きやすい。それを回避するためには、気持ちや態度などの判断を一旦保留にして別の方策を創出する試みを継続していくしかないと考えられる。それぞれの方法は、本研究において「変化促進」「関係構築」「秩序創出」活動と名付けていくことになる。

1.2 目的

本研究の目的は、教育に求められる「あるがままの場の肯定（多様性の許容）＝変化促進」、「二極化した事象を結ぶ接点の探求（均衡性の配慮）＝関係構築」、「判断の保留と他方策の創生（持続可能性の追求）＝秩序創出」という活動についての理論構築と実証である。その理論を「生態学的言語論」と名付ける。生態学的言語論は、言語教育を見通すための言語と教育の一体化を図る理論である。言語に関する理論ではあるけれども、言語の見方が拡張していくので、言語現象説明理論という位置に留まらず教育的営為とその在り方も説明するものとなる。

言語教育研究、中でも日本国内において言語の在り方そのものの問い直しから着手した理論構築研究は、これまでまったくと言ってよいほど行われてこな

かった。そこには、ほぼ完成域に達している言語学的内容論をそのまま踏襲し、後は教育学的方法論のみ展開していけば十分であるという安直な姿勢が見え隠れしている。内容論の筆頭に言語学があるのならば、それは尚更当然と言えるかもしれない。残念ながら、未だに言語学的理論を応用することが教育実践だという見解が根強く残っていて、内容を方法に優先させることを原理とする文脈も多い。これがいわゆる内容論の優位性である。さらには、一世紀以上に渡り続けられてきた議論によって内容論と方法論の乖離が益々進み、両者とも堅固な研究領域となったために、現在では各領域の違いだけが際立ち一方から他方へ手を出せなくなっている。つまり、互いの研究成果をそのまま鵜呑みにするしかない状況、あるいは無視するしかない状況を生んでいる。

　一方、生態学的観点による言語への接近法の根幹的な考え方は、普段意識にも昇ることのない当たり前のこと、もしくは表立って理論化せずとも誰もが実践可能なもの、さらにはすでに実践されているものであったがために、言語教育の議論に上ることがほとんどなかった。悪循環を断つ切り札になる方法を明示する可能性があるにもかかわらずその重要性が理解されにくかったのは、変化促進・関係構築・秩序創出という動的な活動を裏付ける考え方が多くの領域に散在していて、かつそれらを包括できる土俵が知られていなかったことに因る。そして、その考え方を現場に届く表現で頻繁に言及する機会がなかったことにも起因する。加えて、教育現場の問題点だけを執拗に指摘し続け、良好な側面の発掘を怠ってきたこれまでの研究姿勢にも原因の一端があるだろう。

　実践知は現場にある。だからこそ教育現場を肯定的に解釈し、現場で発現可能な活動群の価値を訴えられる理論を構築していくことの意義がある。また、教育的営為に貢献可能な言語の論考は各領域の周縁に押しやられている。だからこそ、各領域の知見を再発掘し、再解釈し、まとめ上げていくことの意義がある。これを生態学的観点の下に行った言語論研究は管見の限り極めて稀な試みである。しかし、生態学的観点だからこそ可能になる。

　従来の人材確保や補償教育に代替可能な考え方および方策とは何か。多様性を許容すること、均衡性に配慮すること、持続可能性を追求することの具体的

な意味、裏付け、手法とは何か。本研究では、これらに対する回答を探るべく、古典的な対応を引き起こす背景にある概念を批判しつつ、旧概念に対抗できる観点についての議論を行っていく。これが言語的内容と教育的方法を繋ぐ捉え方である。

ただし、この提唱に際して越えなくてはならない壁がある。まずは、前述した（言語）理論と（教育）実践との分断である。これが学問的分離主義に拍車をかけ、両者の有用な知見の社会還元を停滞させている。次に、言語的資質を身に付けることが言語発達であり、それを目的とするのが言語教育であるという言説である。特に、言語の働きや仕組みを能力と呼びそれを個々の言語運用や言語発達から規定する、あるいは言語能力を予め個体に内在する普遍性に求めてしまうと、学習者へ影響する文脈的要因についての議論まで手が届かなくなる。能力至上主義が行き過ぎると、学習の重要性が低下する。教育的営為が無駄だという極論に近づいてしまう。そして、個人の発達と社会の様相の乖離である。「個人が成長するためには社会がよくなくてはならない」とは経験的に語られることであるが、その一方で「社会をよくするためには個人の貢献が必要である」とも言われる。それは、心理学的発達論と教育学的社会論の乖離が示唆する見解である。両者を付き合わせてみれば容易に判明する通り、互いが互いの要因だと謳う循環論になってしまう。

もし理論と実践を包括できれば、実践を構成するものの必須性に囚われることなく教育的営為を展開することができるであろう。つまり、資源等の過不足を殊更に強調する必要がなくなる。また、能力と状況を包括できれば、言語を個人の所有物とする足枷を外せる。つまり、能力（に見えるもの）も状況の中で発生すると考えるために物象の獲得を教育的営為と規定しなくても済む。そして、個人と社会を包括できれば、どちらか一方を他方の原因あるいは結果にしなくてもよい。つまり、責任の所在をどこか特定のところに起因させる負荷の偏りを回避できる。

本研究では、以上のような貢献を目指して言語観の改変を迫る。いわゆる言語論的議論の展開なのであるが、それでも一般言語学的テーゼのように言語と

個体とを直結させることはしない。逆に、言語が環境の中に既存するものともみなさない。むしろ言語を個体（あるいは学習者）と環境（あるいは居場所）を繋ぐもの、さらにはその総体とみなしていく。これが「生態学」を冠する理由である。後述する通り、生態学は二律背反的に捉えられてきたものを連続体として取り扱うことを可能にする議論である。理論的内容と実践的方法、能力と状況、個人と社会は本質的に別々の存在とは言い切れない、少なくともそのように捉えていこうとするのが本書である。

生態学に注力していくのには、もう一つ理由がある。子どもたちを含めた言語の学習者はけっして学びの場から独立して存在しているのではない、という面を強調したいからである。学習者は自らが学びの場をつくり出している。場そのものが学習の源泉になっている。そして、学習者と場との相互作用が教育的営為である。この当然とも言える見解を経験的なものに留めておいてはならないし、等閑視したままでもいけない。

1.3 用語

本論に臨むに当たり、本研究で用いる術語について確認しておく。本節では、すでに定義をしたものも含めて、これから言及する用語の中でも特に重要なものに限って取り上げる。

「記号（semiosis）」「言語（language）」「主体（actor）」「実践（practice）」すべて同義として議論していく。名称の別は観点の違いを反映しているだけである。関連する議論については、それぞれの論説箇所を参照のこと。これらに加え、「教育」についても厳格な定義を控えているが、本研究では最広義の概念でありそれらが何かという論考自体が本稿の趣旨ともなっている。

「記号過程」「言語形成」「主体変容」「実践場面」上記用語の動的側面を強調して表現したもの。すべて同義として取り扱う。関連する議論については、それぞれの論説箇所を参照のこと。

「尺度（scale）」「観点（perspective）」どちらもある現象を観察する立場や姿

勢のこと。前者はある現象についての相対的な時間的・空間的切り取り方の大きさ、後者はある現象を観察する際の構えを強調している。

「主言語（identical language）」自分に最も親しい言語、過度な負担もなく理解や表現が可能な言語、幼いときから多用し現在も使っている言語、もしくは多用はしないけれども自分のルーツを表すような言語。(Skutnabb-Kangas & Phillipson, 1989 の母語の規定を踏襲)

「主流語（language of the main stream）」社会の中で多くの人に用いられる等の支配的・占拠的な言語。一定の権威をもった言語。

「相互作用（interaction）」ある場面に参与しているもの同士のやりとりおよび当該やりとりの影響。広義では、人同士の関係に限らず有機体とその営為が生起可能な場としての環境との何らかの交流・交信を含む。狭義では、個人的操作の階層における行動や機能を示す。

「対話（dialogue）」相互作用と同義で用いる。主として言語的現れによるやりとりのことを示しているが、対話の前提として言語が存在するという立場は本研究では採らない。狭義では対人的行為の階層における行動や機能を示す。

「意味づくり（meaning making）」相互作用と同義で用いる。主として実践場面における何らかの価値や意味を創出する行動を指す。狭義では集団的活動の階層における行動や機能を示す。

「3要素（three elements）」記号の代表・対象・解釈項。

「3範疇（three categories）」記号の第一性・第二性・第三性。

「省察（reflection）」広く思考・反省を含めた捉え方、考え方の意味で用いる。本稿では一般的な理論を換言したものとしても使用していく。狭義では、記号の解釈項のこと。

「行動（behavior）」広く主体の行い。狭義では、記号の代表として取り扱い、操作・行為・活動をまとめて示すときに用いる。また、主体の表現型の意味で用いることもある。

「学習者（learner, student）」学ぶことで変容する個体。狭義には主体の表現型としても言及する。

「支援者（supporter, mediator, tutor, teacher）」学習者に寄り添って教育的営為を執り行う主体。教師や養育者、案内人、熟練者、指導者等もここに含め、特段名称区分が必要ない文脈で用いる。

「素材（materials）」言語の表現型。狭義では言語の現れ（代表）。

「自己（self）」主体の（学習者を含む）表現型。狭義では主体の現れ（代表）。

「資源（resources）」実践の表現型。狭義では実践の現れ（代表）。

「アフォーダンス（affordance）」実践の表現型。先行研究上でも多彩な定義がなされているが、本稿ではそれらを抱合したものとして言及する。おおよそ、相互作用の中で個体が知覚する現象のこと。

また、「ことば」や「言葉」という表記は常套句や引用部以外では使用せず、語義の広狭を問わずすべて「言語」で一貫させる。「identity」の日本語表記は引用文・本文共「アイデンティティ」で統一した。引用文中の［　］は、筆者が挿入したものである。

第 2 章　言語と教育を繋ぐ視座の萌芽

　言語と教育は不可分である。それは、言語が教育を創造し、教育が言語を形成していくという相互構成関係にあるためだと考えられる。端的には、この相互構成関係によって教育的営為が成立する。

> こうしてみるとわたしたちの教育体制では、言語こそが教育であり、教育の活動や過程を構成し、管理し、統御し、評価するのが言語であることがよく分かる。さらに、言語が教育を創造し維持し再生産することの重要性も見えてくる。明らかに、言語のない学校は存在しえない。教育も行うことができない。言語は、あらゆる学校のあらゆる教室において教育を行うための手段となるだけでなく、教育機関を組織するための根源的な道具となる。生徒の個人記録、成績データ、校則、教育目標、給食の献立、課外活動の発表会など、学校生活のどの側面を切り取ってみても言語によらないものはない。
> 　　　　　　　　　　　　　　　　　　　　（van Lier, 2004, p.1: 筆者訳）

　ヴァンリアの見解は、誰もが日常的に意識し納得している至極当たり前の事柄であろう。ところが、実際の教育現場を概観してみると当該見解が十全に活かされている場面は極めて稀である。大半は、言語を教育（的営為）の手段としているか、逆に教育を言語（形成）の手段としているかのどちらかである。一般的には前者が教科（内容）教育、後者が言語（語学）教育と称されている。むろん、その実態自体は否定しようもない現実であり、現実を否定することは本研究の趣旨でもない。本研究の遂行により批判していきたいのは、むしろ、言語と教育が明示的に出会っている現場にもかかわらず、その出会いを考慮せずに行われている営為および当該営為が背景としている拠り所である。

2.1　変化への注視

　本研究では、前章の分断観念を包括的に議論することのできる生態学的言語

論を展開していくが、その際の、言語と教育とを抱き合わせた取り扱いを促進すると目される観点がある。それが、言語変化についての考え方である。ここから、個人が基盤となる考察を越える議論を始めることができる。

　個人的な言語変化と社会的な言語変化が時間の流れの中で統一した扱いができることは、すでにハリデーら（Halliday & Matthiessen, 1999）の分析によって明らかになっている。その中で彼らは、言語変化を歴史的な系統発生的変化、発達的な個体発生的変化、そして日々の言語使用上の経験発生的変化という3様態に区分している。むろん、これら様態の領域は時間の連続性において互いを有し合っているため、明確な境界線を施した範疇とすることができない。

> 記号的変遷については主にこのような3つの［系統発生・個体発生・経験発生］過程がある。それぞれの過程において意味が不断に生み出され、伝えられ、再生産され、広げられ、変化させられる。上位の［長い時間の］変遷は下位の［短い時間の］変遷の環境を提供し、逆に、下位の変遷は上位の変遷の材料を提供する。
> 　　　　　　　　　　　　　　　　　（Halliday & Matthiessen, 1999, p.18: 筆者訳）

　この規定に従うまでもなく、変化を分析するにあたっては「時間の連続性」に基づくのが第一原則であり、主体や場面（時枝, 1941）の連続性如何で変化の判定が異なってしまってはならない。万一、主体の連続性（同一人物性）に基づかないと変化の様相が分析できないということになると、歴史的な様相は同一主体による言語使用でないことを理由に変化と認められないことになる。また、習得的な様相も同一地域での言語使用でないことを理由に変化と認められないことになる。これらが極めて不自然な捉え方であることは贅言を要しない。

　言語の見掛け上の違いを時間の尺度の差に起因させることで、変化の特徴が導き出される。それが「変化は常時発生し限界や方向性がない＝可変性」という性質である。

　　（1）a. 書きて・読みて・待ちて　　→　書いて・読んで・待って
　　　　b. 着るらむ・老ゆるらむ　　　→　着るとき・老いるとき

(2) a. あそこに食べて・ここにいて　→　あそこで食べて・ここにいて
　　b. へび3本・子ども3個　　　　→　へび3匹・子ども3人
(3) a. 花　　　　　　　　　　　　→　さくら・ひまわり・あさがお
　　b. もも・りんご・いちご　　　→　果物

　上の事例は、(1) は系統発生的変化、(2) は個体発生的変化、(3) は経験発生的変化として言語現象を断片的に抽出してみたものである。時間軸に沿った変化を、矢印を挟んで左側から右側への過程として示した。こうしてみると、可変性自体は変化に要する時間の長さを問わないことが分かる。

　(1a) の動詞活用の変化を見てみると、テ形への接続の仕方が古語から現代語にかけて一般化規則から分化（逸脱）する方向に変容したことが見える。古語では全ての四段動詞について［語幹］＋［イ音］という形でテ形に接続していたものが、現代語では語幹の最後の子音の違いによって、イ音、撥音、促音と別々の音が使われるようになった（いわゆる音便化現象）。これに対して、(1b) は統合に向けての変化である。つまり、「着る」（上一段活用）と「老ゆ」（上二段活用）とで別々の活用をしていたものが、現代語では同じ一段活用になった。

　分化と統合の両過程が認められるのは、時間の尺度を短くしていっても同様である。(2a) では、どのような場所に対しても「に」を使用する様相から、「に」と「で」の使い分けに至る過程が示されている（久野, 2003）。一方、(2b) は、いわば概念化という統合が生じている例で、任意の個体に適用していた数量詞の使用法から、分類学的な統合に基づいた使い方ができるようになるまでの推移が示されている（内田・今井, 1996）。

　さらに、言い換えに代表されるような瞬時の言語変化[2]においても、(3a) のように抽象的なものが具体化する方向も、(3b) のように具体的なものが抽

2　こうした短期的な変化を経験発生的変化と呼び、ハリデーらに従い時間の尺度を最小にして観察した変化と定義する。一見この現象は、単なる言い間違いや言い換え、さらには他の主体による意味の取り違えのようであるが、変化と考えられる根拠は、系統発生的変化・個体発生的変化と同じく意味付けや解釈の変容過程が認められるためである。

象化する方向も観察できる。極めて短い時間の観察においても分化と統合の両過程が存在する。

　このように分化と統合という方向を異とする変化過程の存在は時間の尺度差を問わない。一般的に「言語が変化をしている」という主張は、時間の流れに沿って言語現象を観察・記述してはじめて可能になるもので、ある2つの時点での抽出を行い抽出時における様相に互いの異なりを認めると変化をしたということが言えるようになる。この点で、観察の方法においても、記述の仕方においても、変化と認めるか認めないかの判断においても、個人的言語の分析（いわゆる習得論）と社会的言語の分析（すなわち歴史的変遷論）の差異は認められない。異なるのは唯一、観察期間に対する視点の取り方すなわち観察時間の「肌理（＝尺度）」(Gibson, 1979) の大きさだけである。こうして、幼児のおしゃべりから成人が使用する書き言葉への推移も、平安時代の古語から現代語への推移も、共に同じ「変化」と認めることができる。すなわち、言語変化はあらゆる尺度で観察できるのである。このことは、直ちに言語変化に帰着点や限界点がないこと、さらに、どのような方向に変化するのかについても予め規定や予測が不可能であることを示す。確かに、部分的現象に限定して一定の時間の枠内で追跡すれば、上の事例の通りある方向性や限界点を規定することができるかもしれないが、そうした部分的な分析から得られた結果だけで即座に「限界点あり」「方向性あり」などと一般化することはできない。

　この議論を発展させると、言語習得研究の領域でしばしば言及される変化限界の概念、つまり「臨界期」の存在も支持できないことになる。もっとも、専門的な立場においても「人間の諸機能の臨界期とされる具体的事例は数えるほどしかない」（白畑他, 2004, p.123）という見解に留まっている。倫理的な観点からも、言語限界を想定することは（臨界期から先の）学習の不能を意味するために、論考の前提としてはならないだろう。教育学的な観点でも、後述するJ. レザーとJ. ヴァンダム (Leather & van Dam, 2003) やL. ヴァンリア (van Lier, 2004) らを嚆矢とする分析が重要な示唆を与えている通り、発達的な様相を総体的な言語変化に含めるのが望ましいと言える。

以上の議論は、臨界期をはじめとする変化限界概念を前提としなくても言語教育の実践には何ら支障の無いことを意味する。それは、臨界期等の存在に疑義があるためだけではない。言語そのものの変化の様相から限界設定の不適切性が導き出されるからでもある。すなわち、時間の尺度の大きさを問わず、よって発達的変化や歴史的変化の別を問わず、常時変化をし続ける言語の可変性を否定することの無意味さである。これは裏を返せば、発達や習得なども含めてすべて言語の変化として捉えることの重要性である。以降、本研究ではこの変化について「言語形成」という用語を適用していく。

2.2　理論と実践

　言語教育に関する取り組みは言語自体をどうみなすかという通説によって簡単に左右されてきた。その歴史については、ヴァンリアが簡潔にまとめている（van Lier, 2004, pp.25-32）。言語使用が入出力から成る情報の交換であるという「計算仮説」が支持されれば、情報量の違いを利用した課題解決が実践となる。また、言語学習とは能力の獲得と所持であるという「蓄積仮説」が支持されれば、もっぱら語彙や文法規則の暗記が主たる方法となる。専門的な理論を噛み砕いて焼き直した通説如何で教育方法の異なる様相が示されているが、同著での重要な論点は実践の裏付けとなる諸通説の正当性ではなく、正当性を吟味しにくいのが実践そのものであるという主張にある。

　その実践とは何かという議論を教育学に求めていくと、P. フレイレの理念に行き当たる。

> 言葉の中にはふたつの次元がある。省察と行動がそれである。それらは一方が一部なりとも犠牲にされれば、他方もただちにその影響をこうむるほど、根源的に相互作用しあう関係にある。同時に実践とならない言葉は、真の言葉とはいえない。したがって真の言葉を話すということは、世界を変革することである。
> 　　　　　　　　　　　　　　　　　　　　　　　　（フレイレ, 1979, p.95）

フレイレの言う「省察」と「行動」は、一般的な文脈で語られる「理論」と「実践」に匹敵する。だからこそ、省察と行動の合一体が「言葉」となり、「労働」となり、「実践」(praxis) となる。フレイレの言うように省察と行動が根源的に相互作用し合う関係にあるのならば、実際上の言語の現れをどれほど注意深く分析していっても、こちらが省察・あちらが行動、などと明瞭な境界線を入れることは不可能であろう。万一、境界線が施されている状況があったとすれば、それは真の言語ではなくゆえに実践でもない。フレイレはこうした状況を「犠牲」と呼び、行動が犠牲になった「空虚な放言」と省察が犠牲となった「行動至上主義」を厳しく戒めている。盲目的な通説によって執り行われる危険性とは、まさに空虚な放言、あるいは行動至上主義に傾倒してしまうことである。あるいはヴァンリアも指摘する「疑わしい指導や学習方法の安易な選択」(van Lier, 2004, p.27) のことである。

　では、その危険を回避するにはどうしたらよいのだろうか。その道のりは長くなるが、ここではまずフレイレが提案している一つの考え方を吟味してみよう。

> 言葉を話し、世界を命名することで、人間は世界を変革するのだとすれば、対話こそが、人間が人間としての意義を獲得するための方法となる。したがって対話は人間として生きるために不可欠なものである。対話とは出合いであり、対話者同士の省察と行動がそこでひとつに結びついて、変革し人間化すべき世界へと向かうのだから、この対話は、けっしてある者の観念を他者のなかに預金する行為に還元されたり、たんに議論の参加者によって消費される観念のやりとりになることはできない。
> 　　　　　　　　　　　　　　　　　　　　　　（フレイレ, 1979, pp.97-98）

　これが「伝達」に対峙する「対話」の定義である。よく知られている「銀行預金型」と「課題提起型」の対比も、教育は対話（課題提起）によって行われるべきであるという信念を象徴的に表現したものである。対話によって省察と行動が結び付くという語り方からは、言語が対話に先んじて存在しているのではなく、対話が省察と行動の合一体すなわち言語を生むという主張が帰結する。

　ただこの結論は一見奇異に映る。常識的な考え方を引き合いに出せば、コミ

ュニケーションの様態である対話的なやりとりの行為こそ言語を使わなくては成立しないように感じられるからである。端的に、言語を知らなければ対話ができないように見えるのが普通ではあるまいか。しかしこれは、単に対話と言語を逆転させた規定に由来する問題ではない。実際フレイレ自身も、対話を経験的認識に先立つア・プリオリな存在としてみなしているわけではない。むしろフレイレは、固定化された先験性を教条主義の名の下に否定していると言える。彼の議論を精確に辿っていくと分かるように、対話は言語の構成要素にはなりえない。だからこそ、「言葉は、対話を可能にするためのたんなる道具にとどまるものではない」（同著, p.95）のである。ここでは、言語の本質を成すものとして対話があるという考え方を押さえておきたい。

しかし、それでもフレイレの議論によって対話の在り方が十分裏付けられたとみなすのは難しい。なぜかと言えば、フレイレが明らかにしているのは教育についての哲学と、それを支える対話の重要性だからである。対話そのものに関する考察は、現実世界の不正と不平等な社会秩序を是正しなければならないという信念によって、もっぱら倫理的な側面からの議論に絞られている。そのために、「省察を考慮に入れない盲目的な教育は行動至上主義である」と言っても、その行動至上主義を回避するためにはどうしたらよいかという問いに対しては、残念ながら「対話が必要」以上の解答を求めることができない。むろん、だからと言って卓越した考察の価値を軽んじることはできない。本研究が積極的に関与しなければならない議論も、必然的に対話とは何かという問いを巡るものになってこよう。それはむしろ、フレイレの考察を別様の切り口から支持していく方向へと舵を切るものである。

本研究上では、一般的な文脈で言う「理論」と「実践」を対立的な概念として取り扱わない。本稿での理論とは省察のことであり、実践とは省察と行動の合一体のことである。そして合一体を称して言語と呼ぶ。後ほどこれらの定義の妥当性についても議論を行うが、実践＝言語ということが了解できれば対話が言語を生むという見解の逆説性も解消されていくだろう。

2.3 能力と状況

言語習得が発達能力ではなく、人の一生分の時間における「変化」だと捉えるレザー・ヴァンダム（Leather & van Dam, 2003）は、従来の習得論（一般習得論）で前提としている次の観点の見直しを図っている。

①母語を習得の基準とする。
②習得とは予め内的にプログラムされているものである。
③子どもの時期を習得の基準とする。
④述語等で示される論理形式が意味の決定には必要である。
⑤習得は社会化に先行する。
⑥習得のデータとは産出されたものでありテストによって測定可能である。
⑦文脈が習得の前提として存在する。
⑧習得は話し手と聞き手の会話の枠組みの中で生じる。

言語習得とはもとより時間的・空間的・社会的・文化的・教育的など様々な様相が複雑に関係しあって発生する現象なのであって、ある一面からの観察で仮定された基準に従い習得が進むとすることはできない。そうした瞬間に、その基準から外れる現象が習得と呼ばれなくなってしまう。そのため、①を前提とすると、単一言語環境で成長することが広く世界を見渡すと特殊なケースであるという事実に目が行き届かず、多言語環境の中で言語を使用するようになる者の様相については解明不能となる。

②の主張に賛否両論があることは周知の通りなのであるが、それは別としても、内的プログラムと外的に観察される言語との繋がりが説明できなければ、中途半端な理論となる。それが⑥を前提とする理由である。しかしながら、産出データが何を意味するのかの定義や推測が、たとえば②の観点に委ねられているとすると、最悪の場合循環論になる。確かに産出データの吟味は大切であるが、データ自体が「習得されるべき（はずの）もの」を示しているわけでは

ない。その了解がないと、データを証拠としてプログラムを組み立てるなどという失態を犯すことになってしまう。

　③についても、絶対視できない観点である。それは、小学校に入学後も言語の学習が必要であることを等閑視している。5～6歳までに基本的な言語能力が完成するという理論は確かに魅力的ではあるが、その考え方を前提とした結果、クラッシェン・テレル（1986）のように「学習」と「習得」の区別を考慮する必要性が生じ、N. チョムスキー（Chomsky, 1965）の言うように「言語運用」と「言語能力」の区分を謳わなくてはならなくなる。もちろん、そうした区分の是非については未だに決着をみていないが、素朴な見方による、大人になってからも言語の学びが継続するという事実はいかにしても否定ができない。たとえば、敬語表現が代表格であろう。敬語表現がうまく使いこなせないという成人の存在は、③の前提では説明しようがない。

　述語表現が産出できたことを「論理的」な言語習得の証拠とするのが④の前提である。そして、論理的な能力の獲得が意味の獲得に結び付いていくと論じていく。この捉え方の背景には、「言語習得時における言語刺激の貧しさ」問題がある。これは、言語を駆使するという人の高度な能力に比して人の周りで使われている言語の貧弱さ・不完全さを問うたもので、俗に「プラトンの問題」とも呼ばれている。環境からの刺激が乏しいのだから、（生得的であれ経験的であれ）論理の理解能力を獲得する方法があるはずなのだ、と考える。その方法の解明に際して、まずは論理を表現できる述語表現を調べるのである。ただ、環境からの刺激が本当に乏しいのかどうかは疑問で（Mehrabian, 1968; Tomasello, 1992 など）、述語表現だけが高度な論理的思考を支えているものでもない。それに、「刺激とは何か」「完全な刺激はありえるか」を議論しないうちから、刺激が乏しいの貧しいのと言っても始まらない。

　⑤の前提も大いに疑問である。多くのデータが、言語が社会的・文化的文脈の中で発生することを示しているのにもかかわらず（Leather & van Dam, 2003, p.8）、能力（認知力・言語能力）があってこそ人の社会化が可能になると説く論述が存在する。その一方で、⑦のように文脈を言語と切り離した上で、文脈の

存在があってこそ習得が可能になるという主張もある。しかしながら、言語と文脈はそれぞれ独立して存在するものではなく、まして、どちらか一方の発達が他方の発達の前提になるとも言い切れない。それでも⑤や⑦の前提が習得研究に必要な理由は、習得物の定義の難しさにある。⑤が前提となれば習得物が内的なものだとする定義に妥当性が生まれ、⑦が前提となれば習得物が外在するものだとする定義に妥当性が生まれる。つまり、習得物のありかが特定できるのであり、後はその習得物をいかに取り込むかという議論をすればよいことになる。しかし、それでは相変わらず「習得物」についての解釈が方々で食い違ったままになる。

　最後の疑問点は、キャッチボール的な二者間のやりとりの側面だけを研究対象とする危険性を述べたものである。これは習得物を一方（たとえば母親や指導者）から他方（たとえば幼児や学習者）に伝達することによって習得が成立するという捉え方に他ならず、三者以上の者が関与する社会的・文化的状況、伝達以外の（たとえば同意や承認といった）行為、言語の産出・創発といった観点を完全に無視している。

　近年は、上の疑義を背景にして言語観の転換さえ強力に迫る研究が行われ始めている。

　Lantolf（2011）は、社会文化歴史的理論（Socio-Cultural and historical Theory 以下 SCT と略す）、中でも L.S. ヴィゴツキーの最近接発達領域（Zone of Proximal Development 以下 ZPD と略す）理論を第二言語習得論に適用した研究である。言語習得は ZPD での媒介（mediation）行為から発生するという主張で、「概念重視の支援法（CBI）」等いくつかの媒介の様相に言及している。ここで特筆できる重要な言語観が「習得は普遍的な現象ではない」というものである。習得の個人差も能力の違いではなく、媒介方法の違いだとする捉え方は首肯に値する。その方法も理論とみなすことにより、実践/理論分割の不備を修正し教育実践分析を基盤とする理論構築へと向かう。

　Larsen-Freeman（2011）は、自然科学の分野でも広く受け入れられている複雑系の考え方に基づく習得研究である。「自己組織化」「非線的開放系」「初期

値敏感性」「共適応（進化）」「パターン創発」「（微調整による）安定化」といった概念は複雑系理論の根幹であるが、これらに関する現象が言語習得過程でも観察可能であることから、一般習得論における言語観の訂正を迫る。ひとえに、「単純（規則的）なものではない」という言語観への転換である。複雑系理論を採用すれば、たとえば動詞の活用についても、規則的で連続する進行が現れることに加え、不規則で断続的な道筋が見られる点を合わせて説明できる。言語習得を複雑系と捉えることで、言語変化の様相そのものの解明にも結び付く。そこでは、変化の予測（prediction）は不可能であるが、解釈（retrodiction＝遡及して説明する）は可能だとする考え方および実例の存在が極めて重要である。すなわち、規則の存在を前提とせずとも習得研究ができることになり、従来型の方法論に縛られることのない研究手法の開発にも繋がる。

Norton & McKinney（2011）の研究方法は、「アイデンティティ・アプローチ」と呼ばれている。脱構造主義の哲学者とされるM. バフチン、P. ブルデュー、J. デリダといった面々が展開した言語論を踏襲し、「唯一無二の個」の概念が核となった伝統的な西洋哲学に対峙する言語観を提唱する。曰く、アイデンティティとは「人が世界との関係性を理解する方法」のことである。ノートンらはその関係性を、時空間を通して構築されるもの、さらには未来の可能性にまで拡張している。言語についても「個人の所有物ではない」と考え、同時に抽象化（普遍化）できるものでもないと捉えている。このことから、言語学習を可能にする機会が社会的に構成されると説く。たとえ言語学習を行っている者に高い学習動機があったとしても、あるいは高度な認知力があったとしても、教育環境の中に学習者の評価を低めるような「嫌悪感」「異質性排除圧力」「努力の未認知」等があればけっして学習は進展しない。こうした調査結果からも、言語学習に対する十分な「投資」（集団への参加の良好な段取り）がなされてこそ、同じ言語を使用する人々との繋がりが、ひいては学習者の言語形成（投資に対する見返り）が発生すると言える。すなわち、言語習得には個人の動機ではなく投資が先行するのである。

これらの議論と一般習得論との最も大きな相違点は、言語習得を個人的能力

とみなさない点である。このことから、幼児期（あるいは言語学習初期）のみを研究対象に指定することはしない。また、ある一個人から抽出された発話や表記をもって習得物だとする見解も放棄している。さらに、習得が社会化に先行する（習得の力の源が生得的に存在する）、あるいは文脈がないと習得できない（社会の中に習得物が既存する）といった、従来の生得説・経験説の区分にも拘っていない。これらが謳う言語観は言語が関係的・過程的存在だということに他ならず、その大きな枠組みの中に個人としての人が属しているにすぎないというものである。有意義な、十分な意味や価値の中に埋め込まれて（意味ある世界に囲まれて）人の言語が形成される、このような捉え方は、世界がなければ自身の言語も発達しないという素朴な考え方の再解釈である。

　能力という観点では、習得の議論に加えてもう一つ欠かすことのできないものがある。それが「言語教育に言語規範は必要か否か」という議論である。この議論は、近代的言語教育の開闢以降脈々と繰り返されてきたが、特に最近は「教育文法」という呼称によって必要性が強調されている（山内, 2009; 森・庵, 2011など）。規範の存在（特に理論的存在）は否定しようもないが、その存在を前提として「文法を扱うのが教育である」「分かりやすいルールを学習することで言語能力が向上する」といった考え方は、必ずしも真とは言えない。

　言語規範を個人の能力に還元しない議論は古くからある。その代表的な研究が、社会言語学確立の先駆者と言われたD.ハイムズのものである。

> 子供は文法体系を獲得する社会的基盤の中で、人、場所、目的、その他のコミュニケーションの様式に関して、その使用の体系をも獲得するのである。つまり、伝達事象の全ての要素を、それらに関する態度や意見と共に獲得するのである。そこにはまた、会話、応対、標準的慣例等における言語の連続的使用の型も展開されるだろう。そのようなものを獲得するということが、子供の社会言語能力（あるいは、もっと広く、伝達能力）なのであり、それは、その社会に唯単に話すことができる成員としてではなく、コミュニケーションができる成員として参加する能力なのである。
> 　　　　　　　　　　　　　　　　　　　　　　　　　（ハイムズ, 1979, p.107)

　後述するB.ロゴフが言語発達を規定する30余年前に、このような議論の重

要性を提唱していた先見の明には驚嘆させられる。さらに、言語能力を「参加する能力」と捉えている点においてこれも後述するJ. レイヴらの見解に接近していたことが見て取れる。そしてそれ以上に注目すべき点は、すでに当時から強力に支持されていたチョムスキー（Chomsky, 1965）による言語学の研究目標（＝言語普遍性の解明）をけっして「到達することのできないもの」と断じ、「理論的には完全に均質的な地域社会における理想的に流暢な話し手だけにかかわり、実行においては自らの直観と形式論理にだけかかわっているような言語学理論の考え方は、その理論の主唱者が拒否しようと思っている人間に対する見方をもっている人達の術中に無意識のうちにはまることになる」（ハイムズ, 1979, p.127）と述べ、言語学の在り方そのものに厳しく批判を加えているところである。これは、今日の研究潮流を予見していたとも考えられる。つまり、人の均質性と内省に基盤を置いた言語学は、社会に与える影響を完全に等閑視したものであり、たとえそれが科学的であったとしても現実の言語運用や言語多様性をまったく説明できないという姿勢である。言語能力の規定からしてチョムスキーのものとは著しい相違がある。

　近年は、言語規範の捉え方そのものが拡張している。従来のように、単純に資質や能力と規定し切れなくなってきているのである。

　たとえば、Langacker（1998）は「あらゆる適格な文法構造には概念的意味が与えられる」（同著, p.2）と述べ、文法も語彙と同じように概念が構造化（すなわち記号化）したパターンであるという言語観を提唱している。ラネカーはこうした言語観に依拠する「認知文法」の創始者として知られている。認知文法上の意味に対する見方も特徴的で、意味自体が人の利用可能な資源を用いた複雑なプロセスから発生するものと捉える。ここから、従来の言語学（一般言語学）が示すような意味と文法の自律性（意味と文法が別々に存在すること）を否定し、意味が文法に反映される様を記号論的構造によって説明するという研究手法を取っている。たとえば、英語の疑問文で使用されるdoに対しては、単に形式上の必要で挿入されるものとするのではなく、動詞的な意味が最大限に抽象化されたパターン（schemaあるいはprototype）と規定する。主語や目的語

のように一般的には語順でもって定義される[3]文成分に対しても、心理学的な焦点的際立ち（profile）の差に起因させて説明する。

　生物を身体の機能から説明するのと同じように、言語を人に関する機能から説明するというアプローチを採用しているのがGivón（1998）である。「言語とは知識の表象であると同時に表象されたもののコミュニケーションである」というのがその言語観にある。ここから、言語的概念の一切は人の（心理的・認知的）働きが反映された構成物と捉えられる。この観点に従うと、たとえば、名詞は時間的にある程度安定している対象、動詞は動作や出来事や関係などがコード化されたものと規定できる。また、ある言語表現の理解を可能にしている背景には人の恒常的意味記憶・エピソード記憶・作業記憶という3つの機能があり、それぞれ、個々の語彙知識の解釈を可能にする文化フレームの共有、照応表現の解釈を可能にする談話の共有、直示表現の解釈を可能にする状況の共有に結び付く、と言えることになる。

　認知機能が文法構造に反映されているという言語観はCroft（1998）も同様で、アスペクトという典型的な文法現象においてさえ、「概念化のプロセスを通して決定」（同著, p.71）される様相が観察できる。たとえば、resembleやloveなどの状態を表した動詞には現在進行形が使えないというのが一般言語学の規定であるが、時間的尺度の変動（すなわち概念化の過程）によって使えるようになる[4]。こうしたところから、構文や文法カテゴリーが不変だという見方にも疑問符が付く。それと同時に、各言語固有の規則に見える部分も、当該言語話者の習慣（これも歴史的な概念化過程と言える）に起因させることができるのである。

　Hopper（1998）の言語観も古典的言語学へのアンチテーゼとして位置付けられる。ホッパーは、一般言語学の見解、特に既存の形式と既存の意味とを結び付ける閉じた固定化コードとする言語の見方をア・プリオリ文法（APG）と名

3　日本語の場合は格助詞という機能的な語の付加による。
4　こうした例は日本語においても遍く観察される。したがって、「文法性」（文法的に正しいか否か）と「容認性」（語用的に適切か不自然か）の区別も、極めて恣意的で、実際には容易に区分できないことが分かる。

付け、自身が唱える創発文法（EG）との対比を通して言語観を明示している。APG では、適格な形式を組み立てるための規則の集合が個々の言語話者の心の中に備わっていると考える。また、構造的単位から成る言語形式が、超越的でかつあらゆる言語使用者が同時に利用可能なものと捉える。ここから、均一性を強調し個人差を逸脱とみなしてしまう欠点が APG にあると断言している。一方、EG は、個人の所有物ではなくコミュニケーション的存在、完全なものではなく断片的なもの、均質なものではなく個々の表現の蓄積、そして再生産を可能にする永続的なものではなく話し手の間で交換可能な変容物である。「存在」とすらみなさず堆積した習慣の集合体と考える点において、EG はまさに状況や文脈の中で「創発」するものと規定される。

　こうしてみると、一つの言語学的見解だけを取り上げて言語を語ることこそ不自然であり、どの理屈が正しいかを決する方向の議論も重要性をもたないことになる。むしろ、一つの言語現象に対して多元的な捉え方が可能であるという点に注視していくことが必要になってくるだろう。文法が先験的に存在しない、少なくとも、固定的なものではないと知れば、「文法を扱わないと言語学習が不可能」という思い込みを打破する契機になる。人の認識や機能（広義の意味）が語彙や文法に反映している、少なくとも、逆ではない（意味を言語構造から完全に抽出することができない）と分かれば、「意味を教えないと言語学習が不可能」という見解へ疑義を呈することができる。意味の側面から構造を考察する手法が方法論になりえると了解しているだけでも、音・語・節・文といった構造的単位に分割した上で分析を行うことの不十分さも見えてくるだろう。

2.4　個人と社会

　言語は、個人に関して「既存しない」「獲得されない」「（獲得して）完全ではない」。このことが判明した背景には、言語教育に関する革新的な知見の提唱が貢献している。代表的なものに、正統的周辺参加論（J. レイヴ・E. ウェンガー）、対話による識字教育論（P. フレイレ）、社会文化的活動による言語発達論（B. ロ

ゴフ)、ZPD の拡張論（L.ヴァンリア）、生態心理学的言語論（E.リード）があるが、これらの議論に通底する捉え方とは、言語形成が社会的・文化的実践であるというものである。同時に、形成の過程そのものに焦点を当てて考察を行い、言語についての論考に欠かせない「意味」の解釈と、「語り」や「コミュニケーション」の事象に言及している点が注目に値する。順に概観していこう。

> 状況に埋め込まれているという性質（つまり、状況性）は、一般的な理論的展望に重きをおいたもので、知識や学習がそれぞれ関係的であること、意味が交渉（negotiation）でつくられること、さらに学習活動が、そこに関与した人びとにとって関心を持たれた（のめり込んだ、ディレンマに動かされた）ものであることなどについての主張の基礎となるものである。　　（レイヴ・ウェンガー, 1993, p.7）

　上に要約されている通り、正統的周辺参加論では学ぶこと、考えること、知ることといった諸々の行為に相互依存性を強調し、意味や理解が状況の中の、あるいは状況から発生する活動に従事する人々の関係だと規定する。そして、マヤ族の産婆、アメリカ海軍の操舵手、禁酒中のアルコール依存症者といった人々の学びの過程に登場する「言語＝語り」の実践例を挙げて論証している。レイヴらが述べる「語り」とは、それを利用して学ぶものではなく、学びの実践そのもののことである。語ることを学ぶことが正統的周辺参加への鍵となる。学習の方法自体が状況に埋め込まれたものであるために、ある新参者が実践共同体の知識（意味）を理解しようとするならば、まずは自分自身を語り、共同体構成員の語りを聞き、互いの交渉を通して「何が行われているのか」「何をすべきなのか」「何が大切なのか」といった事柄を把握する努めに従事しなければならない。つまり、十全な参加者となるためには、そして十全なる学習を構成していくためには、いかに語るか（あるいは語らないか）という点が重要になってくるのである。
　前述のフレイレも、言語形成が社会的実践であることを強く主張する。

> 読み書きの能力を獲得することは、それらの技術を心理的に機械的に支配する以上のものである。それは意識の水準をともなってこれらの技術を獲得すること、つまり読む内容を理解し、理解する内容を書き表わすことができるようになることである。それは、文字による伝えあいを意味する。識字というのは、日常の生活世界とは切れている生命のない対象物である文章、単語、音節を記憶することではない。むしろそれは、創造と再創造の態度を身に付け、各自が現実にかかわる姿勢を生みだす自己変革の力を獲得することなのである。　　　　（フレイレ, 1982, p.105）

「獲得」という用語を使って議論を展開してはいるものの、その意味は「生活世界」への「言語的・実践的参加」に近似すると言うべきである。レイヴらの論考においてもしばしば「言語の獲得」という表現が用いられているが、彼らも随所で「学習とは単なる知識の獲得ではない」と断っており、一般的な文脈で言うところの「獲得」とは等号で結べない。フレイレの議論においても同様に、「獲得」を「普及」や「伝達」や「注入」を前提とする知識の受け入れあるいは記憶と解釈するのは間違いである。そのことは、次の言を見ても明らかであろう。

> コミュニケーションとは、不断の相互作用である。したがって、認識することと伝えあうことを重畳的なはたらきとしてとらえることなしには、思考を理解することはできない。認識し、伝えあうということは、しかしながら、思考し認識されたことがらを、つまり出来あがった思想を、たんに相手に普及するということではない。コミュニケートするということは、たがいの思想の交流をとおして、対象が何を意味しているかを明らかにしていくことなのである。だからコミュニケーションにあっては、受動的な主体などというものは存在しない。双方の主体は、おなじ思考対象を念頭しつつ、その思考内容を、たがいに伝えあうのである。
> 　　　　（フレイレ, 1982, p.220）

思考の理解は能力や技術や知識の伝達および獲得ではない。ここにレイヴらの学習論とフレイレの対話論の高い相同性を見出すことができる。まず、研究方法が酷似している。学習を結果からではなく過程から検証していること、教授行為に関する考察を一旦保留にし（あるいは対峙させ）学ぶことの本質を探ろ

うとしていること、その上で教えるという行為を広く教育の文脈の中で再解釈していること、そして言語と教育を包括的に取り扱っていることである。論述概念については、「関係」「状況」「学習」「主体」「相互行為（作用）」「思考」「知識」「認識」「アイデンティティ」といった術語の定義がほぼ一致している。「意味」あるいは「意味付け」という用語も両研究に散見される。こうした点を鑑みると、言語を広義の教育的状況と関連付けて考察することに、何ら不都合な点のないことが分かる。むしろ、積極的に言語形成を教育的営為に位置付ける必要性さえ感じられる。

　言語形成を教育的営為と明確に規定してはいないが、言語発達と称した上でその過程を分析した論考にロゴフ（2006）がある。

> 言語の習得もまた、人間生活の生物的かつ文化的な特徴によって支えられています。生活の中で、乳児は母語を聞き、それを使う人たちとコミュニケーションを始める機会を得ます。健康な人間の乳児は、社会の他のメンバーに接近したりかかわったりする手段を備えて生まれてくるようで、他者の模倣をしたり、一人きりにされることに抵抗したりします。乳児のやり方は、慣れない文化環境で学ぶ人なら誰にとっても適切であるやり方に似ているようです。つまり、信頼できる案内人の傍にいて、彼らの活動をしっかり観察し、可能なら加わってみる、そして案内人が与えてくれるどんな指示にも注意を払うというやり方です。（ロゴフ, 2006, pp.84-85）

　ここで言う「案内人」による文化環境への接近は、「導かれた参加（guided participation）」という概念に収斂する。この捉え方は、学びそのものが集団の活動への埋没、あるいは埋没へと至る変容の過程であるというものである。その意味で、正統的周辺参加の概念に極めて近い[5]。さらに論拠を辿っていくと、広く「有能な仲間との共同による問題解決を通じて決定される潜在的な発達水準の間の距離」として知られている、ヴィゴツキーのZPDの考え方に行き当たる。もっとも、ロゴフはヴィゴツキー研究の第一人者であることから基本的な発想をヴィゴツキーの論考から得ているようである。実際にも、SCTの観

---

[5] 実際にロゴフ自身も、レイヴらの提案を支持する旨を述べている（ロゴフ, 2006, p.374）。

点から考察を行っている点が特筆できるだろう。いずれにしても興味深いのは、ロゴフの論考もまた西欧伝統的な教授観による教育に批判を加え、個人だけに還元されがちな発達の問題を対人的、あるいは集団的な過程と位置付けている点である。その意味では、フレイレの主張に共鳴すると言うこともできよう。

先に言及した「案内人」をはじめ、正統的周辺参加論で言う「熟練者」、フレイレの「教育者」等、形成の始発期に関与する者の役割は、ZPD理論の枠組みの中で焦点化されることが多い。特に、ウッドらが提唱した「スキャフォールディング（scaffolding）」の概念（Wood, Bruner & Ross, 1976）によって課題解決を先導する者からの働きかけの重要性が示されて以降、言語形成の観点からもいくつかの研究が行われてきた（Sato, 1988; Larsen-Freeman & Long, 1991; Gibbons, 2002）。この議論の中で洗練されてきた見方とは、スキャフォールディングが単なる先達による未熟者の技量の引き上げに留まるものではないということである。近年は、子どもと大人あるいは広く初学者と専門家に見られる非対称的な関係そのものが学びの場、すなわちZPDであるという捉え方へ移行しつつある。これはZPDの拡張論と称することができる。

> 学習者の自己調整行為の領域は、教師等の専門家による支援をこえて様々な側面に拡張することができる。これは、教師の主導による作業、力量が拮抗する学習者同士の相互行為、そして個人的学習といったものを含む諸活動を豊かにするところに価値があることを示す。このような活動を混合させ均衡を保つことの適切性は、学習者、学習状況、言語技能、あるいは教科学習の性質に左右される。
>
> （van Lier, 1996, p.193: 筆者訳）

ヴァンリアは、発達や習得の代わりに「自己調整」という用語を使って、調整行為の領域を広げていく過程をZPDと規定する。その領域中には主として4つの文脈がある。力量（ヴィゴツキーの「有能性」）が非対称的な2つの文脈、対称的な文脈、そして内的資源に基づく「自己」との学びの文脈である（図4.2参照）。もともとのスキャフォールディングの観点では学習者等の下位者の力量の向上が主題になることが多かったため、教師等の上位者の役割のみに焦点が当てられていた（Cazden, 1988等）。しかし、ヴァンリアが強調しているの

は力量や知識の多寡といった表面的な非対称性が導く学習ではなく、多様性や均衡性（バランスの良さ）が持続する状況においての学びである。換言すれば、学習者自身が教師となる第二の非対称的文脈や独学的な個人学習の文脈を含めたあらゆる文脈が学びの場になるという提言なのである。したがって、「今ここでの学び」において、それがどの文脈で行われているのか、どういったカリキュラムが採用されているのかといったことは、実際の現場を観察せずにはけっして判明することがない。これが、具体的なカリキュラムの決定に当たっても教師や学習者によるまさに「ぴったりの」「どんぴしゃりの」（van Lier, 2004, p.149）反応と介入を必要とする理由でもある。

　この拡張論には学びの文脈の捉え方に加えて、もう一つ俎上に乗せておかなくてはならない議論がある。心理学的な発達と教育学的な成長や学習に関する考え方との整合性である。本研究では時間的な変化という観点から両概念とも統一的に取り扱う姿勢を打ち出していくが、拡張論においても基本的に発達と学習の区別を付けていない。それは、発達や学習が個人の水準をこえて生起するものであるというSCTを踏襲しているためである。SCTの議論を遡れば、先駆者であるヴィゴツキーによる「自然発生的（母語の）発達」と「非自然発生的（外国語の）発達」の違いに辿り着くが、ヴィゴツキーの研究においてもすでに両様相に思考（概念）の発達と類似の関係が成り立つことが確証されていた。「本質的には、それら［母語と外国語の発達］がことばの発達過程という同一の種類に属するという事実をわれわれから隠すことはできない」（ヴィゴツキー, 2001, p.246）という捉え方が今日のSCTに継承されている。中でもヴァンリアの卓見は、同一過程であることの根拠を自己の形成に求めた点にあるだろう。すなわち、言語と思考の形成に関与する自己の在り方が「生態記号論的」な成長過程にあるとした主張である。生態記号論的な過程とは何かという議論は次章で行うことにするが、国内でもこれに極めて近い研究がほぼ同時期に行われていたことは注目しておいてよいだろう。

> 言語の最も重要な機能を、思考・思想の伝達による人間相互の社会的関係の成立と考えれば、この言語活動のあり方が大きく問われることになる。こうした言語活動とは、あらゆる言語行為、言語活動を総合した、人間生活の一形態であると考えるべきだろう。では、ことばによるコミュニケーションが社会的人間の形成に資するものならば、その習得が具体的にめざすものは何か。それは、「思考の的確な言語化」と規定することができよう。なぜなら、人は言語によって事物・事柄等を認識し、それを思考・思想へと発展させることによって、初めてコミュニケーションが成立するからである。それはつまり、人が言語を用いて自分の考えていることを場面・状況に応じて、的確に表現することによって初めて対象社会への参加が可能になるからである。
>
> （細川, 2002, p.146）

　ここでの細川の趣旨は、「言語活動」が「自己（文化）形成の場」として機能するというものである。言語活動を「自己形成に関する意味を創出するための物理的・社会的・象徴的な機会」としたヴァンリアの定義に匹敵するところも興味深い。だからこそ、言語の習得（形成）に当たっては社会参加が基盤にならなければならないという提唱が生きてくる。

　もっとも、この点が伝統的な発達論あるいは学習論との対立を引き起こす要因ともなっている。（心理的・身体的・社会的）発達には（意識的・習慣的・教育的）学習が必要だ、もしくは反対に学習に際しては一定レベルまでの発達（あるいは生得的な機構）を前提とする、などという議論に代表される発達/学習分断論との齟齬である。自己形成という観点を介入させれば発達と学習の境界線が引けなくなるのは必然なのであるが、私たちがそれに気がつきにくいのは、おそらく二元論の明快さに過度に依存してきたためであろう。本研究に関連して言及すれば、前節の一般的な文脈における理論と実践、言語の生得説と経験説、合理論（＝超越論）と経験論（＝分析論）などというコントラストがそれである。もし二元論の明快さが理論的研究の社会的還元を遅らせているとするならば（古来同じような主張の繰り返しにもかかわらずなかなか社会的な理解が浸透しない現状を鑑みるならば）、その障害を取り除く試みにも価値が出てくるであろう。本研究では、その手法を生態学に求めようとしている。

> 言語はそれによって人々の集団が自分たちの行為と相互行為[6]とを調整する過程の一部として生態学的に理解することが可能だ。エコロジカルな情報は個体の行為の調整に役立つ。高等動物の多くは他者に提示するために情報を選択・産出する能力を進化させてきた。言語とは、その進化がさらに進み、動物が産出するこの情報が個体の集団の活動と意識の調整に役立つようになったものである。言語は主観的観念にではなく、エコロジカルな情報に由来するのだ。　　　　（リード, 2000, p.324）

　活動と意識の調整に役立つようになったものが言語だということは、言語を一個体が獲得する対象として存在論的に取り扱えないことを示している。リードは別のところでも集団のメンバーになるための技能レパートリーの発達を言語形成としており（同著, p.319）、発達あるいは学習というものを環境の変化に対する機能特定的な適応過程に求めている。この点はロゴフの議論に合致すると考えてよい。また、集団のメンバーになるという捉え方が正統的周辺参加論に通底し、社会参加と言語形成を同一視する考察に繋がっている。さらに、個体発生的な観点では調整過程が意味（概念・観念）を求める努力であるとして、新生児が何らかの意味をもって生まれてくるとする生得説、意味が環境の中で連合されていくとする経験説双方に異議を唱えている。この「調整」という捉え方が後にヴァンリアの「自己調整」という拡張論に展開していくことにもなる。これはつまり、二元論をこえる鍵が、そして発達と学習を統合しそれらを原因論にも結果論にも還元しない論考法が生態学的な観点にあるということなのである。

---

[6] 同著では一貫して「相互行為」という術語が用いられているが、本稿概念との齟齬を避けるために引用部分を除き「相互作用」を使用する（次章で言及する通り「行為」は第二性の代表として取り扱う）。

第3章　生態学的言語論

　これまで議論してきたように教育環境に言語の存在があるならば、言語形成の過程を辿る研究が必然的に発達論・学習論を含んだ言語研究となることは疑いない。ところが、この研究領域は長らく一般言語学を応用するところと考えられてきたために、特定の言語をどのように教授するか（指導論）、あるいは、言語がどのように学習者に獲得されるのか（習得論）という問いが研究主題になっていた。もっぱら定説化した言語学的理論を実践の場において応用するという議論が展開されてきたのである。

　一方、言語形成そのものの解明を目指した研究は、他の分野に比して明確な名称の下に確立しているとは言い難い状況であった。たとえ先の適用手法に則っていても、正当な研究分野と認められないことが多かった。殊に、我が国においては応用性自体が強調され、定まった名称のないまま教育学的研究に位置付けられてきた。それでも、実態は伝統的な教育学的研究とも異なるために、言語学習論あるいは言語習得論といった呼び方をする研究者が大半を占めていた。結果として、言語と教育に少しでもかかわりのある研究なら何でも、個人的な言語習得から公的な言語政策まで、生理学・心理学・社会学・文化人類学・政治学・統計学等々といった応用の出自分野を問わず、大雑把に位置付けられているのが現状である（Spolsky & Hult, 2010）。

　本研究は、この不明瞭な研究領域の位置付けを明確にすることを考えている。言語的内容を教育的方法に適用する仕方を開発するという従来型の論考を脱し、言語そのものが内容であり方法であることを解明する分野としての確立を目指す。そして、実践、とりわけ教育実践の場面を形作っていくところに言語の存在意義を見出し、この議論をもって言語教育を含む教育的営為の良質化・健全化に貢献する。したがって、本研究で提唱する生態学的言語論は、一定の分野内でしか通用しない理論とせず、一つの見方・考え方として提案していくこと

になる。

　提案に際しての拠り所がヴァンリア（van Lier, 2004）の規定にある。そこでは、教育の在り方を言語分析によって明らかにする研究、同時に言語そのものの教育的役割を生態学的観点から解明する研究とされている。その生態学については、ドイツの生物学者E.ヘッケル（1834-1919）による「ある有機体が別の有機体と接触するときの関係全体性」という定義を始祖とし、A.ネス（1912-2009）やJ.J.ギブソン（1904-1979）らによって確立された研究分野として知られている。各領域拡張の方向性も多岐に渡っているが、その背景の一つに第3世代の認知科学としての再評価が挙げられる（河野, 2003）。新しい認知科学としての位置付けを強化し実証性を高める試みであるが、全体の趣旨としては近年の認知主義に対する批判を前面に打ち出していて、その影響力は徐々に多種多様な学会へと波及しつつある。概して、観念（主観）と唯物（客観）の分割を前提としたデカルト主義的二元論や要素還元主義を排した、「（現象学的）過程論・関係論」と言えよう。これを教育学に引き寄せていくと、既存の教育体制や制度の中での適切な内容や方法を抽出する手法から脱却し、教育環境や現場の対象そのもの（現象）が「何であるか」「何を意味するか」を考察していくことになる。こうした研究法は、権力構造の再生産的側面をもつとされる教育的営為に対する批判姿勢となっても顕現する。前章で言及したフレイレ（1921-1997）や、I.イリイチ（1926-2002）の教育研究はその嚆矢である。M.バフチン（1895-1975）やヴィゴツキー（1896-1934）の言語研究の中にも生態学的な観点が随所に散見される。いずれも、言語を過程的・関係的存在と捉えている点を特徴としている。

　これらの研究を継承した議論を生態学的言語論と規定できるならば、そこでは言語をどうするかではなく、言語でどうすべきか（対話）が問われることになる。さらに、言語にどのような性質があるのかではなく、言語の価値（意味）とは何かが問われる。これら2つの問いは相補的な関係にあり、意味を問うことで対話が、対話を問うことで意味が明らかになる。つまり、前者は言語の働きを活かした教育内容（シラバス）、教育方法（カリキュラム）、教育評価（ア

セスメント）の解明である。後者は教育に貢献する言語の価値、学習者の理解や形成を促進する言語の仕組み、実践場面を良質化する言語の働き等を解明することである。この手法はフレイレが言う省察と行動を一体化する実践である。いずれも言語をめぐる現象そのものの流れと現象間の結び付き、換言して「（意味の）過程」と「（対話の）関係」とは何かを明確化するのが大きな目的となる。その過程と関係への問いが有効である理由は、ひとえに言語および教育が生態学的に捉えられるからに他ならない。以下、生態学的に捉えるとはどういうことなのかを交えて考察し本研究のメインテーマに迫っていく。

3.1 言語形成への生態学的アプローチ

その議論の有効性を、まずは研究史としての記号過程論を追っていくことで示す。

言語に引き寄せた過程論は、その論考の黎明期から教育実践を含めた言語使用・言語活動・言語生活といった実態や実際的・現象学的な現れを基盤とする研究領域であった。言語の物象的・心理的・概念的存在論に疑問を呈し、創発的・関係的構成論を軸としていた。その点で、一般言語学や一般習得論が前提としている「言語は静的コードである」「言語の要素は各種言語単位（音声・語彙・文法・語用法等）である」「生得的機構と外在的学習によって言語が発達する」「正当な言語規範が（どこかに）既存する」といった言語観に異議を唱え、「言語は記号過程である」「言語の場面はアフォーダンスである」「発達と学習は同一体系である」「相互作用によって（言語規範を含めた）言語が形成する」という見方に論拠を与えてきたのである。

しかしながら、厳密にいつ頃、誰が始めたものなのかは判然としていない。当該研究領域名称自体も出自が明確ではない。それというのも、確立された分野の手法や成果に基づいて研究が継承されてきたのではなく、研究成果が示唆する言語観に少しずつ考察が加えられていくといった理念的展開を辿っているからである。そのため、術語が一致していなくても類似する概念が同時期に並

存する様相が散見され、まったく交流のない領域間で奇しくも同じような課題に取り組み、似たような結論に至ったという事例も珍しくない。

そこで本節では、時系列に沿って重要な先行研究に言及しつつ、概念の類似性を軸に考察を進めたい。以下、記号過程・アフォーダンス・相互作用というキーワードを基軸にして生態学的な言語論の変遷を辿る。

3.1.1　言語の動的側面

言語を「生態学的な観点から」と明言した上で論述したものが近年までほとんどなかったとはいえ、生起現象の（空間的）「関係」と現象変化の（時間的）「過程」を取り上げ思考の実在が記号においてあるとしたC.S.パース（1839-1914）の理論に生態学的言語論の源泉を求めることは可能である。もっとも、パースの考察対象は広義の「記号」（semiosis）であって言語単独ではないのだが、パースに続くW. ジェイムズ、J. デューイ、G.H. ミードらが確立した古典的プラグマティズムが当時の北米における教育界に実用的な影響を与えた（柳沼, 2005）点において、記号の実際的な現象形態の一つである言語の在り方に革命的な価値転換をもたらしたことは疑いない。

パースが唱えた「semiosis」には、「記号」の他にも「記号過程」「記号作用」「記号現象」「意味作用」「信号過程」など様々な邦訳が当てられている。その理由はパース自身が論考の中で示している記号の動的な側面にある。

> 妻より前に私が目覚め、その後で妻が目を覚まし、「今日はどうかしら」と訊いた場合。これは記号であって、表現されたその対象はその時の天候であるが、その力動的対象は「私が窓のカーテンの間から覗いてひき出したと思われる印象」である。表現されているその解釈項は天候の質であるが、その力動的解釈項は「私が彼女の問いに答えること」である。しかし、それ以上に、第三の解釈項がある。「直接的解釈項」はその「問」が表現していることであり私が上で不完全に言い直したものである。「力動的解釈項」はその解釈者である私に対してもつその現実的効力である。しかし、その「意味」すなわち「究極のあるいは最終の解釈項」は、それがその日の彼女の計画にどのような結果をもつかという、それを問う彼女の「目的」である。例えば「嵐だよ」と私が答えたとしよう。ここにはもう一つの記号がある。その

「直接的対象」はそれ—その特性ではなく、そのアイデンティティーが彼女の心と私の心に共有されているかぎりにおいて、現在の天候という考えである。「力動的対象」はこの瞬間の現実あるいは「実在の」気象状態の「アイデンティティ」である。「直接的解釈項」は彼女の想像におけるスキーマ、すなわち漠然としたイメージ、すなわち嵐の日についての相違するいろいろなイメージに共通するものである。「力動的解釈項」はそれが彼女に与える失望とか何であれそれが彼女にあたえる現実の効果である。「最終的解釈項」はそれが道徳的なものであれ、科学的なものであれ、その他のものであれ、その返事の教えるものを総計したものである。

(Peirce, 1958, pg.314: ブレント (2004, pp.602-603) 訳)

　パースの論考は総じて量的に膨大かつ質的に難解と言われ、上述したパースの後継者の間ですら解釈が一定していない状況にあるが、しばしば引き合いに出される事例は具体的であって、多様な解釈を生んでしまう反面イメージの湧きやすいものが多い。引用した部分も記号の定義とは言えないものの、記号とは何かを雄弁に語っている。これはいわゆる記号を構成する3つの要素（記号論的エレメント）の規定である。パースはこれらを（頭文字を大文字にした）「Sign」「Object」「Interpretant」と呼んでいるが、一般的な邦訳にはそれぞれ「代表」「対象」「解釈項」が当てられているので本稿でもこれらを踏襲する[7]。上の引用を要約すると、{今日はどうかしら} という代表と、それが表示する〔天候の様子〕という対象と、〈問いかけ〉であったり〈問いの効力〉であったり〈問いの目的〉であったりするところの解釈項が記号（の役割・価値・作用）を生み出しているということになる。さらに興味深いのは、そうして出来上

7　以降議論の混乱を回避するために、記号についてそれが代表を示すときには { }、対象を示すときには〔 〕、解釈項を示すときには〈 〉で括って表記する。ただし、これらの表記および例示はあくまでも説明時にのみ用いることとし、分類の根拠にはしない。実際何が代表で何が対象なのかなどといった特定を私たちは普段の言語運用上では行わないし、言語が3要素の総体であるとする本研究において、分類（名称）自体は重要な問題ではない。パースの警句「探求の途を塞ぐ思想の第一の形態は、絶対的な断言である」（パース, 2001, p.65）も肝に銘じておきたい。関連して付言しておくが、本研究は概念の呼称を確定することや分類自体を検討することを重視していない。その理由は、各分類項目をあたかも固定された概念とみなした結果、項目に当てはまらないような曖昧な現象を例外扱いにしてしまう、あるいは無理やり項目に当てはめようとしてしまう危険性があるからである。加えて、これから議論するように、記号過程は連続体であって境目が存在しない。それでも境界線を入れることができるのは、ある一定の観点に基づいて恣意的に分割するからである。分類項目は、あくまでもある観点から観察した場合の一時的現象にすぎない。注26も参照。

った記号が次の記号を生むという連鎖である。後段で述べられている「嵐だよ」という返事にも、当該の返答であるところの代表と、気象現況であるところの対象と、返答が及ぼす効果といった解釈項があるが、それら3つの要素はすべて前出した「今日はどうかしら」という記号の各要素を介して結び付いている。前者と後者が、天候という対象（の一部＝アイデンティティ）を介し、効果という解釈項（の一部＝イメージ）を介することによって、代表間の連携（問いと答えの連鎖）が生まれる。これが、物質的にまったく別様に現れる妻の発言と夫の発言が互いに了解される理由であり、各人が思い浮かべるものに相違があってもコミュニケーションが可能になる理由であり、記号に「意味」が現れる理由である。そして、このように言語を含めた記号が過程的に生成される以上、生成以前に意味が内在することは不可能であることが判明する。つまりは、記号とは何かと問われたならば、以上のような「過程の中で構築されるものの全体像」というのがパースの論考に従った当座の捉え方と言えるであろう。

　記号の過程論においてこれら3要素に対する考え方の中枢は、互いに規定し合う相互構成性にある。喩えると、柱と柱の間を埋めるものを壁と呼び壁や屋根を支えるものを柱と呼ぶ、といった事柄に匹敵する。実は、この考え方が生態学との親和性を高くする。柱や壁や屋根を組み合わせた結果家が出来上がるという要素還元主義的な捉え方をせずに、家があるから柱や壁や屋根に相当する部分が見えると考えていく。柱や壁や屋根の存在が家を作るのではなく、（それらを何と呼ぼうが）各パーツの組み合わせが家を作る。また、柱というパーツはそれ自体に「柱性」（たとえば細長いとか丈夫な材質で出来ているとか）があるために柱と呼ばれるわけではなく、「家」という構造体がある（あるいは想定されている）から当該部分が柱になっていると想定する[8]。

　言語における代表と対象と解釈項は、それぞれが独立した要素ではなく互いに構成し合う関係にある。代表は対象と解釈項によって、対象は解釈項と代表によって、解釈項は代表と対象によってその存在が見えてくる、すなわち現象する。仮に言語から代表を取り除くことができたとする。すると、その瞬間に対象も解釈項も消えて無くなることが判明する。上で引用した事例に基づけば、

妻への応答である｛嵐だよ｝という発声がなければ、〔気象状態〕も特定されず妻の〈失望感〉も生じない。対象も実際には取り除けないのであるが、仮に当該状況において〔快晴状態〕をあてがったとすると、当然妻の〈失望感〉が発生することはないだろう。解釈項にしても、これを取り去るということはまさに意味が無いことになる。｛嵐だよ｝という表現が一体何のために用いられたのかさえ判然としなくなるだろう。

　様々な研究者が要素についての相互構成性を別様に議論しているが、強調されている点は同じである。

> パースの記号の三極構成は動的であって、つねに運動しつづける可能性があり、そこには無限数の解釈と再解釈が伴う。隠喩を拡大すれば、パースの記号過程はスナップショット（二極構成）というよりも映画（三極構成）なのだ。記号と解釈項は対話的関係にあって、いわば対象について論じあっている。これに加えて、記号過程のある局面の解釈項は次の局面の記号になる。　　　　（ワイリー, 1999, p.21）

ここでワイリーが述べている「記号」とは代表のことである。「三極構成」は本稿での3要素と読み替える。「代表と解釈項が対象について論じ」合っているとは、まさに先ほどの例における｛妻の発言｝に〈あなたの見解を教えて欲しい〉という意味が託されるところに〔天候の様子〕があることを示している。「記号過程のある解釈項が次の代表になる」様相も、前述した連鎖のことに他ならない。

　3要素は相互に構成し合って言語を含む記号を形作る。だからこそ連鎖も発生する。この点についてヴァンリア（van Lier, 2004）はヴォロシノフ（Volosinov,

---

8　この喩え話は一般言語学への批判にも繋がる。代表を形式、対象を指示物、解釈項を効果と短絡的に対応させ、それ自体が言語（の一部）だということを前提としていくと、いわゆる音韻論（表記論）・統語論（構造論/形態論）、意味論（指示論）、語用論（言語行為論）の分割領域が出現する。そのため、当該領域での論考はホッパーが批判した通り必然的に形と意味とが分断される。少なくともどちらか一方を優位に扱って他方の存在原理としてしまうだろう。形式や意味が言語に必須であることは間違いないのだろうが、その必要性を生み出しているのが「過程性」であるという視座が分割された各領域内には皆無である。領域固有の問題点は数多存在する論考に譲ることにして、本節では過程性、特に相互構成性に焦点を当てていく。

1976）の議論に言及しながら、記号の動的な側面を再分析する。

> 二人が部屋の中で座っている。両者とも黙っている。一人が「うむ！」と言い、もう一人は応えない。（中略）二人の発話者は窓から雪が降り始めた様子を見上げている。季節はすでに五月であり、春が来てもおかしくないと二人とも思っている。そして、二人とも長びく冬にうんざりしていた。　（Volosinov, 1976, p.99：筆者訳）

> 発話者、すなわち窓の傍に立って陰鬱な空を睨みつけている男性（A）が習慣的（象徴的）な言語記号を発する。聞き手（B）にはそのようなものとして解釈される。むろん、Bは「うむ！」が当該状況における何らかのコメントであることを知っている。BはAを見、Aが空を見ていることを知り、Bもまた空を見る。もし、ここでAがBの所作を見ているならばやりとりという対話は完了しているので、Bが「最悪だ」などといった言語的返答を与える必要は（むろん与えても悪くないがその必要は）ない。　　　　　　　　　　　　（van Lier, 2004, p.113：筆者訳）

　記号の現れだけを追えば、ここには｛雪｝と｛うむ！｝と｛一緒に空を見上げる行為｝しか見えない。しかし、｛雪｝には〔遅い春の訪れ〕と〈落胆感情〉が、｛うむ！｝には〔落胆感情〕と〈共同注意〉が、｛一緒に空を見上げる行為｝には〔共同注意〕と〈共通の落胆感情〉が伴っている。それぞれの記号は〈落胆感情〉や〈共同注意〉という解釈項を介して次の記号を発生させる（van Lier, 2004, fig.5.1）。

　ある記号が要素を「介して」次の記号を発生させるという連鎖は、要素と要素の関連を詳細に解剖してみてはじめて明らかになる。ここまでの分析では不明瞭であったその関連性は、近年コックルマン（Kockelman, 2011; 2013）やそれを踏襲したエンフィールド（2015）によって解明された。その枠組みに従って上のヴォロシノフの対話を（時系列に従った行動[9]別に）例示すると、次のようになる。便宜上、エンフィールド（同著, p.71）に準じて引用文中のAとBをそれぞれ「ビル」「ジェーン」と命名しておく。

---

[9]　これをエンフィールドは「ムーブ」と呼んでいる。もともとはゴフマン（Goffman, 1981）の用語である。

1：ビルが外の雪に目を向ける。
2：ビルが落胆する（「うむ！」と呻く）。
3：ビルの振る舞いを見て、ジェーンは沈黙する。

そして、これを図示したものが図 3.1 である[10]。

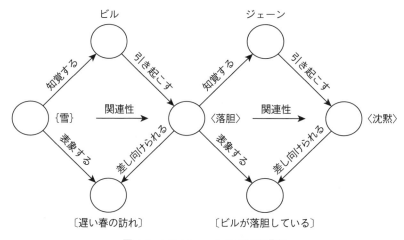

図 3.1　エンフィールドの記号過程

　エンフィールドは、代表と対象と解釈項の 3 要素が相互構成的であることを時間の推移を加味することで示している。図では、左から右に時間が流れている。この時間的分析概念を氏は「エンクロニー」と呼ぶ。エンクロニーとは単なる「時間的な流れ」を換言したものではなく、連鎖、隣接性、進行性といった概念を汎化したものであり、行為や解釈の発生の土壌となる相互の作用関係あるいは相互の依存関係を強調したものである。ビルとジェーンのやりとりにしても、ビルの刺激とジェーンの反応が個別に存在しそれぞれの機能が働くこ

10　エンフィールド（2015）の図 4.6 をヴォロシノフの例に合わせて改変したもの。この枠組みは、先述した夫婦間の対話にも（もちろん私たちが日常的に行っているあらゆる言語活動にも）適用可能であることは言うまでもない。

とで連鎖が構成されるのではなく、刺激がなければ反応もなく反応がなければ刺激もないといった相互に依存的な、いわば互いに定義し合うダイナミックな関係である。この過程的な流れを図では矢印で示している。3つの行動（およびその意味するもの）を別個に表示せず、方向性をもった矢印によって連結する描き方に注目したい。また、エンクロニーが時間についての概念であっても一方向的な進行に留まっていない様相は、図の矢印の向きを見れば了解できるだろう。

　代表は対象を表示[11]する。解釈項は同一の対象に差し向けられることによって意味をなす。代表は主体によって知覚され、その知覚の結果として解釈項を引き起こす。そして、こうしたエンクロニーの中で代表は解釈項と関連性をもつことになる。{雪}が〔遅い春の訪れ〕を表示し、ビルが{雪}を知覚した結果〈落胆〉の気持ちが生まれるが、その〈落胆〉は先に表示された〔遅い春の訪れ〕に差し向けられているので、ビルがなぜがっかりしているのかが分かるのである。さらに、以上のような相互構成性がエンクロニーの中で発生するために、{雪}がなぜ〈落胆〉の効果を生むことになったのかも判明する。一言で述べれば関連性が発生しているからである。

　3要素の相互構成性が連鎖（次の記号）を生むという点についても、一目瞭然であろう。ここには表面上観察できる2つの記号がある。「うむ！」という発話と「（沈黙）」という行為である。それぞれには〈落胆〉〈沈黙〉という解釈項があるために2つの異なった記号として現象している。通常私たちが「記号」「単語」「文」「フレーズ」「ジェスチャー」などと呼び交わしているものがこれに相当する（エンフィールドは「フレーム」と名付けている）。ビルが主体となったフレームの解釈項が、ジェーンが主体となったフレームの代表として注目される、すなわち解釈項が他の主体に知覚可能な別の代表となって顕現するために連鎖が引き起こされるのである。解釈項が別の代表になるというエンクロ

11　図にある通りエンフィールドは「表象」と表記している。しかし、本稿では「表象」という術語を旧来の心理学における「表象主義」を表記する場合に使用する。したがって、以降も「表示」をエンフィールドの「表象」に代えて用いる。

ニー効果も、代表が他の2要素に規定されるといった要素の相互構成性あってのことだと考えられる。

ただし、こう考えるためには何が記号になりうるのかということを吟味していかないといけない。この議論については後のアフォーダンスの節で考察する。それと、エンフィールドが言う「主体」や「知覚」についても本研究上での取り扱いを明確にしなければならないだろう。これらについても後段で議論を行う。当面主体を言語運用者、知覚を言語運用者が行う事象を把握する行為、としておく。本節では言語の動的な側面に関して、もう少し先に話を進めよう。

言語が動的であるということは、従来の分析で説明された現象が実は遥かに複雑なものであること、当該現象が属すると考えられた範疇に明確な境界線がなく連続性があること、さらに私たちが想像する以上に当該現象が常時変化（運動）していることを暗示する。これはすなわち、静的だとみなされた言語現象（およびその理論）が動的な言語観で再解釈可能であることを意味している。もし静的な側面を動的な側面によって代替することが可能であるならば、静的現象が動的であることの証明になる。前述したエンフィールドの考察もソシュール学派が主張する静的な理論を抱合している。当該分析の卓越しているところは、ソシュールの能記（シニフィアン）と所記（シニフィエ）の結び付きを代表と対象の関係を含む記号現象の一部として捉え直し、二者が恣意的な結び付きだと唱えられてきた常識を覆している点に認められる。従来の論考では、能記と所記の対立を前提として抽出していたために言語が恣意的だとする解釈に説得力があった。しかし、その背景が再分析されたことによって、いわゆる「恣意性」自体もソシュールの唱える言語原理ではないことが判明した。この恣意性以外にもソシュールは「線条性」[12]や「不易性」「可易性」[13]を原理と

---

12 「能記は聴取的性質のものであるから、時間のなかにのみ展開し、その諸性質を時間に仰いでいる：a) それは拡がりを表す。そしてb) この拡がりはただ一つの次元において測定可能である：すなわち線である」（ソシュール, 1972, p.101）
13 「言語の連続性を確保する時間は、これと一見矛盾するかにみえるもう一つの効果をもつ：遅速をとわず言語記号を変遷せしめるそれ．ある意味において、言語記号の不易性ということと、可易性ということとを、同時にいうことができる」（ソシュール, 1972, p.106）

して挙げているが、そのいずれもがパースの3範疇の中で本節の結論に示す通りに再解釈できる。

　パースが記号のもう一つの動的側面として提唱した考え方が、記号を外延的に分類する3つの概念範疇（現象学的カテゴリーもしくはタイプ）である。パースは以下のように規定している[14]。

> 第一性は次のように定義することができるであろう。それはあるものがそれ自体で、それ以外のものには無関係に存在しているような存在の様相である。したがって第一性は、他に何ものも存在していなくても、これまで何も存在しなかったとしても、あるいは何も存在しえなくても、いかなる変化も生じないような存在の様相である。存在のこのような様相は、「感じ（フィーリング）」という様相においてのみ理解される。
> 　　　　　　　　　　　　　　　　　　　　　　　　（パース, 2001, p.88）

> 第二性を定義する例としては、一個の主体における変容という様相を挙げることができる。その変容は第二性をもつ以上、きわめて確定的な主体の変容である。あるいはもっと厳密に言うと、第二性とは、互いに切断され、分離した二つの主体のうちにあって、それぞれを他と組み合わせるところのものである。その組み合わせは、わたしの精神にとってとか、他の媒介的な精神や状況にとってとか、それらによってというのではなく、二つの主体自体において生じる組み合わせである。したがって、それは他に何ものも存在しなくても、これまで何も存在しなかったとしても、あるいは何も存在しえなくても、同じままであるような組み合わせである。
> 　　　　　　　　　　　　　　　　　　　　　　　　（同著, pp.89-90）

> 第三性の観念はもっと容易に理解できる。それはある主体がそれ自身の第三性的な様相のゆえに第二性的な変容を被るという、存在の変容のあり方である。それは主体に生来具わった変容の理由とも言うべきものである。「アヘンを飲んだ患者が眠

14　ここで述べられている第一性の「そのもの性」、第二性の「組み合わせ性」、第三性の「規則性」を特段に焦点化すると、構成要素としての代表・対象・解釈項にそれぞれ相当する（あるいは第一〜三性から派生する）という解釈もできなくはないし、そうした論考もある（たとえば有馬（2001））。しかし、本研究においては代表・対象・解釈項の方を「要素」、第一性・第二性・第三性の方を「範疇」とし、異なった概念として扱う。これは、パース自身が後者について「category（範疇）」と言明していること、および人間の行為（たとえば感情・行為・思考の違い）からその対象世界（たとえば物質そのもの・物質の定位点と時刻・物質が振る舞う法則性の差）に至るまであらゆるものが当該範疇のいずれかに分類できるという主張を尊重してのことである。

るのはアヘンに催眠力があるためである」という有名な命題があるが、この命題はしばしば誤って揶揄されているように、無内容に言葉を繰り返しただけのスコラ的な説明ではない。それはいかに不明確であっても、一片のアヘンにそのような作用を働かさせるある種の理由、ある種の規則性を指している。あらゆる法則、一般的規則は、ひとつの事実に別の事実を引き起こさせる以上、第三性である。

(同著, pp.91-92)

　概念についてのこれら3つの範疇はパースの記号論の根底を成し、特に論理学が担うあらゆる思考を説明するための拠り所として位置付けられている（「これらのカテゴリーは思考のあらゆる分野において存在を示している」（パース, 2001, p.94）[15]）。本当に全思考を説明できたのかどうかは当時のパース以外に知る由もないが、記号、そして言語の動的な側面を捉えることに成功したのは間違いないだろう。本研究上で重視していきたいのも、3範疇による言語分類の妥当性よりも、言語がいかに動的に存在しているか、そしていかに総体的、つまりは生態学的なものなのかを示すところにある。

　記号要素の一である代表を言語に適用するならば、言語の実際的・物理的・情報的な現れが相当する。その代表は範疇別に、パースが「性質記号（Qualisign）」「個物記号（Sinsign）」「法則記号（Legisign）」と呼んだものに分類できる（Peirce, 1965）。まず、音声や文字や（たとえば手話言語における）動作はそれそのものの質的な現れである。何もないところに出現してもそれ自体を感覚で捉えられる上、それ以外を用いて規定ができない（たとえば音声は音声であるとしか言えない[16]）点で第一性を反映している。また、音素・音節・単語・句・節・文といったいわゆる言語単位（としての現れ）は個物記号に相当する。それ自体で存在するというよりは、二項的な組み合わせによって顕現するのである。たとえば、音素は音と最小単位という捉え方によってそのように呼ばれ

---

[15] 「3」という数によるアイデアは神学的な啓示を得て生み出されたと言われている（Brent, 1993）。
[16] もっとも、辞書的な定義が不可能という意味ではない。現に音声は「人が発声器官から発する音」などと規定することが可能であるが、この記述文自体がすでに命題を示していて第一性と言えないばかりか、文中に定義循環を生じさせる語句（「声」「音」）が入ってしまっている。パースの3範疇は概念のカテゴリーであって、定義可能性による区分ではないことを確認しておきたい。

る[17]。単語は一事物への指示と文中での働きによって決められる。こうしたところから第二性を反映した要素と言えるだろう。そして、叙述・議論・論理・説明・語順・イデオロギー・常套句、などとして現れる言語の側面は第三性を示す法則記号である。基本的に、ある言語の現れが論理だ、説明だ、語順だ等と規定するためには、「AがBならばCである」という三項による推論が必要になってくる。たとえば語順を規定する場合、「もし『赤い』が名詞を修飾するならば『赤い靴』という順番に並べなくてはならない」と示すことになる。

ただし、上で言及した「音声」なり「単語」なり「語順」なりといった術語は従来の一般言語学上の用語であって、当該用語が表すものを「代表」と認めるにはあまりにも複雑な情報が蓄積されすぎている[18]。それに、もともと3要素に基づく概念ではないために、代表・対象・解釈項のいずれにも匹敵すると言うことができてしまう。そこで、本稿では以降、言語の代表について性質記号（コト的概念）を「こえ（声）」、個物記号（モノ的形式）を「かたまり（塊）」、法則記号（トコロ的状況）を「かたり（語り）」と呼称していくことにする。当面それぞれの表記法として、/こえ/、［かたまり］、【かたり】を採用する。

次に対象についてであるが、これは文字通り代表が表示する対象のすべてが相当するだろう。パースは、第一性を示す「図像（Icon）」、第二性を示す「指標（Index）」、第三性を示す「象徴（Symbol）」を対象の分類名に当てている。本研究上でも、あらゆる図像的なもの、あらゆる指標的なもの、あらゆる象徴的なものを言語の対象と考えていきたい。

最後に解釈項であるが、これもパースが順に「名辞（seme）」「命題（pheme）」

17　本節の議論は言語単位の定義ではないことに注意されたい。以下大雑把な記述をしているが、言語を記号論的範疇に大別する議論はけっして新奇なものではない。たとえば、ホール（1966）は言語を「素（音のようなもの）」「個（単語のようなもの）」「型（文法のようなもの）」に3分割している。記号論にはまったく触れていないが、奇しくもパースの範疇とほぼ同じ概念になっている。本研究上の考察対象からは外しているが、文化と言語を包括した論考は生態学的言語論の一つと認めてもよく、学習や知覚に関する議論についても現代に通じる先見の明が読み取れる。

18　言語学的概念が完璧に定義できない（研究者によって見解が異なる）理由でもある。言語を言語で記述し、言語を言語で分析し、言語学的理論の妥当性を言語で検証していくという言語学の自己言及的な議論は、まさに「循環のアポリア」（野家, 1993）に他ならない。

「論証 (delome)」と呼んでいる。名辞は「Aである」という規定的な解釈なので第一性、命題は「AはBである」という陳述・叙述的な解釈なので第二性、論証は先にも取り上げたように「AがBならばCである」という論理的な解釈なので第三性を反映している。本研究では、総じて言語の「意味」を解釈項として議論していく。またその場合には一般言語学上の用語との混同を避けるために「名辞」「命題」「論証」を用いず、「性質的」「個物的」「法則的」意味と呼称し、従来の意味の定義よりも狭義に用いることにする。このときの性質・個物・法則の各術語は、範疇名称に併行する形で使用することになるだろう。基本的にそれぞれ「第一性」「第二性」「第三性」と同義とする。

表 3.1　言語の構成

範疇＼要素	代表 ｛現れ｝	対象〔表示先〕	解釈項〈意味〉
第一性	/こえ/	図像的なもの、アイコン	一項的・性質的意味
第二性	［かたまり］	指標的なもの、インデックス	二項的・個物的意味
第三性	【かたり】	象徴的なもの、シンボル	三項的・法則的意味

　以上の議論をまとめたものが表 3.1 である。表にすると言語の動的側面が表現しきれず境界線を引くことになってしまうが、実際には明確な分割線など存在しない連続体である。このことは具体的な言語現象に適用しようとすればするほど位置付けが不明瞭になることからも判明する。/あい/ という音声的な現れを例にすると、これは［愛］という単語だとも【愛】という意思だとも言える。それに、この語は別の代表の〔愛〕という対象なのかもしれないし、もしかすると〈愛〉という解釈なのかもしれない。いずれにせよ、言語は過程と関係の中で生成され構築されるために、図表のような静的な表記手段では不十分なのである。この表は後に包括的な観点から改定する。

　静的な表現とはいえ、表のように示すことで古典的言語観との対比が可能となり、その不備も明らかにできる。前段の議論中に含めておいた通り、ソシュールのいわゆる言語原理も動的に捉え直すと表現上の制約でしかないことが判

明する。恣意性は代表と対象の結び付きに合理的な理由が付けられないという性質であるが、そもそも別様のもので表現するのが記号なのであるから理由が付かない以前に理由の有る無しには関係がない。エンフィールドの論考上でも否定されているように合理的な理由は要素同士の過程性があってはじめて発生するものであるから、恣意性はむしろ「結び付かなくてはならない」という制約から規定していく必要がある。これを要素Aと要素Bの二項が結び付き、ある現れとして形をもたなくては（現象しなくては）ならないと考えると、第二性に関する物質的な制約のことだと分かるだろう。さらに、線状性と呼ばれた音声や文字や単語を線的に配列しなくては言語にならないという性質は、時間的な前後関係における制約ではなく、同じものを同一の定点に配置できないという空間的な制約である[19]。それは「整理して語らなくてはならない」という第三性的な制約なのである。そして、ソシュールにおいて循環論的に規定された不易性・可易性という性質も、動的な言語観によって時間の流れの中で次々と現れては消えていく/こえ/についての制約、つまり第一性に関する「変化しなければならない」「変化したら暫くは持続しなければならない」という時間的な制約であることになる。同じ共同体に属するメンバーが勝手に「りんご」を「みかん」と呼んではいけないという性質が不易性の事例に挙げられることもあるが、それも時代を経れば変わりうることが十分予測できるし、むしろ本稿上での制約に関する議論に結び付けた方が精確である。

　付言すると、これら制約は代表にしか働かない。なぜなら、代表は物理的に目に見える（耳に聞こえる・触れられる等の）現れだからである。物理的なものだからこそ、時間的・物質的・空間的な制約を受ける。これは、言語に代表という現れがあるからこそ発生してしまう制約なのである。その意味では、制約の存在そのものは原理と言ってよいのかもしれない。ともかくも、静的な言語観が動的な言語観によって代替可能であることは確実である。

---

[19] 仮に言語に時間的な前後の制約があったとすると必ず時系列に沿って表現しなくてはならなくなるが、実際にはそんなことは起こりえない。私たちには「3分後に出来上がるカップメンに注ぐお湯を沸かす」などという表現がいとも容易くできるのである。

3.1.2 記号過程と言語形成

　記号の3範疇は言語を分類するための基準に留まらない。言語が（エンクロニーを含めた）時間的な変遷を辿って変化していく様相を示し、かつ言語運用を行う主体とも関連することを説明できる概念にさえなりうる。たとえば、パースとほぼ同時代に活躍したヴィゴツキーは、思考の形成過程を「言葉の発達史」とも呼んだ上で以下のような三段階で構成されていることを提唱した（ヴィゴツキー, 2001, pp.167-224）。ヴィゴツキーがパースをまったく参照せずに3範疇と同じ結論に達していたことは非常に興味深い。

　　第一段階：非組織的な未整理集合の形成
　　第二段階：印象間の関係確立、事物の統合と一般化、経験の整理と体系化
　　第三段階：分析・抽象化・潜在的概念の発生、真の概念

　未分化で一つになっている事象、いわばあるがままの事象を感覚的・直接的に捉える知的過程は、まさに第一性に匹敵する。互いに分離した事象を組み合わせることは、そのまま第二性であろう。そして、象徴的に法則化するという段階は第三性と言える。

　ヴィゴツキーは各所で言語発達と概念形成は同じものであり[20]、その過程は「記号あるいは言葉を機能的に使用する」ことであると繰り返し述べていて、細々とした個別機能（たとえば注意力の範囲・表象の集積・決定への判断）自体がどんなに発達していたとしても概念形成がもたらされることはないと主張する。この点からも記号論と発達論が結び付く。よって、3つの段階は概念を構成する独立した要素にはなりえず、あくまでも概念形成上の一時点となる。確かに、パース説とヴィゴツキー説で分類解釈が遍く一致しているわけではないが、両

20　「概念発達と言葉の意味の発達とは、同一の過程にほかならず、呼び方を異にするにすぎないのである」（ヴィゴツキー, 2001, p.247）

者とも概念範疇が静的に言語を分類するに留まらず、言語をめぐる主体の成長や変化と言語そのものの変遷を示している。このような議論から、記号は「連続性の中で構築されるものの全体像」と言うこともできる。

それぞれの段階はさらに細かい水準から成る。第一段階においては「試行錯誤」「主観的結合」「経験に基づくとりまとめ」、第二段階においては「連合的複合」「収集的複合」「連鎖的複合」「拡散的複合」「擬概念的複合」、第三段階においては「擬概念的概念」「潜在的概念」「真の概念」等が挙げられている。前述した連続性という点で注目しておきたいのは、3つの段階および各段階を構成する水準が連続的に推移するという点である。殊に、各段階を繋ぐところに位置する水準は次の段階への足掛かりになるという記述がこれを特徴付ける。

> 子どもの知覚のなかで以前にすでに統合されていたさまざまのグループの代表を一つの意味にまとめることに基礎をおく水準である。（中略）この第三水準に達した子どもは、そのことによって概念発達の第一段階を完了し、言葉の意味の基本的形式としての群に別れをつげて、われわれが、複合の形成の段階とよぶ第二段階に登る。
>
> （同著, pp.169-170）

> 以上に述べた子どもの複合的思考は、子どもの概念の発達史における第一の根源をなすにすぎない。子どもの概念の発達には、さらに第二の根源がある。この第二の根源というのは、子どもの思考の発達における第三の大きな段階を構成するものである。そして、第二段階と同じように、これもいくつかの個々の水準あるいは相に分かれる。この意味において、上述の擬概念は、複合的思考と子どもの概念発達における他の根源あるいは源泉との間に存在する過渡的段階をなすものである。
>
> （同著, p.205）

このようにして、第一段階の「不明瞭なものを試行錯誤によって知覚し印象を形作る過程」と、第二段階の「分断化した印象同士を複合していく過程」と、第三段階の「複合物を抽象化し明確な概念とする過程」は、各段階の最終水準を介して次の段階へと移行する。繰り返すが、こうした一連の議論における最も重要な趣旨は逐一の段階を定義するところにあるのではなく、段階を経る形成に決定的な役割を果たすのが言語であるという論考に認められる。

言葉を通じて子どもは、自分の注意を有意的にある特徴に方向づけ、言葉によって子どもはそれらを統合し、言葉によって子どもは抽象的概念を記号に表し、それらを人間の思考が作りだすものの中での最も高次な記号として操作するのである。

(ヴィゴツキー, 2001, p.212)

　ここでヴィゴツキーの言う「言葉」とは、当然思考や行為を含んだ（概念や行動とは分断できないパース的）「記号」のことに他ならない。論旨を追っていくと、文脈に合わせて「子ども（＝主体）」「言葉」「概念」「思考」の「発達」「形成」「過程」などと呼び分けていることが見えてくる。この姿勢は、基本的に記号＝言語＝主体という等式の証明問題を解いていく本研究方針と共鳴する。とりわけ、乳幼児の成長過程を観察してみると、言語が主体の成長に伴って連続的に推移することがよく分かる。乳児の無作為な手の動き（第一性）は養育者の手に触れることで「にぎる」という行為（第二性）になり、安心感や抱擁感（第三性）を生む（Vygotsky, 1978）。あるいは、幼児の発声（第一性）は母親が反応することで呼びかけ（第二性）になり、目の動きや表情を伴って互いの了解をする取り決め（第三性）になる（Trevarthen, 1990）。一般的に言っても、最初は物をつかむ・手足を動かす・泣く・吸う・口にする、といった周囲のものを直接知覚した上での行為しかできなかったのが、じきに指し示す・取る・投げる・話しかける・叩く、といった他者を相手にした行為へ、そして思いやる・考える・あげる・もらう・会話する、といったいわゆる社会性を示す行為ができるようになる。このような事例を観察していくと、3範疇が思考の形成に限らず、広く主体の形成にも関与していることを認めざるをえなくなる。

　こうした成長の移行は、自己が環境の直接知覚に端を発し（第一性）、累加的・重層的に複雑さを増し（第二性）、抽象的な意味を備えるようになる（第三性）推移として理論的に再解釈することが可能である。心理学的な分析は本研究の範囲を越えるが、領域が異なっても類似する考え方があるならば、積極的に言及しなければならない。たとえば、U.ナイサーの「5つの自己」（Neisser, 1988）はこの過程を示したものと言える。

「生態学的自己」とは、物理的環境に関して直接的に知覚される自己である。「対人的自己」も直接知覚されるのであるが、感情的な交流関係という種固有の信号によって確立される。「拡張的自己」は、記憶と予期に基づいている。「私的自己」は、私たちの意識的な経験が私たち自身のものとして自覚されるときに現れる。「概念的自己」あるいは「自己概念」は、概して人間の特徴、特に私たち自身についての社会性を基盤とする仮説や理論のネットワークの中で、その意味が描かれる。

(Neisser, 1988, p.35: 筆者訳)

　生態学的自己は直接的な知覚という点で第一性、対人的自己・拡張的自己・私的自己は自分と（自分を客観視することを含めた）他者との区別を踏まえての認識という点で第二性、概念的自己は象徴的な自己であるがゆえに第三性に分類が可能である。こうした捉え方の一致はパース分類の汎用性を感じさせるが、それ以上に特筆しておきたいのが先のヴィゴツキーと同等の範疇間の関係性と総体性である。ナイサーは、同一場所に存在する、同一行為を行っているといった生態学的な情報、対人的経験の中での記憶、現況を確実に捉えているという自意識、社会文化的な個人の捉え方、などによって支えられているがゆえに、通常自己は５つの明確な区分で認識されることがないと説く。その上で、なお５つの自己が発達史の上でも人生経験の場面でも異なった働きを果たすことを強調している。その意味で３範疇が記号のタイプである（記号過程の中で異なった役割をもつ）のと同様、５つの自己は主体のタイプである（成長過程の中で異なった役割をもつ）と言うことができる。また、生態学的自己と対人的自己は（物理的環境か環境中の他者かという）直接知覚を、対人的自己と拡張的自己は（現在か過去・未来かという）時間的な推移を、拡張的自己と私的自己は（内か外かという）空間的な境界を、私的自己と概念的自己は社会文化的な拠り所を、各区分の共通基盤としている。この点において５つの自己は連続したものであることが分かるだろう。実際に明確な区別がしにくいということは、こうした連続性にも起因する。

　ただし、ナイサーの言う通り「統一性のある確固たる自分」「あらゆる側面が結束した個人」という日常の認識があるのならば、５つの自己は主体を構成

する要素にはなりえないはずである。仮に概念的自己を認識していなかったとしても、私たちは自分というものの存在を感じ取ることができる。ナイサーによれば、そもそも乳幼児からは直接知覚を越える自己を認識しているという証拠が得られない。それでも自己（たとえば生態学的自己）をもっている（自覚はないだろうが認識している）のが乳幼児なのである。この事実はつまり、すべての自己の存在が主体を形作るための必要条件にはならないことを意味している。換言すると、5つの自己は構成要素ではなく、やはりその時々の中での在り方として捉える方が理に適っていることになるだろう。

では、自己のタイプが主体の範疇だとすると、主体の構成要素に匹敵するのは何だと考えられるだろうか。あるいは、それぞれの自己の代表・対象・解釈項は何に相当するのだろうか。この疑問は本研究全体のテーマにも大きくかかわるため引き続き検討していかなくてはならないが、ナイサーの議論に基づいて考察を進めると、興味深い観点が見えてくる。

> 生態学的自己は必ずしも生物学的身体と一致するわけではない。特に、身体と一緒に動くものは、とりわけその動きが自分で生み出された場合に、自己の一部として知覚される傾向にある。　　　　　　　　　　　　　　　　　　（同著, p.39）

> 記憶はある出来事を記録し、解読し、それについての情報を運ぶ。（同著, note13）

> 拡張的自己と生態学的自己は客観的に得られる刺激的な情報によって結び付く。
> 　　　　　　　　　　　　　　　　　　　　　　　　　　　　　（同著, p.49）

このような述べ方からは、自己が何かに基づいて発生するもの、作り上げられるものであることが示唆されていて、中でも、身体（body）・記憶（memory）・情報（information）などが深く関与していることが随所で語られている。もちろん、それぞれの用語はナイサー以前の心理学領域でも頻繁に取り上げられているために無定義での提示であるが、従来の（表象主義的）心理学では別々の研究対象となっていたこうした項目が「自己」の名の下に統一的に取り扱える可能性を示している。

この場で結論を出すことはできないが、パースの定義を適用すると身体に伴って現れる行動や経験は代表として、身体や行動や経験が示すものは対象として、記憶や情報と呼ばれるものはその解釈項としてみなせるのではないだろうか。そうだとすると、自己を認識することにおいてこれらすべてが必要であることが分かれば、これらを自己の構成要素として位置付けることが可能になる。本章後段でも議論するが、ここではナイサーの論考から、自己を構成するもの（要素）を知るために他者を含めた環境の「知覚」そして「（相互）行為」が重要な役割を果たしていると考えたい。

　さて、エンフィールドが言うところの代表を知覚しかつ解釈項を引き起こす「主体」が言語形成に大きく関与しているという捉え方は、パースと同時代に生き、研究領域的にもプラグマティズムの研究者との見解がある（前田, 2008）時枝誠記に端を発すると言っても過言ではない[21]。言語を客観的に分析するソシュール説を反駁していた（時枝, 2007, pp.74-103）姿勢からも、世界に先駆けて言語を「使用すること」の重要性に着目していたことが知れる。言語の使い手あるいは言語的表現行為の行為者を「主体」、記述されるもの・語られるもの・表現されるものを「素材」、素材と主体とが融合した世界あるいは事象を志向する主体の態度・気分・感情も含めたものを「場面」とし、「この三者が存在条件であるということは、言語は、誰（主体）かが、誰（場面）かに、何物（素材）かについて語ることによって成立するものであることを意味する」（時枝, 2007, p.57）と述べている。さらに、言語を動的に捉えていた点はパースの言語観にも匹敵する。自らが「言語過程説」と呼ぶ理論（時枝, 2008）は、主体のあらゆる行為・活動・生活を形作っていく根幹に言語の時間的経過があることを示している[22]。ただし、時枝の「過程」は、概して表現から理解に至る

---

[21] プラグマティズムは「実用主義」と訳される通り、一般的には概念の真理性を具体的な行動の結果によって明らかにしようという立場のこととされる。しかし、細かい点においてその立場は支持者によって揺れがあり、極端な場合では個人主義や功利主義と同義に考えられることもある。もっとも、時枝の理論はそうした極論とはほとんど関係がなく、具体的な言語使用上の現象を考慮して理論を構築するという点においてパースが採用していた研究方法論（理論立ち上げ型＝アブダクション（米盛, 2007））に近似している。

道筋を中心に考察した伝達論上の概念が発端となっている。そのため、記号そのものの構築の過程を論じたパースのものとは若干異なる面があるのだが、音声や文字といった現れを媒介物とし、これらを介して表現や理解が成立する一連の流れ全体を記号の（つまりは言語の）過程とした議論は合致している。そして、言語を精神・生理・物理・社会的過程現象として捉えようとしたところに、今日の生態学的言語論の礎を見出せる。以降、本稿でも「主体」「素材」「場面」の術語を時枝が規定した意味で使用する。なお、「場面」については後段で「実践（場面）」に改めていく。

　言語を過程と関係の観点から検討するという黎明期の研究、とりわけ研究領域を違えるパースとヴィゴツキーと時枝に通底する言語観は等閑視できない。その後紆余曲折はあったものの、本節で取り上げたヴォロシノフ、ワイリー、ナイサー、前章のハイムズ、フレイレ、レイヴ・ウェンガーらを経て、近年のロゴフ、ヴァンリア、トマセロ、リード、そしてエンフィールドに至る道筋は、言語が心理学、社会学、教育学の枠組みを越えて考察されるべきことを示している。その大きな枠組みは、当然、枠組み自体の拡張性ゆえに曖昧模糊としたものにはなるだろうが、これを「生態学的」と冠しても大きな違和感は無いように思われる。少なくとも、既存の学問分野の周縁に位置していたものを集約し、言語の動的側面に特化して議論する領域を生態学的言語論と呼びその方法論を含めて研究することは、固有領域の確立にも貢献することになる。

　こうして記号過程の概念は、言語形成と主体変容を等価として議論することの重要性を示すことになる。この考え方こそ、生態学的言語論の基盤と言える。特に、言語を主体が駆使できる最強の記号とみなすことができる点に注目しておきたい。

22　ソシュールの術語をもって述べ直すと、「ラング」より「パロール」を重視する研究態度ということである（時枝, 2007, pp.86-92）。少なくとも、ソシュールの学説に「話し手」「聞き手」という用語は登場しない。

3.1.3 アフォーダンスと意味

記号過程の解釈項は他の2つの要素（代表・対象）との過程性の中で発生する意味である。この「意味」の考え方は動的な言語観の根幹とも言えるために、一般言語学上の規定とは著しい相違がある。最も大きな違いが「意味が（どこかに）既存するか否か」という問いに対する回答にある[23]。特筆するまでもなく一般言語学からの回答は「是」であって、これが常識的な見解と相まってほとんど疑われもせずに今日の定説に至っている。しかしながら、研究史を紐解くと定説に批判的な捉え方をしている論考も確実に存在していたことが分かる。

> 意味はその様な内容的な素材的なものではなくして、素材に対する言語主体の把握の仕方であると私は考える。（中略）意味の本質は、実にこれら素材に対する把握の仕方すなわち客体に対する主体の意味作用そのものでなければならないのである。
>
> （時枝, 1941, pp.404-405）

時枝による意味の捉え方は「言語が表現理解の行為」だとする動的言語観に因っている。当時隆盛だった構造主義的言語学を舌鋒鋭く批判し、意義素や意味素といった意味の最小単位の存在そのものを否定した。むろん、言語単位は現在でも理論的概念として分析を要する領域において使用が続けられ有用な成果も挙がっている。その点では意味のあるなしを議論しても領域間の水掛け論に終わってしまう危惧がある。時枝が批判したのは意味の実在論ではなく、ソシュール学派に代表される静的な言語の在り方であった。静的な言語観の下での分析は、意味の存在を前提としなければ始めることができない。そのため、常に「意味がどこにあるのか」が問われる。だから、その存在場所を特定できなかったり特定した意味の記述が不明瞭（発生が予測不能）だったりすると、そ

---

[23] 後ほど確認するが、アフォーダンスを考察していくと貯蔵や想起が可能なものとする旧来の言語学が踏襲してきた意味の定義が覆る。「アフォーダンスの理論は、価値と意味に関する既存の理論と著しくかけ離れている。アフォーダンスの理論は、価値とは何か、意味とは何かの新しい定義から始まる。アフォーダンスを知覚することは、これまで共通に同意されることのなかった仕方で意味が何がしか付け加えられる、価値からは自由な物理的対象を知覚する過程ではない。アフォーダンスを知覚することは、価値に満ちている生態学的対象を知覚する過程である。」（ギブソン, 1985, p.153）

の瞬間に理論が破綻する。つまり、意味が変化する現象、あるいは意味が発生する現象についてはまったく考察ができないのである。一方、時枝の上述の捉え方は今日の各種発生論（genetics）にも通じる発展性が感じられる。現に、「意味が言語主体による把握の仕方である」という説明は、エンフィールドの「主体が解釈項を引き起こす」という理論と寸分違わず一致している。

> 言語学者たちにとっては、ことばの意味的側面の発達は、単語の対象的内容の変化によって尽くされるものであり、言語の歴史的発達の過程で言葉の意味の意味構造が変化するとか、この意味の心理学的本性が変化するという思想、言語的思想は低次の単純な一般化の形式から、抽象的概念において見られるような高次の複雑な形式に移行するという思想、そして最後に、言葉の対象的内容だけでなく、言葉における実在の反映や一般化の性格そのものが、言語の歴史的発達の過程で変化するという思想は、縁の遠い思想であった。　　　　（ヴィゴツキー, 2001, pp.358-359）

　ヴィゴツキーの意味に対する上の見解も動的言語観そのものと言えよう。ヴィゴツキーは、殊に、言語の発達を意味の発達と捉え意味の変化自体に特段の関心を寄せていた。思考と言語の関係を過程とし、その本質的特徴が意味の発達にあるとも述べている（ヴィゴツキー, 1962, p.167）。ここで批判しているものも、従来の言語学が言語形成（言語の歴史的発達）を代表と対象の結び付きのみで説明しようとする傾向である。しかし、それは意味の変化を考慮しないばかりか、思考操作者、すなわち主体の介在を等閑視するものである。主体の介在が意味の生み出しに貢献するという捉え方は、やがて「思考の形成（個人の認知発達等）が参加の過程である」とするロゴフの発達観に結び付いていく。その議論は次節に繰り越すことにして、他の分野からの意味に対する見解をもう少し吟味してみよう。

　哲学の分野では、バフチンが意味について「話し手と聞き手が行う相互作用の効果」と謳う（バフチン, 1980, p.227）。詳しくは後段で方法論の観点から吟味するが、バフチンのような動的言語観に基づく分析は、多くの箇所で散見される。現象学の祖E. フッサールは「すべての実在は『意味付与』によって存在する」（フッサール, 1979, p.238）と言い、M. メルロ - ポンティは「記号の意味、

それは何よりもまず記号が使用されるときに描くそれらのゲシュタルトであり、そのゲシュタルトから放射する対人関係のスタイルなのだ」（メルロ-ポンティ, 2001, p.217）と主張し、暗黙知の論考で知られる M. ポラニーは道具の使用によって使用者が受ける感触が変化する様相を「意味をもたぬ感覚が、解釈の努力によって意味のある感覚へと変化する過程」（ポラニー, 1980, p.27）と説明する。さらに、L. ヴィトゲンシュタインは、アフォリズム的記述による言語分析を行った『哲学探究』の一節で「単語の意味とは、言語におけるその使われ方である」（ヴィトゲンシュタイン, 2013, p.42）とも、「言語のなかで考えているとき、私の頭には言語表現のとなりに『意味』が浮かんでいるのではない。言語そのものが思考の乗り物なのだ」（同著, p.204）とも語っている。これら哲学者が生涯をかけて展開した論考に共通するものを抽出し切るのは困難であろうし、仮に可能だとしてもそれを立証していくのは本研究の趣旨から外れるので割愛せざるをえないが、各哲学者が言語に対して向き合ってきた姿勢を考えることはできる。それが上のバフチンの文言にある、「意味」が「話し手」や「聞き手」といった主体の「作用」、言い換えると主体の「付与」や「使用」や「努力」や「思考」といった何らかの行動に由来するという捉え方である。意味とは何かという問いは深淵であり、言語学のどの領域においても未だに解明完了の一報を聞くことはないが、少なくとも本節で取り上げた見解は一般言語学の意味に対する捉え方と対峙することは間違いない。そして、生態学的言語論と称するに相応しいものこそ、ここで紹介した哲学者の見解なのである。

　その論拠を示さなくてはならない。特に、意味に対する上の見解を支持する理論を取り上げることが肝要である。本研究において、当該論拠に最も近い候補が「アフォーダンス」理論である。ただし、理論と言っても現在では、心理学、哲学、言語学、工学、情報学など様々な分野で取り扱われ各分野に適合するよう改定が継続されているだけでなく、当該分野の中においても複数の定義が存在するなどして、一筋縄ではいかない。アフォーダンス理論の歴史的背景と見解の相違に対する分析はヴァンリア（van Lier, 2004）や佐古（2013）が詳しいので詳細はそちらの論考に譲りたいが、ここでは本研究上で重要になる見解

を「意味」への考察に結び付けてみよう。

「アフォーダンス」は心理学者J.J.ギブソン（ギブソン, 1985）に由来する術語であり、よく知られているように彼の造語でもある。当初は次のように規定していた。

> 環境が動物に提供する（offers）もの、良いものであれ悪いものであれ、用意したり備えたりする（provide or furnishe）ものである。　　（ギブソン, 1985, p.137）

しかし、ギブソン自身がこの考え方を生涯に渡って吟味し続けた経緯もあって、明確な概念としては確立しなかった。加えてその後の賛否両論の噴出や、誤解を解くべき権威筋の不在なども影響して、学術用語というよりはむしろ自在に援用可能な用語として広く知られるようになった。しかしながら、心理学分野ではギブソンの（ギブソニアン心理学の）直系の継承者と目されたリードがある程度の統一見解を示すことに成功し、それに伴って「生態心理学」という領域名も広まることになる。本研究で注視しているのも、フレイレによる実践の定義を彷彿とさせる次の定義である。

> 行動と意識は、有機体が環境との切り結びを調整する道である。この調整を組織化する環境の諸側面がアフォーダンスである。　　（リード, 2000, p.60）

ある有機体の行動と意識は、その有機体と取り巻く環境との相互作用（＝切り結び）を調整する。そして、その調整が当該有機体に影響する位に秩序化（＝組織化）する場合、その秩序形成に寄与する環境の部分（＝諸側面）がアフォーダンスだという定義である。この定義で重要なのは、行動と意識を可能にも（組織化）するのがアフォーダンスだとする捉え方である。つまり、行動と意識はアフォーダンス発生に関与するが、同時にアフォーダンスが行動と意識の促進や抑制をするとも言っている。いわば、逐一の行動がパターン化することで、当該パターンがある行動の出現以降もそれと類似する行動の発生を統御するのである。

有機体の行動と意識が相互作用を調整する。そして、「調整を組織化する環

境の諸側面がアフォーダンス」なのだから、行動と意識が適切に環境中で働いている状況であれば、それ自体がアフォーダンスに違いない。したがって、有機体の営為が組織化する過程を注意深く観察しかつ記述していけば、当該アフォーダンスとは何か、すなわち「アフォーダンスの意味」も見えてくる。アフォーダンスそのものは意味とは言えないが、アフォーダンスの発生過程その時々において、当該有機体が理解している価値、解釈、重み付け、あるいは自分や他者に与える影響力等が意味と言われるものではないだろうか。別の言い方をすると、アフォーダンスを再解釈したものが意味と規定できる。むろん、環境との調整によってアフォーダンスが直接知覚できるのならば、実際の行動や意識の遂行および発現においてそれらの間接的根拠たる意味の必要性が薄らぐ。しかし、その知覚したものが何か、どんな価値をもつのか等をあえて捉えていくとそれが意味になる。意味とはアフォーダンスの解釈項と言えるだろう。

　リードの見解で特筆できるのは上の「意味」を含み、アフォーダンスに記号の要素が想定できるという点である。「環境の諸側面」は、ときには有機体に知覚可能な資源に見える場合がある。これは、有機体が直接知覚できるもの、すなわちエンフィールド理論の「代表」に位置付けられる。「切り結ぶ環境」は、ときには有機体の行動や意識を統制する力に見える場合がある。これは、有機体が知覚したものを表示し環境からの何らかの意味が差し向けられる「対象」である。「調整の組織化」は、ときには環境からの有機体への作用にも見える場合がある。これがアフォーダンスの意味、つまり有機体と環境との相互作用が引き起こした「解釈項」になる。

　これをもう少し具体的に論じよう。アフォーダンスの概要を解説する際によく用いられる表現が、ギブソンも言及している「もしも陸地の表面がほぼ水平（傾斜しておらず）で、平坦（凸凹がなく）で、十分な広がり（動物の大きさに対して）をもっていて、その材質が堅い（動物の体重に比して）ならば、その表面は支える（support）ことをアフォードする」（ギブソン, 1985, p.137）というものである。本節では以下、地面に代えてガラスのコップを取り上げる。また「有機体」は本稿の「主体」で代替する（アフォーダンス理論の有機体を主体とみなす理

由については後ほど言及する）。

　コップ自体は主体が直接知覚できる資源である。そして、水の注入が実現するかどうか（実際に水が漏れないかどうか）は別として、水が入る器としてのコップがある。この時点でコップが水を表示している（コップによって水が示されている）ことが分かる。同時に、「注入が可能」という意味が主体の知覚によって発生している。こうした一連の流れを表現したものが「コップは水が入る（入れられる）ことをアフォードする」という文言である。ここに記号の要素を当てはめると、コップが代表で、水が対象で、入れられることが解釈項となる。また、「コップは割れる（割れやすい）ことをアフォードする」と言うこともできる。この場合、コップが代表、割れる現象が対象、割れやすさが解釈項である。さらに、「コップは水を飲む（飲める）ことをアフォードする」とも言える。この場合は、コップが代表、飲む行為が対象、水を飲むことが解釈項となる。

　コップという資源について上のように表現可能だということは、コップを代表とする記号にもいくつかの種類があるということを示している。すなわち、アフォーダンスをタイプ別に分類できるということである。アフォーダンスにタイプがあるということをパースの3範疇に引き寄せて再構築し、広義文脈でのアフォーダンスをその研究史と合わせて検討した結果、「資源性」「狭義のアフォーダンス」「生態学的情報」を記号の範疇に対応させた主張は、佐古（2013）の卓見でもある。

　ただし、資源性ゆえに第一性、傾向性ゆえに第二性、創発性ゆえに第三性という議論は、本研究上では支持ができない。確かに佐古の言う通り、リードが有機体とそれを取り巻く環境を非対称的に捉え、有機体がなくてもアフォーダンスが独立して存在すると述べているのは事実であるが、あらゆるアフォーダンスを資源性のみに還元しているわけではない。現に、リード（Reed, 1988）では自然的アフォーダンスと文化的アフォーダンスを区分し、後者が「歴史的に特有の意味や価値」（同著, p.310）と関係があるとしている。文化的アフォーダンスが人間なくして存在するとリードが考えていたかどうかは疑問である。それに、資源は記号のタイプと言うより先ほど考察したように記号要素のうち

の代表になりうる。資源のみで記号が構成できるという考え方はパース記号論では否定される上、資源が時間的過程の一側面だと規定する根拠も薄い。次に、傾向的アフォーダンスが第二性とする議論も尽くされていない。リードの定義からすると、コップの割れやすさといった傾向性は資源そのものでも表示先としての資源でもなくコップの解釈項に相当する。だからこそ、「誤解」（佐古の表現を借りれば「生態学的情報の抽出に失敗すること」）も起こりうる。この誤解の要因を、第二性という範疇だけに求めるのは難しい。仮に第二性に限ってこれを真の（狭義の）アフォーダンスと考えるのならば、他の範疇に属するものがアフォーダンスと言えないことをもっと丁寧に論証しなくてはならない。3つ目の創発する生態学的情報を象徴的な第三性のカテゴリーに分類することについては、佐古の論考全体のテーマでもあるため賛否の判断は保留しなければならないが、アフォーダンスが記号であるという主張自体は優れた捉え方である。よって、生態学的情報を第三性という範疇内に限定しなければ（第一性にも第二性にも匹敵する生態学的情報があるとするならば）、批判には値しないだろう[24]。

アフォーダンスの特徴を断片的に拾い上げていくと資源性、傾向性、創発性といった側面を見出すことができるが、これらは記号を機械的に分解して見えてくる部分つまり要素と同等のものである。アフォーダンスの全体像を写し撮っているものではないので、そうした部分を使って規定しようとすると問題が発生するのである。記号論的に述べるのならば、やはりアフォーダンスのタイプも性質的なもの（第一性）、個物的なもの（第二性）、法則的なもの（第三性）に分けられると考えなくてはならない。

図像的・性質的なアフォーダンスは、比喩的に先ほどの「コップは水が入ることをアフォードする」で表現できるものである。コップが水を入れられる器

---

[24] いずれにしても、佐古論文の独創性はこれまで曖昧であったアフォーダンスの規定を問い直し、資源性に巣喰う淘汰圧問題（アフォーダンスが生命進化に寄与することになる問題）、傾向性が示す現実化問題（アフォーダンスが絶対に失敗しない有機体の行動を導くとする問題）、創発性が示唆する予期性問題（アフォーダンスが有機体の行動を統御しなくなるという問題）を哲学的な論考によって解決している点に認められる。アフォーダンス理論を記号論に結び付けることを明言し、生態学的アプローチでもって統合を企図している点も大いに評価できる。

だと分かる（知覚できる）のは、何もコップがガラス製でなくても構わないだろうし、そもそもコップと呼ぶことのできる入れ物でなくても「コップのような形状」であれば十分である。これが、ギブソンの「直接知覚」の典型例である。だから、水が入ることをアフォードするものは、それこそ資源として数限りなく存在している。極めて原始的な知覚で出現するアフォーダンスのように見えるために、環境を満たしている資源そのものだと誤解してしまうのも無理はない。もちろん、この種のアフォーダンスを資源と規定するのは間違いである。環境中の資源がある主体にとって直接知覚しやすいということにすぎず、資源であるから知覚できるわけではない。当然、知覚し損なうと、たとえ地面であっても当該有機体の体を支えないことも起こりうる。第一性のアフォーダンスには、「木は（猿にとって）登ることをアフォードする」「小川に渡された丸太は渡ることをアフォードする」「橋のように掛けられた透明なアクリル版は（ハイハイしかできない赤ん坊にとって）その先に進めないことをアフォードする」「先の尖った細長い物体は穴をあけることをアフォードする」などが挙げられるだろう。

　指標的・個物的なアフォーダンスには、「コップは割れることをアフォードする」が相当する。割れることを知覚するためには、実際に割れたという経験を積まないと知ることができない。そのために、佐古論考のように傾向性がアフォーダンスだと言ってしまうと当該アフォーダンスを知覚した瞬間に行動の失敗が絶対に起こらないことになる（コップの例の場合は必ず割れなくてはならない）。ところが、実際には失敗も成功もする。これが現実化問題（注24）の本質なのであるが、それにもかかわらず傾向性について「行為のための機会を提供するものであって、必ずしも行為を引き起こす必要はない」（佐古, 2013, p.70）として当該問題を語り直し、傾向性自体をアフォーダンスだとみなす議論は本末転倒である。傾向性がアフォーダンスになりえないのはそれが解釈項だからであって、傾向性自体はアフォーダンスを構成するものにすぎないのである。

　では、「解釈項が傾向性になる」アフォーダンスはなぜ第二性のアフォーダ

ンスと呼べるのだろうか。それは、パースの定義に遡れば判明する。性質そのものは第一性であるが、性質を当てはめた個物は第二性だからである。もし自然界の猿が早春の候、湖に張った氷の一部が溶け出している様子を見て「割れる」「氷の上を歩いて渡れない」などと知覚したならば、その場合のアフォーダンスは第一性である。湖の氷に割れる性質を見出したわけではないからである。一方、もしこの猿が氷をガチャガチャ割ることに楽しみを覚えているとすれば、この場合の「割れる」は第二性になる可能性が高い。氷の欠片（割れる性質）を玩具にしているからである。このような意味において、リードの「探索的活動」[25]（リード, 2000, p.166）を第二性だと論じている佐古の主張は十分支持できる。目の前の有機体が食べ物かどうか、洞窟が巣穴に適するかどうか、周囲に天敵がいないかどうかといった生命体の探索は、まさに個物に性質があるかどうかの判定行為である。第二性のアフォーダンスには、「木陰は涼しいことをアフォードする」「入道雲は夕立をアフォードする」「ドアノブは回すことをアフォードする」「ハサミは切ることをアフォードする」「鉛筆は書くことをアフォードする」などが相当するだろう。

　象徴的・法則的なアフォーダンスの例として、「コップは水を飲むことをアフォードする」を挙げた。コップに水を飲む性質があるのではない。私たちは水を飲むときにコップを利用するという経験を繰り返すことで、コップを飲料用道具として想起するようになるのである。やがて、コップは水のシンボルになる。だから、コップを見ただけで「これはジュースも入るな」とか「近くに蛇口があるのではないだろうか」などと判断することも可能になる。すなわち、情報自体が第三性ではなく情報の抽出・適用・運用・一般化・法則化などが第

---

[25] 「探索的活動」と後段の「遂行的活動」の区分に関して思い起こされるのが、ピアジェ（1970）の「同化」と「調節」の区分であろう。同化が環境への適応を目的としてシェマを構成することであり、調節が環境に合わせてシェマを改変する働きであるという点において、リードの探索と遂行にそれぞれ類似している。しかし考え方の決定的な違いは、ピアジェ派心理学がシェマ（内的図式）の形成と個体／環境の厳格な分断を前提としているところにある。生態学では、シェマの存在を認めないし個体と環境の分断はできないものだと捉えていく。したがって、ある有機体がある環境に適応していくように見える過程は、一個体の同化や調節の働きなのではなく、探索や遂行による行為の調整だということになる。

三性なのである。ビールを飲みすぎると肝臓を痛めるだろうなという予測なども、第三性のアフォーダンスと言える。

　ここから、予期できないことが起こりうる創発的な事象が第三性とされることがあるが、実はAが起きるならばBも起きるという（間違っていても）法則性が第三性なのであって、創発事象そのものは第三性とは言い難い。「それが創発だ」という理解や分析は「論証」という第三性の解釈項である。このような意味で、「遂行的活動」（リード, 2000, p.166）を第三性だとした佐古の主張に再び軍配が上がる。主体の変容と言える行為そのものは第二性であるが、行為の理由は第三性になる。よって、餌を捕食したり、住処をこしらえたりする遂行的活動は（何らかの動機めいたものが確認できるために）第三性と言ってもおかしくないことになる。

　ただし、前節で述べたように記号の範疇は連続している。ゆえに、明確にこれが第三性であると規定しにくいものがほとんどを占める。普通の人ならわざわざ「コップを使うと水が飲める」と意識するまでもなく、蛇口から流れる水をコップに注ぎそのままごくりと飲んでしまう。この場合の（私たちが知覚している）アフォーダンスは何かと問われれば、コップと水と飲む行為を瞬時に感じ取ったものと言うしかなくなるだろう[26]。法則記号が性質記号に回帰する瞬間である。このように、明確な理由があって行為をする場合ばかりではない。さらには、前段で「入道雲は夕立をアフォードする」を挙げたが、入道雲を夕立の前兆あるいは象徴と強く感じた場合は、第二性に留めておけなくなるかもしれない。あえて第三性をめぐる表現を記述するならば、「郵便ポストは手紙の配達をアフォードする」「スマートフォンは手帳をアフォードする」「ジャス

---

[26] 「アフォーダンスの理論は、共通の特徴によって定義され名称がつけられる対象の固定されたクラスを仮定する哲学的混乱から私たちを守ってくれる。ルートヴィッヒ・ヴィトゲンシュタイン（Ludwing Wittgenstein）が理解しているように、ある名称が付与されている事物のクラスの必要かつ十分なる特徴を特定することはできない（cannot）。それらの事物は「ひとまとまりの類似性」のみをもっているにすぎない。しかしこれは、物を用いる方法を学習することができないとか、その用法を知覚することができないことを意味しているわけではない。それらの対象がアフォードするものを知覚するためには、それらの対象を分類したり、名称をつけたりする必要はない。」（ギブソン, 1985, p.145）

ミンの香りは眠気を誘う薬をアフォードする」「市松模様は東京オリンピックをアフォードする」などが挙げられようが、今後の議論も含めて分類はあくまで暫定的なものであることをここでもう一度確認しておきたい。

　さて、意味の議論に話を戻す。本節の考察から帰結するように、上の表現の「～をアフォードする」の部分は、「～を意味する」「～という価値がある」に置き換えることが可能である。アフォーダンスの規定は研究史上多彩を極めているが、心理的表象物であることを否定する捉え方において多くの研究成果が一致を見る。少なくとも、アフォーダンスが先験的な実在物だとか、入力刺激だとみなされることはない。むろん環境中にある（有機体が存在しなくても存在する）実在をアフォーダンスだとする見解（三嶋, 1997）もあるが、それでも当該構造中の要素間の連続性をまったく無視して構築されるという説はない。こうして、アフォーダンスは動的な過程と関係の中から発生するものだと考えられる。すなわち、アフォーダンスは記号過程であることが判明する。アフォーダンスが記号であれば、3要素で構成されるはずである。代表として考えられるのが前述した通りの「環境の諸側面」、すなわちアフォーダンスの現れである。対象と考えられるのが「切り結ぶ環境」、すなわちアフォーダンスの表示先である。そして解釈項が「調整の組織化」、すなわちアフォーダンスの意味になる。

　従来の心理学的な議論において、「直接知覚」という用語が多義であると同時に表象主義的見解における「認知」や「反応」などとの区別がつかないという問題が継続的に指摘されてきた（佐古, 2013, pp.63-66）が、3要素が一体化した記号をまるごと捉えていく過程そのものが「直接知覚」に相当するので、脳内での図式を参照する「認知」や、機械的なセンサーが刺激を受け取るような「反応」という仕組みでは当該過程を説明することができない。とある現象における意味の理解に主体の生理学的な何らかの機構が働いていることは現時点では否定できないが、そもそも生態学的な知覚を表象主義の概念で捉えようとするところに無理がある。もっとも、「どのようにして生命体は意味を知るのか」や「なぜ理解できるのか」といった疑問に対しては、生態学的アプローチ

をもってしても解決にはほど遠い。しかしながら、直接知覚という概念が記号の理解過程に相当していると分かるだけでも、究極的な「意味とは何か」に対する回答の導出に僅かながらでも貢献するのではないだろうか。

これまでも記号にタイプがあることによって言語にもタイプがあること、そして主体にもタイプがあることを述べてきた。範疇が記号過程の中で異なった役割を果たすのと同様、素材が言語形成の中で異なった役割を果たし、自己が主体変容の中で異なった役割を果たす。特に、素材や自己の解釈項がそのまま素材や自己の意味でもあった。先に述べた通りアフォーダンスの解釈項を意味とみなすことができるのならば、アフォーダンス自体は、やはり言語における「素材」や主体における「自己」と同等でなくてはならないだろう。アフォーダンスを直接知覚するのが有機体であるというのが生態心理学上の定義であるが、本研究での主たる議論は記号と言語と主体を対等に取り扱うところにあるので、アフォーダンスを知覚する有機体を、（言語素材を捉える・言語を行使する）「主体」に匹敵させても構わないだろう。記号論的な分析を行っていないナイサーでさえも、「知覚と行為は理論的分析のレベルでのみ区別され、通常の行動においては融合している」（Neisser, 1988, p.40）と述べている。

ここから先はもう少し検討を要するが、素材という表現を擁する言語、自己という表現を擁する主体に比肩できるものは、アフォーダンスでは何と呼ぶべきだろうか。「有機体」になるのだろうか。いや、有機体だけがアフォーダンスの原資になるのではないことを鑑みると、「記号」や「言語」や「主体」という用語ほどの広義性があるものが望ましい。本研究では、これをフレイレの言う「実践」とすることを提案していきたい。ここに「省察」（＝解釈項：旧来の「理論」に相当）と「行動」（＝代表：旧来の「実践」や「応用」に相当）を合一し、言語を教育とみなす着地点を目指した議論を進めていく。

それともう一つ断っておかなくてはならないが、ここまでの議論において「意味」という用語にも広義と狭義の観点があった。「〜をアフォードする」という動的な在り方に匹敵させたもの（広義）と、記号の解釈項に相当させたもの（狭義）がそれである。むろん、「言語」や「主体」や「実践」にしても厳

密に議論をするのならば逐一広義（連続的）か狭義（要素的）かを標示しなくてはならないのであるが、語義の広狭が本研究の論旨を追えなくすることはない。記号過程が記号要素から成るという趣旨に反することもなく、むしろ連続性の一端を示すものでもある（どちらに解釈されても問題がない）から、以後も区分の標示はできるだけ控えていく（本研究の姿勢については注7と注26も参照）。

3.1.4 相互作用

「相互作用」は前述した通りフレイレ、バフチン、リードらが各所で言及しているもので専門用語として特段に強調すべきものではないが、複数の有機体の間あるいは環境と有機体の間でのやりとりを表した生態学的な術語であると広く認められている。本稿では、フレイレの言う「対話」とほぼ同義で取り上げている。ただし対話を紐解くといよいよ教育学的考察の色合いが濃くなってくるので、その詳細な議論については節を改めることにする。ともかくも、生態学的言語論が注視しているのは、この相互作用が連続性を含意している点である。端的に言えば、「音声と形態」「形態と意味」といった二重分節性（モジュール性・言語単位の自律性）を否定し、「自の存在が他に支えられている」という見方を重視する。言語現象の背景には必ず何らかの連続性があると考えるのが生態学的言語論である。

相互作用の概念を採用すると、一般言語学や一般習得論が前提としている言語能力の解釈が変わる。むろん、生態学でも個人の認知機構や生理機構の存在は否定しないけれども、言語を表出したり理解したりする力の源泉が個人の中だけに既存するとは考えない。そのため、そもそも個人の力量を示す「能力」という用語も登場しない。言語能力の向上に見える様相も、相互作用の過程で現出する言語形成の一側面なのである。相互作用がなければ言語の変化自体が生じないために、一個人の言語使用状況が変わるということが同時にその個人を取り巻く状況変化をも意味する。言語観としては、構造的単位が関連性の中から生まれるという前章で取り上げた認知文法や創発文法の考え方にも近い。さらに生態学では、認知機構でのパターン同士の相互作用、いわゆる脳内での

概念操作を越え、外界との相互作用も議論の俎上に乗せていく。たとえば、身体に思考が現れるという考察（Lantolf, 2010）も生態学的言語論の特徴と言えるだろう。本節では言語形成の背景に相互作用があることを議論し、言語を相互作用の起こりうる場、すなわち実践とみなしていくことにしよう。

さて、論理的にもまた現実的にも言語は実践の一部かもしれないが、当の実践は言語だけで満たされているわけではない。それでも、生態学的な観点を言語に施してみると、環境の片隅でひっそりと顕現する物象に留まるどころかその重要性が他の事象に比しても群を抜いていることが分かる。しかも、けっして「物」ではないことも見えてくる。ギブソン曰く、水は泳ぐこと、溺れること、補給すべきこと、浴びること、注ぐこと、こぼすことなどをアフォードする。「結局、水はいろいろな意味をもつ」（ギブソン, 1985, p.41）。言語も様々な意味をもつことは、水に喩えるまでもない。さらに、「言語とは、観念あるいは表象の伝達手段ではない。それは情報を他者に利用可能にするための手段であり、それによって自身およびその集団の活動調整に寄与するものである」（リード, 2000, pp.324-326）。生態学的言語論はこのような捉え方の下で展開されてきた。特に記号の観点で考察を進めていくと、言語形成と主体変容がともに記号過程であることが判明し、ゆえに言語形成と主体変容が密接に結び付いた。そして本節において、この「記号＝言語＝主体」の等式にもう一項、環境の一側面であるアフォーダンスを表現とする「実践」が加わることになる。

リードは誰しもが「人間になる」ために属することになる発話共同体のことを「言語環境」と呼ぶ（リード, 2000, ch.11）。ただしこれは、「集団の活動調整に寄与するもの」という前述の見解にもある通り、言語と環境を明確に分断した上で名付けた概念ではない。加えて、言語形成の過程を「言語環境に入る」と述べたり、上の定義の通り「共同体」を環境と同義に位置付けたり（「群棲環境」とも呼んでいる）、さらには「指し言語」と「語り言語」に段階が二分される傾向があるとか、「調整に寄与する」ものだと表現しているところから、同著第11章で言及している「環境」は、リードが部分的に取り扱っているものとは若干解釈が広くなっている。しかしながら、これが本研究での実践と言う

べきものであろう。

　それは、「指し言語」と「語り言語」が次のように規定されているところからも判明する。

> 言語使用のこの［言語発達の第一の］段階を本書では「指し言語 indicational language」と呼ぶことにする。なぜなら、この時期の機能的コミュニケーション技能は、興味あるトピック（物・場所・事象・人）を対話相手と共有するために選択する、つまり指し示す子どもの能力を中心にあらわれるからだ。（中略）このような複雑なパターン［共同体で採用されている文法等の規則性］は、「指し言語」を契機として設定される「促進行為場」の特別なコミュニケーション・フレーム内で発見されると考えられる。より特定的に言えば、交際圏の広がりに相関して生ずる、「指し言語」の成功と限界との独特の組合せが子どもの言語の根本的な再組織化を促す選択圧をつくりだすのである（Reed, 1995）。さらに特定的に言えば、トピックをたんに指し示すだけでなく、それについてコメントする方法も学習せざるを得なくなるのである。このため本書では、この言語発達の第二段階を「語り言語 predicational language」と呼ぶことにする。　　　　　（リード, 2000, pp.320-321）

　引用の通り、指し言語とはトピックを他者との相互作用を通して選択する場面である。これが「コミュニケーション・フレーム（促進行為場）」と呼ばれる。一方、語り言語とはトピックについての陳述・質問・主張・確認といったコメントを行う場面（自由行為場）である。そして、指し言語が語り言語への移行を促す働きを果たす点において両フレームは連続した関係にある。これに、当該２つのフレームへと分化する前の段階、「人間になる」「文化のなかに入る」ための最初の相互作用が確立される段階（リード, 2000, ch.9）を加えると、当該段階の第一性、指し言語の第二性、語り言語の第三性という記号の３範疇が出揃うことになる[27]。これは、言語形成が記号過程であることを示している。そしてまさにこのとき言語は、指し言語であれ語り言語であれ、他者との相互作用や集団内の調整活動に寄与する「利用可能性」をもったアフォーダンスに

---

[27] 別のところでリードは、自由行為場における相互作用を「三項的な相互行為」だとも認めている（同著, p.286）。こうした点からも語り言語が第三性に相当することが分かる。

なる。言語形成が言語環境に入る過程であることを示したリードの研究は、相互作用や調整活動が言語を成立させるのではなく、言語形成が相互作用や調整活動、すなわち実践場面の変化や進展そのものの過程であることを謳っている。だからこそ実践場面にも言語形成と同等の記号過程の範疇が当てはまると言えよう。

　通常私たちがある事象についてそれが言語だと認識できるのは、言語が素材を介して立ち現れるからである。特に、素材の過程における代表が見える、直接知覚できたことを再帰的に特定できるとそれが明確に言語だと分かる。これと同様に、実践もアフォーダンスを介して立ち現れ、中でも「資源」あるいは「行動」という代表[28]があるために、何かしらの実践が生起していると知れるのである。アフォーダンスのこうした「見え」や「現れ」をさらに具体的に観察したものが、前節でも言及した「探索的活動」と「遂行的活動」である。

　探索的活動とはアフォーダンスを探る行動である。言語環境においては、言語の意味を求める努力に相当する。言語形成の初期にある者は、本や文章から言語情報を抽出できるようになる以前からそれらを意味の源泉として認識する[29]。意味や価値を知る以前からそれらを理解しようとする行動、それが探索的活動である。一方、遂行的活動とは環境を変化させる行動のことである。言語環境においては、言語の意味を表出していく過程に匹敵する。意味の表出を通して他者の行動を促していく、あるいは自身の思考さえも整理することにもなるだろう。その点では、言語素材を利用することと言い換えることもできる。

　探索的と遂行的2つの行動を駆使して、個体は言語環境と相互作用をする。この相互作用は、個体側から見ると環境への働きかけといった側面が際立つ。

28　ちなみに、資源も行動も「環境の一側面」であることには違いがなく、本稿ではこれまでも一貫して区別してこなかった。用語レベルで取り上げるとどうしても「資源」には物質的な解釈が「行動」には意識的な解釈が伴ってしまうが、アフォーダンスの議論において両概念の分割は重要な問題ではない。
29　「行為を学習しながら行為する」「知る前に知る」（同著, p.315）「できる前にはじめる」「歩ける前に足を踏み出す」「話せる前にしゃべる」（同著, p.344-345）。これらが人間の心理的発達の特徴である。

一般的な解釈での言語行為についてよく例示される「伝達する」「分析する」「討論する」等は、この働きかけの側面、いわば表出の側面に限定し語られたものである。ところが、環境側から観察するとこのような事象は「行う」というより「起こる」ように見える。「理解する」「評価する」「応用する」等といった例示は、まさに環境中で発生する事象である。それでも事象的記述（たとえば「理解に達する」「評価が発生する」「応用となる」といった表現）で示され難かったのは、相互作用の解釈で重要なのがあくまで前者の働きかけの側面のみである、という常識が邪魔をしていたためでもある。言語形成を個体の能力に還元してしまうと、残念ながら、相互作用についても個体から環境へという一方通行の道でしか行うことができないと了解される結果に終わる。

　リードの理論に基づけば、上述の常識の不自然さがよく分かる。万一、行動において個体から環境へという道筋しか存在しないとすると、私たちはどのようにして他者が発する意見の意図を知るのだろうかという疑問が湧く。自分の見解が誤解だったということにどうして気づくことができるのだろうか。あるいは、単に他者の発言を聞いたり、表や図やグラフを見てそこに表現されていることを慮ったりすることができるのはなぜなのだろうか。実際には、環境と個体との相互作用を通して、すなわち行動というアフォーダンスを他の個体が知覚することで互いの理解が可能になるのである。

　以上の通り、行動は環境と個体の間に介在して両者を繋ぐ。さらに付け加えるならば、行動は環境や個体の変化を促す触媒となるものであり、行動が発生すると同時に環境や個体の変化が引き起こされる。これはすなわち、行動が個体の一方的な動作に留まらず常に「何かに対する」行動であることを意味している。行動が相互作用のアフォーダンス（の現れ）となり、確実な予測は困難だとしても一定の到達点が解釈項となって行動の中に示される。探索的活動や遂行的活動が、意図するところ・目指すところに辿り着くための行動であるのは、相互作用の過程が〈到達点〉という解釈項を生むためでもある。行動が目標を成就するための手段であると同時にそれ自体が目的となることがありうるのも、相互作用が過程的なものであるからに他ならない。こうした一連の捉え

方は、行動が「媒介」であると同時に環境や個体の「構成」であることを謳うことにもなっているが、けっして矛盾した考え方ではない。生体内で必要不可欠な酵素が触媒であると同時に、生体を構成しているものと同じタンパク質から出来上がっているという事実に比肩できるだろう。こうした媒介的な相互作用を対話と規定する議論は、後段で行う。

　本稿で批判しているように、旧来の言語形成観というのは言語という物象を行動によって獲得するというものであるから、これに従う限り形成が場面だ（言語が実践だ）というのはにわかには信じ難いことであろう。しかしながら、生態学的言語論の研究史は明らかにこの観点を支持している。少なくとも、言語形成が言語環境において成立するものであることは、リードの「発話共同体に入る」あるいはレイヴ・ウェンガーの「実践共同体に参加する」という主張が物語っている。

　ここでもう一度、行動が文化・社会・個人の変容を引き起こすということを提唱したロゴフ（2006）の論考を思い出してほしい。特に、個々人の発達さえもコミュニティの社会文化的活動への参加のあり方の変容過程だとする議論が重要である。

> 個人発達は文化から影響を受けたり文化に影響を及ぼしたりするというよりも、人は文化の活動に参加しかかわりながら発達するのであり、文化の活動も世代を越えた人々の関与によって発達的に変化するものです。各世代の人々は、他者とともに社会文化的営みにかかわる過程で、前の世代から受け継いだ文化的道具や実践を活用し、拡張します。人々は、文化的道具の共同使用や実践を通して発達しつつ、同時に文化的道具、実践、制度の変容に手を加えることになるのです。
>
> （ロゴフ, 2006, pp.66-67）

　ロゴフの「文化」は本研究の実践に言い換えることができる。ロゴフが述べているのは、主体も実践も互いに関与し合うことで変化していくプロセスにあるということである。個人とコミュニティのダイナミックな関係性が「参加」という術語に象徴されているように、人は社会文化的コミュニティへ参加をすることで変容する。すなわち発達し、学習し、思考する。しかも、参加という

かかわり合いが起こると、人々同士の伝え合いや調整し合いが生まれ理解が広がりまた深まる。こうした過程は、まさに相互作用と言えるだろう。同時に、当該コミュニティ自体も変化していく。その変化は、個体が原因となるのでも環境がきっかけになるのでもない。いわゆる「氏（個体）か育ち（環境）か」という対立関係あるいは因果関係に個人とコミュニティがあるのではないということである。

　主体についての狭義の学び、いわゆる知識の獲得についての見解も、ロゴフとリードで奇しくも一致している。ロゴフは「乳児は、生まれたときから周りの人々のやり方を学ぶ準備ができています」（ロゴフ, 2006, p.83）と述べているが、これは前段のリードの主張である「知る前から知ることができる」というものと同義である。このことからも、個体と環境が分断されておらず、互いが構成関係にあることが見えてくる。そして両者に橋をかけているのも人々の行動である、という捉え方が可能になる。

　確かに、個体と環境は分かたれているように見える。生物学的には免疫を根拠とした「生体」、（一般）心理学的には認知を根拠とした「心」あるいは「脳」、言語学的には個別の判断を根拠とした「言語習得の機構」が謳われ、それらの周囲に存在するものを状況や文脈等の術語を用いて区別している。しかし、いずれの分野においても近年の論考の潮流は、主体の定義に際して環境にまったく触れずに可能であるかどうかという疑義への考察にある[30]。その点、教育学分野にやや遅れが見られるのは否めない。中でも際立つのが自律性を根拠とした「個（個性）」の捉え方で、専ら個人を発達・伸長・成長させるための方策が議論される傾向にある。その「周辺」や「状況」である授業・教室・学校等の現場を取り上げたとしても、たかだかそれらをどう運営する、組み立てていくのが個人にとって適切かという論考に限定される。むろん、個体と環境を分けて考察することが無駄な議論だというわけではない。ただ、この捉え方に固

30　たとえば、病原体などの異物を自己から排除する免疫も、ときには外部の他者を自己内に受け入れることがある（多田, 1993）。個体と環境を峻別することを基盤とする免疫学でもこうした曖昧性が必要であることはたいへん興味深い。

執するあまり、互いの関係がどのようになっているのかを議論せず、むしろ意図的に除外しようとする二元論的主張の姿勢に弊害が生じやすい、さらに現実的にも生じていると考えられるのである。そのため、ロゴフのような研究者にしてみれば、「個人を、文化コミュニティから独立し文化過程から切り離された存在として扱うアプローチは、いまだに一般的なものですが、私はこのアプローチに反対です」(ロゴフ, 2006, p.53)と言明するほどになる。

　生態学的考察はこの弊害を解消していくためのツールになる可能性を秘めている。特に、個体から環境への移行を連続したものと捉えることに長けている。ロゴフは、研究初期の段階からこの連続性を考察対象としてきたのである。本稿第2章で言及した「導かれた参加」というのは、言語実践の全体像についての論考(Rogoff, 1995)における、個人的な「参加型専有」、対人的な「導かれた参加」、集団的な「徒弟制」という3つの階層[31]の一つである。もちろん、ロゴフがこうした3階層を設定したのも、「文化的過程」が観察の視点の取り方によって個人的にも集団的にも眺めることができるということを背景とし、具体的実践において実証したためである。つまりは、階層が(単なる上下関係ではなく)尺度として捉えられることを明確にしたといえよう。こうしてみると、広義文脈で取り扱われる個体と環境の分断は、それぞれの階層の特徴として顕現化した(極端な尺度でしか観察することができなかった)結果であることが分かる。

　各階層の特徴が際立っているという意味では、それぞれが「タイプ」である。そしてこれらが記号の範疇と合致した時、言語を実践とみなすことが可能になる。

---

[31] ロゴフの階層は、一見人数(規模)の違いによるもののように感じられるが、実は生態学的な「ニッチ」の区分に近似している。ニッチの広さは、維持可能な(生き残る)有機体を個体として見るか群や種として見るかによって変わってくる。しかも、ニッチは多次元的な環境条件の集まりとも考えられるため、単に生息面積の広狭に決定されるものではない。大きな(あるいは多い)ニッチで観察するか、小さな(あるいは少ない)ニッチで観察するかによって、ある生物がどのように生活しているのか、何が生き残りの条件になっているか等が判明する(ベゴン他, 2013)。これらは、時間の長短のみ、空間の広狭のみを考えるだけでは明らかにならない。これと同様に、時間や空間といった観点だけでは、活動の様相、たとえば学習者がどのように参加しているのか、活動とはどのようなものかなどといったことは判明しないだろう。

3.1.5 行動と主体変容

　言語を実践とみなすという点において、まずはレオンチェフの活動論を考えてみよう。当時からも隆盛だった要素還元主義的心理学をヴィゴツキーの研究を踏襲する形で批判し、動的な活動[32]の様相を解明した論考は後世に大きな影響を与えた。中でも、主体の意識の観点から活動の構造を明示した考察は極めて独創的な輝きを放っている。

> ［外的・実践的活動と内的・理論的活動を含めたマクロな構造としての］活動という概念は必然的に動機という概念と結びつく。動機なくして活動は生じない。「動機なき」活動とは、動機をもたない活動のことではなく、主観的にも客観的にも隠れた動機をもつ活動のことである。人間の個々の活動を「組み立てている」基本的な環、それは行為であり、行為によって活動は実現される。それでは行為とは何か。それは、達成しなければならない結果についての表象に従属した過程である。すなわち、意識的目的に従事した過程である。活動という概念に動機という概念が対応しているのと同様に、行為という概念には目的という概念が対応している。
>
> 　　　　　　　　　　　　　　　　　　　　　　　（レオンチェフ, 1980, p.84）

　あらゆる目的は—「N点に行く」といったようなものでさえ—ある対象的場面の中に客観的に存在する。もちろん、主体の意識の中では目的は対象的場面からかけ離れてあらわれる。しかし、主体の行為はこの対象的場面から遊離することはできない。このゆえに、行為は、意図的側面（何を達成しなければならないのか、ということ）の他に、操作的側面（どのような方法で、どのようにすればそれを達成できるのか、ということ）も持っている。この操作的側面を決定するのは、目的そのものではなく、目的を達成する際に与えられる客観的−対象的条件である。換言すれば、現実に遂行されている行為には課題が呼応する。課題とは、一定の条件下で与えられる目的のことである。このゆえに、行為は、独自な質、独自な「構成要素」

---

[32] レオンチェフは活動という術語を、「生活過程の全体的単位」「基本的な形態」「心理学の対象」「内的な矛盾、分裂、変形をはらんだ過程」などに相当させた場合（広義）と、以下で規定する階層構造やマクロな単位として（狭義）の場合とで使い分けているが、どちらに相当するかは論考の文脈で容易に判明する。その趣旨が全体的・総合的「活動」の解明にあることが明らかだからである。ただし、本稿では議論をより明確にするために、広義の活動を実践と呼び換える。レオンチェフが使っている「実践」も、（思考に対する）外在的・具体的な現れを示しているという側面はあるものの、最広義で用いていることには違いがないことも勘案する。

をもつ。それは、行為を行う方法である。行為を実現するこの方法のことを私は操作と呼んでいる。(同著, p.87)

人の実践について操作、行為、活動の階層を理論化し、それぞれの行動種の発生を主体の意識、すなわち課題、目的、動機に起因させた論考である。これによって、実践が単なる表層的な現れではなく人の心理と分かち難く結び付いていることを示し、内的な分析のみに執着する心理学との違いを決定付けた。これが、心理が外的にも内的にもある（内外は分断されたものではない）という立場を取る生態心理学の発端になったと言ってもよいだろう。さらに、上の規定で特筆できるのが、階層間の連続性についての言及である。操作によって行為が実現し、行為によって活動が実現する。動機の部分的条件として目的があり、目的の部分的条件として課題がある。このような語り方は、一見解釈が逆（課題の遂行に目的が必要で、目的の実現に動機が伴う）なのではないかという疑念を招くが、この疑念こそ要素還元主義的心理学の弊害であろう。レオンチェフも挙げている比喩であるが、「図書館に向かっている」という行為は「図書館へ行く」という目的に向けられている。しかし、当該行為を駆り立てているのは「文献研究の必要性」という研究活動の動機であって、この動機が目的を提起し然るべき行為が遂行されるのである。ここに付言すれば、図書館に向かうためには「歩行」という操作を為さねばならず、その歩行を促すものが図書館に到着するという大きな目的の一部、すなわち「足を踏み出す」「歩道を歩く」「工事現場を迂回する」といった逐一の課題なのである。

「活動は不断にその姿をかえている独特な過程（p.89）」「行為、これは目的指向的な過程（p.193）」等々の主張により、各階層はすでに記号過程であることが示唆されているが、言語形成については次のような言及がある。

たとえば子どもは、母国語をまだ習っていなくとも、実際には文法的諸形態をことごとく自由にあやつり、「ランプ（単数）がテーブルの上にある（複数）」[33]といったタイプの誤りを決しておかさない。子どもは、自分の言語的実践の中で全く正しく語尾や動詞を変化させ、単語の文法上の形態を一致させる。子どもは、どんな過

程を経ることによってこういったことを学ぶのか、つまりこれらの言語操作を獲得するのか。言語活動がそのなかで経過する言語的条件に自分の言語活動を実際に適応させる過程において、すなわち「適合」、模倣の過程においておそらく獲得するのだろう。したがって、言語的交通、言語的表現の様式として、子どもがそれほど完全に利用している然るべき文法の形態も、意識によって統制することができない。それが機能となるには、これらの文法的形態はまず、子どもの特別の関係対象に、すなわちかれの目的志向［ママ：正しくは「指向」(goal-directed)］的な行為の対象にならなければならない。 (同著, pp.207-208)

　これは、文法という操作的なものでさえ全体的な活動という過程の中でしか学べない、形成しないということを述べたものである。当該過程を再述すると、文法という操作は模倣という行為の中で特別な対象化を経ながら形成するということになる。しかも、模倣行為は言語活動という全体的な活動の一部である。よって、文法を獲得さえすれば模倣が可能になり模倣すれば言語を自由にあやつれるようになる、という考え方は実際の活動の過程（いわば各階層が同時並行で進む過程）を度外視した恣意的なベクトルとして却下しなくてはならない。ただし、後述するエンゲストロームが批判しているように、この段階でのレオンチェフの活動論は十分に活動の発生的側面を捉えきれていない。そのために言語活動についても構造体とみなしがちで、言語形成という活動に模倣という要素があり、模倣という行為に文法という要素があって、それぞれの要素が各階層を組み立てていると言っているようにも見えてしまう。しかし、やはり理論の真髄は「活動は加算的な過程ではない」という一貫した主張にあると考えなくてはならないだろう。各階層は確かに現れや性質を異にするものではあるが、まったく関係なくバラバラに自立しているものではないのである。このパラドキシカルな「二重性」の解決にはエンゲストロームまで待つことになる。

33　原著翻訳版 (Leont'ev, 1978, pp.164-165) では「the lamp stand on tables」。つまり主語でない「テーブル」の複数性に合わせて動詞を屈折させる（三単現の「s」を省く）ことはないと述べている。主語の数に動詞の屈折を一致させる表現はロシア語も同じである。もちろん、ここでは子どもがこうした文法的逸脱性を示すことは絶対にないという主張ではなく、言語規範に則って自由に言語操作ができるようになるということに対する説明をしている。

第3章 生態学的言語論　81

　形成の階層という点では、G. ベイトソンの「学習 I」「学習 II」「学習 III」の分類も興味深い。言語形成と生態学的な「行動」が結び付く論考としてレオンチェフを挙げるならば、言語形成を生態学的な「変化」とみなすことを可能にする考察がベイトソン (2000) にあると言えよう。学習 I は「反応が一つに定まる定まり方の変化」、学習 II は「学習 I の進行プロセス上の変化」、学習 III は「学習 II の進行プロセス上の変化」と定義されている (同著, p.398)。これら階層の背景として、主体の経験がコンテクストによって左右されること、および同一コンテクスト上の異なり (変化) が (同じレベルの) 学習になるという前提を設けている。そのコンテクスト自体が階層を成すがゆえに学習にも階層性が伴うという論旨である。

　ベイトソンの考察があくまで論理的なものであるとはいえ、けっして形而上のものに留まらないことは言語学習の実際を勘案してみれば明らかである。パターンプラクティスによって「おはよう」などというフレーズを次第に円滑に発声できるようになること、「木」という漢字を手本通りにノートに写し取ることができること、「話す」に「ない」を接続するときに「話さない」と言えるようになること、これらが学習 I である。「こんにちは」「こんばんは」というフレーズに変えても「おはよう」と同じような反応ができるようになること、拡大したものでも色が付いたものでも「木」の形に相似していればそれを「木」という文字だと認識できるようになること、「話す」以外のたとえば「走る」「書く」についても「走らない」「書かない」と言えるようになること、これらが学習 II になる。そして、「おはよう」が挨拶であることが分かり現実的に対面した相手に対して用いることができること、「木」が文字体系の一つであると知り「板」「杉」「机」といった漢字の一部として木偏の意味を理解すること、「話す」が動詞というものに分類できることを生かして五段活用と一段活用を区別した使い方ができるようになること、こうした変化が学習 III に相当するだろう。学習の階層とはつまり、学習を学習することで上位のレベルに移行する様相のことである。そして、前提となるコンテクストが階層を成すということは、たとえばパターンプラクティスという実践において、教師の発声

をそのまま真似るコンテクスト、同じことを繰り返すパターンがあることを知るコンテクスト、パターンプラクティスに一定の効果があると感じるコンテクストに分類できることを意味する。論理的にコンテクスト上の変化を学習としているのだから、望ましくない変化が発生した場合にはその原因がどこにあるかを階層で示すことが可能となる。仮に、「おはよう」と円滑に発声できない学習者がいたとすると、当人が風邪を引いているためかもしれないし（学習Ⅰ）、教師の声が小さかったのかもしれないし（学習Ⅱ）、そもそも練習方法に対する理解がなかったためかもしれない（学習Ⅲ）。失敗や試行錯誤の要因が多様であること、少なくとも3つのどこかのコンテクストに由来すると説明できることは、学習階層論の教育学的な利点である。

　いずれにしても、コンテクストが変化をすれば学習自体も変化するという捉え方が本研究上では重要な観点である。そしてまさに、主体の行動（すなわち学習）がコンテクストを構成するという捉え方が生態学的と言えるのである。以下は学習Ⅲに関する記述であるが、これと同様に学習Ⅱの行動も過去の学習Ⅰに支配されている。

> われわれは「コンテクスト」というものを、外的な出来事ばかりでなく、当の有機体の行動自体も含む全体として規定した。そのコンテクストを構成する行動が、過去になされた学習Ⅱに支配されるということは、有機体が、自分の期待する型に全体のコンテクストが収まっていくように行動していく、ということにほかならない。
>
> （同著, p.409）

　ただし、ここでベイトソンは変化の方向性については議論を保留している。本稿でも、学習は階層性があるものの互いが因果関係にあるものではないと位置付けていく。尺度という観察視点の置き方の違いが階層として現れているにすぎないと考えたい。

　発達を因果関係に起因させずに個体と環境との相互作用に求め、環境の中で階層を成すシステム間の連携が発達の源泉でもあり、過程でもあり、結果でもあると結論付けた論考にブロンフェンブレンナー（1996）がある。以下の通り、

発達の側面において重要な3つの特徴を挙げている。

> 第一に、発達しつつある人間について、全くの白紙の状態にあってその上に環境が影響を及ぼすと考えるのではなく、生活環境の中に漸進的に入り込み、再構成をはかるような成長しつつあるダイナミックスな実態と考えている。第二に、環境もまたその影響を発揮するので、人と環境との相互作用は、相互調整の過程を必要とするような二方向的なもの、つまり<u>相互影響性</u>として特徴づけられている。第三に、発達過程に関連するものとして定義される環境は、単一の直接的行動場面に限定されることなく、そうした行動場面間の相互の連携を包含するまで拡大され、さらにより大きな状況から生ずる外的影響にまでも拡大される。環境についてこのように拡大された概念は、心理学一般、特に発達心理学での考え方にくらべてずっと広くさらにより分化したものである。<u>生態学的環境</u>は、それぞれが次々に組み込まれていくような、位相的に同じ中心をもつ入れ子構造のように考えられる。そしてそれぞれの構造は、<u>マイクロ、メゾ、エクソ、マクロシステム</u>と呼ばれる。
>
> （同著, p.23: 強調は原著通り）

　人と環境との動的な相互構成性と相互影響性が備わるものとして発達を、加えて心理の拡大概念として環境を捉えたところは、レオンチェフが展開しようとした活動の階層をさらに流動的に分析する観点である。階層と言わず構造あるいはシステムと述べたところに行動場面のダイナミックな動きを勘案することの必要性が込められている。しかも、システムを「入れ子構造」にすることで、断絶したものとしてみなされがちな階層間の関係性を強固な形で説明している。4つのシステムはそれぞれ、発達しつつある者が直接経験する対人関係のパターンがマイクロシステム、当該者が積極的に参加している二つ以上の行動場面間の関係がメゾシステム、当該者を含む場面で間接的に影響を与えたり与えられたりする場面がエクソシステム、下位文化および文化全体の形態や内容における一貫性の下で成り立つ場面がマクロシステム、と定義されている。たとえば、親と子が対面しながら話をするといった直接的な行動場面の中で起こる相互関係がマイクロシステムであるが、当該システムへの参加者（親子）は同時に食事や就寝や団らんなどといった直近の他者（祖父母・兄弟等）が参加する場面にも属している。この場面がメゾシステムである。また、この家庭の

子は近所や学校の遊び仲間がいて、親にも近隣や職場に知り合いがいるだろうが、彼らとの関係も直近の他者という意味ではメゾシステムに含まれる。一方、子にとっての親の知り合い、親にとっての子の仲間は間接的に影響を及ぼすというエクソシステムに属すると考える。そして、これらの参加者を含んで成立している地域社会あるいはもっと広い場面がマクロシステムに相当する。こうして、下位のシステムと上位のシステムは空間的にも時間的にも包摂関係にあることが見て取れる。必然的に、この家庭の子どもは4システムのいずれの場面にも属していると言うことが可能である。

　いずれにせよ、ブロンフェンブレンナーが強調しているのはどういう行動がどのシステムに相当するのかという分類方法なのではなく、微視的な行為が巨視的な活動と深いかかわりを結んでいるという様相にある。こうした実践の捉え方は明らかにレオンチェフの階層間の相互依存性という見解を継承している。

> 個人の発達は、共に活動に参加したり、個人の注意を引き付けることによって個人の心理的場の一部となるような、他者によりなされる巨視的活動の多様性と構造的複雑さの関数である。　　　　　　　　　　　（ブロンフェンブレンナー, 1996, p.60）

　このように、集団（他者）の巨視的活動が、個人の心理的成長の内的メカニズムと外的表現の両方を構成していくということを謳っている。言語形成を考察する上でも極めて重要な視座である。一般的な学習の場面にもそのまま当てはめることができるだろう。学習者の返答という微視的行為は、質問を行うという巨視的活動の中にある。質疑応答のやりとりという微視的行為は、教室内での議論という巨視的活動に伴って発生する。さらには、教室内での議論が可能なのは、そのように組まれたカリキュラムがあるためであろうし、カリキュラムを作成するには教育機関の存在、どういう学習者を集めてどういう教育を実施するかといった理念や目標がなくてはならない。すなわち、学習は個人に何を注入すればよいのか、その直接的な方法は何かを考えるだけでは成立しないということである。学習者には何らかの特性や性格があるかもしれないが、それを実験的な手法によって一般化するという研究プログラムに真っ向から反

対していたのもブロンフェンブレンナーであった。本研究においても、たとえ個々の特性が十分解明されたとしても教育実践には繋がりにくいことを提唱している。

　実践を生態学的に捉えかつ記号論をも自説の思潮と位置付けた論考としては、エンゲストローム（1999）を挙げなくてはならない。おそらくパースの研究を明示的に踏まえた上で展開した活動論研究は、これまで述べてきたように間接的にはあったにしても、エンゲストローム以前にはなかったようである。記号論・哲学・心理学・教育学・自然科学といった異なる領域を横断した包括性を保ちながら人間活動の有り様を考察した研究という意味では、ヴィゴツキーを始祖とするSCTの集大成とも言える。そのため、生態学的言語論の観点へも示唆するところは大きい。中でも顕著な業績が「学習と発達」および「個人的発達と社会的発達」という発達心理学の二律背反性を解消したところと、活動自体がなぜ発生するのかという問いに建設的に回答したところに認められる。特に前者の成果については、本研究上の「形成」と「尺度（階層）」の概念に繋がるものである。

　エンゲストロームにとっては、学習と発達は共に活動システムの中に見出せる「歴史的に新しい形態の生産」である。発達は学習の成分、つまりはレオンチェフやベイトソン的な学習階層間の移行関係としてみなす一方で、学習は発達の条件、すなわち個人的には新しくも社会的には既存の形態の獲得、および歴史的に新規の活動への参加行動と捉えるという違いがあって必ずしも同じものとは言えないが、「矛盾をはらんだ統一体」（同著, p.187）として両者の対立を解消したことには変わりない。基本的に学習と発達は統一体であるとの見解は、学習が真のZPD内で起こると規定している（同著, pp.229-230）ところからも伺い知ることができる。

　　最近接発達領域とは、個人の現在の日常的行為と、社会的活動の歴史的に新しい形
　　態—それは日常的行為のなかに潜在的に埋め込まれているダブルバインドの解決と
　　して集団的に生成されうる—とのあいだの距離である。　　　　　　（同著, p.211）

周知のように、ZPDはもともとVygotsky（1978）が言及した術語である。エンゲストロームはヴィゴツキーの「個別の問題解決によって決定される現実の発達水準」を「個人の現在の日常的行為」に、「共同による問題解決を通じて決定される潜在的な発達水準」を「社会的活動の歴史的に新しい形態」に相当させた。すなわち、やや曖昧さが残る発達水準の定義を個人と社会それぞれに特定的に観察される行動の違いとして再解釈したのである。このZPD内で営まれるのが「拡張的学習」である。エンゲストロームの「拡張的」とは「拡張による」という意味であり、発達そのものが個人的転換を越え集団あるいは社会という階層にまで広がるとみなされている。したがって、ZPD内での個人的操作の変容も集団的活動の変容と考えなくてはならない。念を押しておくが、エンゲストロームの学習とは個人を社会化させることではない。個人と社会との距離の中で営まれる営為を学習に相当させている。だから、距離を埋めるのが学習だと言ってしまうと、従来の発達観と少しも変わらないことになる。そもそも、距離がなくなってしまえば発達領域も消え、当然そこには学習など起こらないだろう。このように、活動が社会的に拡張していくことが学習（＝拡張的学習）なのである。拡張性において旧来概念上の学習か発達かの別を問うのは無意味である。同時に、個人のみあるいは集団のみを目当てにした行動（一方向的な伝達や新規性を伴わない繰り返しなど）は学習にならないことも見えてくる。個人的操作が集団的活動に埋め込まれていればこそ、変容すなわち学習が発生する。そして、当該学習は活動が社会化することで再び変化をしていく。だからこそ、主体（の行動）が存在する限り学習が消滅することはない。

> しだいに［活動が］社会的になっていくということは、まず第一に、活動システムが、システム内のコミュニケーションにおいて、徐々に大きく、ボリュームのある、密度の濃いものになっていくということを意味している。その結果、活動システムは、しだいに多くの人々に影響を与えるようになっていくのである。第二に、それは、さまざまな活動システムとその中にいる人々が、より複雑な相互作用のネットワークとヒエラルキーを形成しながら、しだいに相互依存的になっていくということを意味している。第三に、この相互依存性は、たんに形式的な関連ではない。基

本的な社会経済的法則や、所与の社会に付随する矛盾が、しだいに活動システムの中に浸透していく。 (同著, p.186)

　コミュニケーション密度の濃縮、相互依存関係の複雑化、矛盾の浸透、これが学習という過程で発生する現象である。私たちの言語形成の過程で生じているのも、こうした「拡張」に他ならない。たとえば、語彙の増加に見える現象は単純に単語の数が増えることではない。乳幼児の「あれ」「それ」という指示語に「取る」「読む」といった動作語が加わることで、「あれ取って」「それ読んで」などという発話が生まれてくるということである。この場合、指差し行為の意味の明瞭化を養育者の判断に多く委ねる状態から、乳幼児が養育者に対して積極的な関与を試みるという段階へと移行している。リード流「語り言語」への移行であり、二者間のコミュニケーションの有り様が深く、より濃くなったと言えよう。同時に、（養育者が把握している一般化した）「取る」「読む」は両者にとって〈取ってもらう・あげる〉〈読んでもらう・あげる〉という意味を含んだ具体的な関係性を示す語となる。すなわち、相互依存関係が複雑化する。さらに、語彙が増えればその分様々な意図を詳しく表出可能にはなるが、「何を取るつもりなのか」「どう読むべきなのか」と忖度し合う、つまり何が表現されているのかを双方の間で逐一確かめ合う必要性や機会が増えるようにもなる。これは、複雑になればなるほど曖昧になることを示している。しかしながら他方、「取る」「読む」が加わったことで「取る」場合とはＡ、「読む」場合とはＢといったように行動の表示先の幅が絞られ、「あれ」「それ」しかなかった時期に比べると使いやすく便利になる。ところが、利便性が向上すると（同じような述べ方になるが）Ａには「取る」、Ｂには「読む」というように各語彙の使用条件に制約が発生してしまう。すなわち、便利になればなるほど画一化することになる。以上の通り、語彙の増加は実践の多様化（複雑化）と規則化（画一化）を同時に縫合することになるのだが、まさにこの言語の変化、換言して言語形成こそベイトソンの「ダブルバインド」、エンゲストロームの「矛盾」そのものである。エンゲストロームは、矛盾が言語形成という実践の

中に埋め込まれていくことを「浸透」と表現しているのである。

　こうしてみると、言語形成がいくら進展していっても各種ジレンマはけっして解消されないことになる。むしろ、ジレンマを受容していく、弁証法的に止揚していくのが言語形成の過程なのではないだろうか。それはエンゲストロームの「歴史的に発展する内的矛盾が活動システムの運動と変化にとっての重要な源泉」という主要な結論からも導き出せる。同時に、レオンチェフが叶えられなかった「なぜ活動が起こるのか」、換言していかに実践は起こるのかという疑問へ一定の回答を示したとも言えるだろう。エンゲストロームは矛盾の実際例として医師の活動を取り上げているが、ここでは言語教師の活動を眺めてみることにしよう。

　第一の矛盾とされている活動単位（構成要素）自体の二重性は、たとえば教材という道具の使用価値と交換価値に求めることができる。ホワイトボードや絵カードや教科書などは使用することで一定の効果が上がると期待されるが、同時に導入するためにはそれなりの対価を支払う必要がある。たいていの場合は使用価値と交換価値が完全に一致することがない（比較する基準がない）ので、教師はどこまでの教材をどの程度揃えるべきか（揃えることが可能なのか）絶えず悩むことになる。第二の矛盾である活動単位間の二重性は、教材と学習者との間の葛藤に見られる。学習が進展していくと当然のことながら同じ教材は使用できなくなる。固定した道具と変容する対象とのジレンマである。第三の矛盾は中心的（能率的あるいは伝統的）活動の優位な形態と文化的に進んだ形態との間に生じるとされているが、これは教師が属する学校では採用されていない新しい教え方を是非とも試行してみたいと考えた場合に起こる。おそらく、当人がどんなに理想的な方法だと考えていたとしても形式的（表層的）な履行に留まる教室もあるだろうし、他者から抵抗を受ける場合もあるだろう。

　矛盾の発生は階層の違いを問わない。前述の第一〜第三の矛盾の在り処がレオンチェフの操作・行為・活動の階層、あるいはブロンフェンブレンナーの各システムにおおよそ相当していることは偶然ではない。さらに、活動単位の別も問わない。エンゲストロームのモデルを言語形成の実践に適用するならば

(以下採用されている術語における)、「主体」が教師や学習者（さらには管理者や周囲の関係者）、「対象」が学習項目・目標や言語使用上の課題、「共同体」が教室等での他者や集団、「道具」が教材（さらには媒介する言語素材）、「ルール」が文法等の言語規範（さらには校則・文化的制約など）、「分業」が教師や学習者に与えられた役割となるが、どの単位においても第一の矛盾が、どの単位同士の間にも第二の矛盾が起こりうる。単純に言えば、矛盾はいつでもどこでも発生するという不可避の特徴なのである。

しかしながら、この議論の中で最も重要な論点は、質的に新しい活動の形や段階が、先行する活動の形や段階の矛盾を解消するものとして立ち現れるという主張である。これが「歴史的に新しい生産」という実践を生む。先ほどの教師のジレンマに沿って述べれば、既存の教材に工夫を加えたり、学習者の現状を評価したり、新規方法を導入する教室を関係者間で協議して選択したりすることが先行する矛盾を受容しようとする取り組みから生まれ、まさにこれらが新しい実践そのものになっていくということである。

> 学習活動の本質は、当該の活動の先行形態のなかに潜在している内的矛盾を露呈しているいくつかの行為から、客観的かつ文化‐歴史的に社会的な新しい活動の構造（新しい対象、新しい道具、などを含む）を生産することである。学習活動とは、いくつかの行為群からひとつの新たな活動への拡張を習得することである。伝統的な学校教育は、本質的には主体を生産する活動であり、伝統的な科学は、本質的には道具を生産する活動であるのに対して、学習活動は、活動を生産する活動である。
> （同著, p.141）

エンゲストロームのこうした主張は、言語形成の研究にとっても重要な位置を占めている。そして、伝統的な学校教育や労働や科学・芸術の中での学びをなぜ批判の対象としなくてはならなかったのかも、このような主張から推し量ることができる。つまりは、内的矛盾から発生する真の学習ではないからである。

3.1.6 記号過程の全体像

さて、生態学的言語論の系譜を主に（記号過程を考える）記号論、（アフォーダンスを考える）生態心理学、（相互作用を考える）行動科学の側面を軸にして辿ってきた。もちろんそれぞれの領域における議論の主軸が言語や教育そのものとは言えないものの、何らかの形で言語形成（習得や変化）、主体変容（発達や成長）、実践場面（学習や行動）と関連付けて考察していることは事実であり、これらの観点間に緊密な結び付きがあるということを各領域で解明すべき事柄の論拠としていることもまた疑いない。肝心なことは、「過程」と「関係」という動的な分析概念を積極的に採用しているのが記号過程という捉え方であり、この記号過程を考察していくと、言語と主体と実践がすべて一つに統合されるということなのである。それを、表3.2に示した。

この表について、以下敷衍しておく。

表3.1のところでも言及したが、表という形では記号の動性を表現するのに限界がある。おそらく各階層の実態はブロンフェンブレンナー的な包摂関係、もしくはもっと複雑に、水面に小石を投げ込んで出来る波紋状的な様相を示すものであるに違いない。便宜的に記号・言語・主体・実践を先行研究での用語を踏まえて表記し分けたが、この4つの事象に明瞭な境界線を引くことはできない。実際にも、記号の分類は言語の素材であり、主体が表現される自己でもあり、実践の可能性としてのアフォーダンスでもありうる。本研究の趣旨としても、連続性を謳うことでそれが教育的営為であることを議論することが主眼であるので、各項目を分断してしまうことは想定していない。

それでも、以下で議論をする意味分析において言及すべき用語を含んでいるので、ここで一定の解釈を施しておこう。

まず言語の側面について、本稿では3.1.3節で言及した通り一般的な文脈での「意味」[34]を広義の場合と狭義の場合に分けている。広義の場合はこれまで言及した哲学者らの捉え方を踏襲している。狭義に使用するときには、言語形成上の解釈項に相当させている。この規定は主にアフォーダンス理論を踏襲しているものなので、いわゆる伝統的な意味論上で議論されてきたものとは大き

く見方が異なってくる。同じく、伝統的に文法と言われてきた言語規範も解釈項とみなしていく（本稿4.1節以降の議論参照）。

表3.2 記号過程の全体像
（各セルの4行に渡る表記は上から記号・言語・主体・実践についての項目）

要素＼範疇	代表〔現れ〕 表現・自己・行動・資源	対象〔表示先〕 事象・社会・状況・身体・環境	解釈項〈意味〉 省察・意識・理解・価値・評価
第一性 性質	性質 /こえ/、コト、概念 生態学的自己、操作 個人的資源、専有	図像 図像的言語事象 図像的社会・身体等 性質的状況	名辞 一項的・性質的意味 課題 性質的な価値
第二性 個物	個物 ［かたまり］、モノ、形式 対人的・拡張的・私的自己、行為 対人的資源、参加	指標 指標的言語事象 指標的社会・身体等 個物的状況	命題 二項的・個物的意味 目的 個物的な価値
第三性 法則	法則 【かたり】、トコロ、状況 概念的自己、活動 集団的資源、制度	象徴 象徴的言語事象 象徴的社会・身体等 法則的状況	論証 三項的・法則的意味 動機 法則的な価値

次に主体の側面について、ナイサーが提示した5つの自己は主体の代表（現れ）として位置付ける。各自己の名称がまさに主体の存在を表現するのに相応しいというのがその理由である。そして、それぞれの自己の表示先が「身体・社会・状況・環境」である。自己や行動自体は代表に相当するが、それらが示すもの、それらの表示先が主体の対象である点に留意しておく。また、エンフィールドが記号の要素として取り上げている「主体」は、本稿での定義とは異

---

34 意味を表示先とりわけ指示物と考える場合は「対象」でもありうるが、何を指し示すかを解明する議論を意味論とする考え方は構造主義言語学時代の遺物になっていて、古典的意味論でさえもはや取り上げることが少なくなっている。それは、指示問題が長らく統語論上の問題だとされてきたことに加え、表示先の実在性（表象の現在についての議論）が哲学的議論であって意味論では議論しにくかったという背景があってのことだろう。意味についての規定の転換については、注23も参照のこと。

なるものとする。主体が関与して解釈項を生み出すのは間違いなかろうが、主体も記号過程という動的な存在である以上、記号の要素としての捉え方は狭すぎる。本稿ではパースの理論を踏襲し、記号の要素と言えるものはあくまで3つだという記号主義を採用したい。

最後に実践の側面について、レオンチェフやエンゲストロームが広義に取り扱った「活動」を本稿では実践と呼ぶ。そうすることで、実践の表現型がアフォーダンスであると規定できるようになる。その背景には、前節で議論した通り生態心理学と行動科学の見解を抱き合わせるという企図がある。また、当該「実践」には当然（バフチン・レオンチェフ・細川らが規定する）「言語活動」も含まれる。一方、狭義の活動についてはレオンチェフの分類観を採用し、実践の一範疇（第三性）という取り扱いをする。同様に、行動の3つの範疇として「操作」「行為」「活動」を位置付け、それらを生む意識を「課題」「目的」「動機」とする。意識は主体の解釈項でもあるが、必然的に実践は行動という形で現れることもあり、その意味で本来主体と実践の間には明確な境界線が入れられないものなのであろう。また、資源と状況が関係して発生する解釈項として、あえて各範疇下の「価値」あるいは「評価」と名付ける。ただし、この解釈項の名称については具体的な実践を通した考察も必要になろうかと思う。加えて、記号の3つの範疇はロゴフの見解に従って観察の尺度とも捉えることが可能である。この点は、前述したロゴフの用語「専有・参加・制度」と合わせて後ほど本稿4.3節と第5章で改めて議論したい。

繰り返し断っておくが、それぞれの項目への分属は論考を進める上での便宜的なものにすぎない。言語や主体や実践を分解して分類することは、本研究の目的には馴染まない。おそらく詳細な議論を行えば分類名称や分類項目について若干の修正や配置換えが生じることは十分想定できるだろう。

さて、記号過程の全体像が判明すると、言語形成をどのように研究していくべきかの方針も見えてくる。言語形成の理論を方法論の下に統合していくと生態学的言語論の完成に近づくのであるが、まずはその生態学の概要を一般言語学および一般心理学（習得論）と対比しながら図式的に示してみよう（表3.3）。

表3.3　各分野における研究目的・方法論・検証法

	目的	方法論	検証法
言語学	G_f の解明	S_f から G_f を推定	G_f から S_f を予測
心理学	$W_{0\sim f}$ の解明	S_f から $W_{0\sim f}$ を推定	W_n から S_n を予測
生態学	M_n の解明	S_n と S_{n+1} の変化から M_n を推定	S_n と M_n の関連性を説明

*S（言語＝記号）、G（規範＝文法）、W（行程）、M（意味）
*添字の0は原初、fは完成時、nは任意時、1は時間的・空間的・状況的変異

　生態学は、過程に依拠するために研究目的が一般言語学や一般心理学の目的とは大きく異なる。言語学の目的が完全で理想的な言語（S_f）の規範（G_f）の解明、心理学の目的が発達完了時の言語（S_f）へ向かう全道筋（W_{0-f}）の解明にあるのに対し、生態学の目的はある言語共同体におけるある時点（n）での意味（M_n）の解明に絞られている。ここで、当面（ある時点で）の記述に終始し普遍的な説明を施さないようにも見える生態学の目的を非科学的だとする批判は当を得ていない。生態学では、意味そのものが相互作用によって動的に発生するとみなすため、意味の記述や説明を言語によって行う限り、どれほどの精確性を期しても必然的に限界があると考える。したがって、解明された意味もn時点のものとして扱わざるをえない。しかしながら、この M_n こそが当面の焦点である言語（S_n）とは何かを紐解く鍵になる。なぜ S_n になった（なっている）のか、どうしたら S_{n+1} になるのかを説明できる理論は G_f でも W_{0-f} でもない。加えて、S_f の存在そのものに疑問符がついている以上、少なくとも S_f を想定しなければ研究が不可能になる言語学や心理学から脱却する必要性が謳われている以上、S_f を前提とすることはできない。研究に資するデータを採取すればそれは必ず S_n のものであろうし、実際にも S_n（もしくは S_{n-1}）からしか採取できない。当該データが S_f のものだと言うためには、別の論拠が必要となろう。さらに、生態学では方法論（理論構築の手続き）と検証法（理論の妥当性の評価）が表に示す通り相補的な関係にならず、この点で循環論に陥る危険性を回避できる。

　この M_n を推定する方法がいわゆる臨床的理論である。対する一般習得論や

一般言語学の理論[35]は、臨床的にはなりえない。意味が形式の中に既存するものとみなされているためである。だから、隠された意味を発見し、抽出し、記述し、説明するという手続きが方法論となっている。この手続きの最大の欠陥が言語の創造性を抑圧するバイアスである。つまり、意味の変化を認めない研究姿勢である。むろん、一般言語学でも観察の段階ではS_nの意味を記述する。しかし、それはG_fの部品として、いわばM_fとして取り扱う。一般心理学においても意味は獲得されるものと考えられ、生み出されるものとはみなさない点では同等である。一方、生態学では前述の通りS_nとS_{n+1}の変異からM_nを推定する。つまり、M_nの背景を変化に求める。いわば、意味を解明するためには、変化を追っていくのが唯一の方法なのである。

　詳しくは本稿第4章以降の議論になるが、M_n推定の方法を言語、主体、実践の各側面から眺めてみると次のようになる。

　言語の要素は記号の代表・対象・解釈項である。その中でも言語的意味、すなわち解釈項を私たちが知覚することでいわゆる言語の理解に至る。代表が対象を表示し、対象が解釈項を指向し、解釈項が再び代表を創出していく。こうした要素間の連続的な過程の中で解釈項が発生する。このように述べるとあたかもその発生要因がどこかにあるかのごとく感じられるが、記号の3要素は相互に構成し合う関係にあるので恣意的に発生時刻の切り取りをしない限り因果

---

[35] たとえば、「動作動詞/状態動詞」という規定がある（寺村他, 1987, p.45）。必然的にこの規定は「庭に遊ぶ」「公園で砂場がある」という表現を不自然だと判断することの説明にも適用できる。しかし、広く観察を行ってみると「雀が庭に遊ぶ」「公園で砂場についての講演がある」のような反例はすぐに見つかる。問題にしたいのは、このような場合に不自然さを解消する要因が「雀」の付加や「講演」への置き換え、助詞「に」や「で」の機能分化、さらには文脈を含めた何らかの状況の様相にあると推定し、けっして「遊ぶ」（動作動詞）や「ある」（状態動詞）の意味自体が変化したとは考えない点である。むろん、動詞の意味変化だけに根拠を求めるだけでは不十分なのであるが、「遊ぶ」が状態動詞的（持続的解釈）に、「ある」が動作動詞的（変化的解釈）になったという説明を施す邦文の学術論文は存在していない。ところが、語の読みを変えるだけで判断が変わるような例は、クロフト（Croft, 1998）が挙げているものを含め枚挙に暇がない。「太郎がプールを泳ぐ」「鉛筆を10cm買う」といった例もそうであるが、これらも「プールを競泳のコースとする」「鉛筆の切り売りがありえる」と考えるだけで不自然さが解消する。語の意味変化は解釈の変化に他ならないのに、語の意味変化を否定すれば理論自体が破綻する。解釈から規則を導くのが言語学ならば、規則の妥当性も解釈に求めなくてはならないことは明白である。本稿4.1節で再議論する。

関係を抽出することができない。それをあえて行っているのが一般言語学であり、切り取った結果を S_n としてデータ化する手法が採られる。これが一般言語学の方法論的欠陥になることは再述するまでもない。解釈項を代表の原因にしたり、逆に代表を解釈項の原因にしたりするといった自己言及を繰り返してしまうのである。対する生態学では、S_n から S_{n+1} への変異を追うことで M_n の解明に迫る。あくまでも解釈項を変化途上の現象とみなし普遍的な法則化を施さない。その点では、徹底的に臨床的理論の究明を目指す姿勢と言えよう。

　主体も3要素から構成されていることになるが、主体の表現としての自己を考える際に本研究が注視しているのが「行動」「社会」「意識」である。先ほどと同じような述べ方になるが、行動が社会を表示し、社会が意識を指向し、意識が再び行動を創出していく。本研究では特に教育学的「学習者」を主体に位置付けているので、学習者の行動・社会・意識と巡る過程が学習者の発達や成長、つまり主体変容になると論じていく。図式的には S_n を学習者のある時点での水準、S_{n+1} を新しい水準（エンゲストロームの「新しい形態」）として S_n から S_{n+1} の距離を主に検討することになるだろう[36]。生態学的に捉える学習者は、世界のどこかに静的に存在しているものではない。いわば、過程的な存在なのである。この一見不自然にも感じられる捉え方の解消はこれまでの論考で叶ったように思うが、次章でも実証していきたい。

　そして実践である。代表に相当するのが「資源」、対象に相当するのが「状況」あるいは「事象」、解釈項に相当するのが「価値」あるいは「評価」といったものである。これらはすべてアフォーダンスの要素である。もちろん、広義にアフォーダンスを捉えていけば言語表現（素材）や主体表現（自己）も含まれるので、リードが規定する「調整の組織化」を評価と呼ぶことについては検討を要するが、資源が状況を表示し、状況が価値を指向し、価値が再び資源を創出していくという過程は、教育的営為を取り上げるに当たってけっして等

---

[36] もはや混乱はないと思われるが、本稿では言語＝記号＝主体＝実践としているので「S」という表記で主体も示すことを確認しておきたい。

閑視できない点である。フレイレが批判したのも、伝達的文化・支配的権威といった価値であった。当該価値を社会の既存物としてはならない。ここに、価値自体を常時変化するものとして捉える考察が必要になるのである。S_nをある時点での実践様相、S_{n+1}を次の時点での実践様相として観察していくと、当該時点ではどのような価値なのか、どのような評価が行なわれているのかが見えてくる。同時に、どのような価値や評価にしていかなくてはならないのか、どうすれば適切な価値や評価に変えていけるのかが明らかになるだろう。

　ところで、本節での表記を使うと厳密性が求められるところで標示し分けることが可能になる（表3.4）。たとえば、「M_n」は解釈項としての意味であるが、ここから添字を取った「M」は記号過程全体としての意味を表すことができる。代表と対象は英語表記（SignとObject）の頭文字で表すと分かりやすい。先ほどの「M」と同じく、ここから添字を取った「S」は広義の記号、「O」は広義の事象に相当させることが可能である。特に、前者で「記号＝言語＝主体＝実践」を示せると思う。また、3範疇の別は「性質記号（Qualisign）」「個物記号（Sinsign）」「法則記号（Legisign）」の頭文字を小文字にし、「S」「O」「M」に添えて「Sq_n」「Os_{n+1}」「Ml_{n-1}」のように示すことができるだろう。

表3.4　分析上の表記

要素 範疇	代表 { }	対象 〔 〕	解釈項 〈 〉
第一性	Sq（／　／）	Oq	Mq
第二性	Ss（〔　〕）	Os	Ms
第三性	Sl（【　】）	Ol	Ml

＊添字を付す場合はnを現時点、n+1をnの次の時点、n-1をnの前の時点とする

　ただし、前述の通りこうした表記を駆使して逐一の事象を分類する議論は本研究の趣旨から外れる（注7/26参照）。あくまでも分析方法の表記としてのみ取り扱う。

3.2 生態学的言語論の方法

　本研究では、以上のような生態学的言語論が強調する考え方を、実践において分析・考察する方法論ともみなそうとしている。もちろん、言語論の核心部をさらに追究することも重要であるが、第1章で取り上げた言語教育の諸問題を解消するためにも、また現実的に教育現場へ研究成果を還元していくためにも、抽象的な言及に留めてしまってはならない。もう一つ、本研究において方法論という梱包材で言語が現象する実践を包み込もうとしている理由として、言語学を応用するのが言語教育だという見解から脱却する必要性を挙げたい。フレイレが述べる通り、省察を応用すれば行動になるのでも、また行動の背景に絶対的な省察が隠されているわけでもない。従来型の研究においてはたいていどちらかに重きが置かれたために、しばしば互いに他方を牽制し合うあるいは批判し合うという不毛な議論が起こりがちであった。旧来の語義を使って端的に言えば、理論は実践に役立たない、実践は理論を役に立てようとしないという水掛け論に終わっていたのである。これに対して生態学は、その理念的背景に「実際的な現象そのものが捉え方・考え方の表出形態でありうる」ことを含んでいる。当該現象が省察的に見える場合もあれば行動的に見える場合もあり、それをわざわざ「理論」と「実践」に分割するところには価値を見出すことができないと考えるのである。省察と行動、あるいは認識と事象は、同じ現象における異なったつまりは両極に引き離された観点の差にすぎない。分断されているのではなく連続したものであるから、応用することも説明することも可能になるのである。むろん、両極を単純に融合するだけでは混乱を招きかねない。少なくとも、現時点においての融合は何も語っていないことと同値になってしまう（いわば融解してしまう）可能性が大である。したがって、まずは言語論を「方法論ともみなせる」、また一歩進めて「実践そのものともみなせる」という仮説から着手する。このような従来の理論/実践の分断を抱合する議論は、生態学的言語論の特徴と言える。

ただし、影響や機能あるいは研究手法という方法を内在するのが広義の理論（省察）だとは言っても、具体的にどの部分をどうするのが方法なのかという問題は、何も語っていないことを回避するためにも考察していく必要がある。そこで、本節ではこれまでの記号過程の議論を踏まえ、要素間の連続性（過程性）と範疇間の連続性（関係性）の解明において、それぞれ「意味」と「対話」を分析することが方法だとみなしていく。

3.2.1 意味と教育の接点

　本研究では記号過程の観点から、現れを代表に意味を解釈項に相当させている。フレイレの「実践」について、行動を代表に省察を解釈項に結び付けることで言語学的内容論と教育学的方法論の統合を試みている。こうした方向性が妥当だとすると、（広義）理論における方法論的な側面は、代表と解釈項の間の結び付きに求めることができるかもしれない。特に、解釈項がどのように発生してくるのか、いわば意味の発生過程を捉えることが一つの研究方法になりうる。このことは、意味の発生過程の解明そのものが、研究の目的と同時に手段であることを示唆している。広義理論において説明論と方法論に明確な境界線がないということが言えれば、実践＝研究という等式の証明に近づくことになるだろう。

　意味の発生過程を考察した研究は直ちに実践、殊に教育学的実践に繋がる。それは、これまでの意味に対する考察からも導き出せる。再述となるが、意味自体を理解や獲得や所有ができる対象物と捉え、その存在を大前提とした研究が「言語習得」「言語能力」「言語規範」といった概念を生み出していた。しかし、本研究で批判しているのはそうした「意味の既存性」である。前述の通り数多くの研究成果が当該前提に疑義を唱えている。フッサール、ヴィゴツキー、時枝、バフチン、ハイムズらによる哲学的な論考だけでなく、新しい言語観に立脚したハリデー、トマセロ、ラネカー、ギヴォン、クロフト、ホッパーらによる言語研究、およびラントルフ、ラーセンフリーマン、ノートン・マッキニー、ヴァンリア、フレイレ、ロゴフ、細川らによる教育的・文化的研究がこと

ごとく意味を既存物とみなすことに懐疑的な立場を取っている。そして、ギブソン、リード、ワイリー、レオンチェフ、ベイトソン、ブロンフェンブレンナー、エンゲストロームらの生態学的研究はすべて意味を「過程的・関係的存在」とみなすパースの記号論に収斂する。これほどまでに意味が世界のどこにも既存していないことが明白になっているにもかかわらず、未だに意味を「与えよう」「伝えよう」「教えよう」「学ぼう」とする実践が脈々と続いていることは極めて深刻である。その理由の一端は、おそらく、生態学的言語論が実践に接近するための方法論を提示しきれていない現状にあるのではないだろうか。

意味に過程的な分析を施している研究としては、やはりバフチンのものを避けては通れない。

> 言葉そのものに意味が属していると言うべきではないでしょう。実際は、話し手相互の間に存在する言葉にのみ属しているのです。つまり、応答しつつある能動的な理解の過程でのみ、実現されるものです。意味は言葉の中にあるものではありません。意味は、話し手の心の中にあるものでもなければ、聞き手の心の中にあるものでもありません。意味は、所与の音声〔文字〕複合を媒体として、話し手と聞き手とが行う相互作用〔コミュニケーション〕の効果です。　　　（バフチン, 1980, p.227）

バフチンが「意味は言葉の中にはない」と明言しているのは、前節でも議論したように人の意識を客観的な実在とみなしていないためである。記号こそ意識そのものであり、記号の相互作用（産出と解読・表現と理解の連鎖）が意識を形成すると規定しているのである。バフチンは客観主義を次のように批判する。

まず、客観的な言語規範が人のあらゆる意識の外で独立して存在するという主張があるが、そうした在り方を示しうるのは、意識の観点から見た場合に限られる。現実に私たちが眼にするのは、言語規範が絶えず生成と消滅を繰り返している様相であって、そうした様相が理解できるのも意識が介在するがゆえである。仮に、恒常的あるいは共時的な規範が客観的であるとしても、当該規範を歴史的な生成過程の全体像として示すことは叶わない。共時的な規範と言うからには一時点での規範を取り出さなくてはならないが、主体を越えるとされる客観的観点からは、そうした時点さえ実在しない。実在の真偽が立証困難

だと言うならば、止まっている時間というものが存在しないがゆえに、一時点で静的に成立している規範など誰にも捉え切れないと換言してもよい。「言語規範」に対して「客観的」という概念を分析者が用いた時点で、まさに分析が文字通り主体の意識の観点を越えているのか、主体の意識の観点内にあるのか、という見解の間で自己矛盾を来たす。

　次に、言語に対する主体の関心は言語規範ではなく、他者と交わされる発話そのものに向かうとバフチンは述べる。これは、主体が規範を理解しているのでもなければ、意識が規範を参照しつつ言語を操作しているのでもないという私たちの素朴な直観にも合致する。規範的知見というのは、主体が言語形式に対して一定の知的操作を加えた後に創出されたものなのであるが、仮にそうした規範が意識を越えて存在するとしても、語る主体の志向は規範が示す諸形態の同一性には向かわないと語っている。どのような側面から観察してみても、主体の意識は人が発する具体的な発話そのものに向けられているとしか言いようがない。言い換えれば、語る主体の最大の関心事は一定不変の規範にあるのではなく、常時変化が可能な記号、すなわち言語そのものに向けられているのである。

　ちなみに、こうした見解に対して客観主義者は本稿2.3節で触れたような「言語能力（competence）」と「言語運用（performance）」の区別に言及し、言語能力が生得的あるいは普遍的能力であるという仮定を盾に、規範としての能力が意識で統制できないのは当然であるという主張を展開するだろう。しかし、バフチンの矛先は、言語を反省すれば言語規範が生み出されると述べている通り、規範が意識可能かどうかという点に存するのではなく、言語能力設定の妥当性そのものに向けられている。語る主体が志向しない規範とは果たして言語の本質なのだろうか、主体を抜きにした規範を研究する価値は見出しうるのだろうか、そうした論考なのである。また、「規範の存在が疑われると言っても、聞き手が理解する際にはやはり規範が必要なのではないか」という反論も当然ありうるだろう。この反論に対しても、聞き手は語り手が発する言語を具体的な脈略の中で理解するとした上で、聞き手が理解するのも、やはり、語り手が

用いる自己同一的・規範的信号ではなく「意味」であると述べている。興味深いのは、外国語をはじめとする主流語の形成においては特にその「信号と意味の差異」が感じ取れるという主張である。言語の意味と表示が分かちがたく結び付いているという記号性を吸収しない限り、いわば信号を記号として理解しない限り、形成したことにはならないという見解は十分説得力のあるものであろう。言語規範をいくら丸暗記しても言語の使い手にはなれないという事実が、まさに、この提唱の証左である。もっとも、主言語形成時には記号性を意識することがないではないかという主張だけでは、この考え方を反駁することはできない。同じ主言語を語る成人同士が共有しているように見える「辞書の中の単語」でさえ、その実在は各々の語り手の極めて多様な発話の中にあり通常は意識されることがないからである。いわゆる辞書なるものは信号でしかなく、聞き手が参照しているのはそうした「辞書」ではなくして、発話されるいわば動的に意味が移り変わる逐一の「語彙」なのである。

　客観主義の最後の砦は、言語から意味を分離し、意識という観点を交えずに言語を物象的存在として分析可能であるという見方にある。これに対して、バフチンの議論は分離が妥当かどうかを探る議論の延長線上に位置する。私たちが言語を「理解した」と言うとき、それは、言語の形態や規範が分かったということではけっしてない。あくまでもイデオロギー的な内容、生活上の内容といった意味を了解したということなのである。この側面は、言語が意味で充たされているとしなければ説明ができない。もし、意識を表現しようとするときに規範を用いて語っているのが事実ならば、その語られたものを理解しようとする時に必ず規範を参照しなくてはならないはずである。しかし現実は、規範などをまったく想定しなくても理解ができる。つまり、意味で充たされた言語そのものへの志向だけで理解が可能になっている。客観主義者が考える言語形態の実体化（意味からの切り離し）は、言語を分析しているようで、その実、生きた在り方から最も遠く離れている分析手法なのである。「意味は言葉の中にはない」という捉え方は、言語に意味がないということではなく、意味を「もつ」とか、意味が「ある」という見方からの脱却を企図したものである。意味

は言語という家の材料に匹敵するだけでなく、材料をどのように組み立てていくかという道筋にも相当しているのである。

では、このような意味に対する分析方法は、なぜ言語教育研究に有効なのか。それはひとえに、意味を物象化しない・客観化しない分析が、意味の伝達を教育と定義する実践からの脱却を促すからであると言えよう。

意味の伝達が極端に重視されてきた背景には、「意味を私たちはどのようにして共有し、円滑なコミュニケーションを行っているのだろうか」という疑問が横たわっている。意味を生成するのは結構だが、その生成物を伝えられずして教育と言えるのか、という批判がここには含まれている。ただし、この言説にはすでに意味を物象化するという前提が付いてしまっている。意味を伝達可能なものと考え、蓄積可能なエネルギーの如く捉えているからこそ、どのように共有するのかが問題になるのだ。前述のバフチンが取り上げた単語共有問題もこれに匹敵する。このように、意味を共有しているかのように見える状況は実際遍く観察される。特に、教育現場ではその場の構成員が同じ言語の意味を共有しているからこそ成立しているのだという主張には一応の理がある。よって、当該言説の根本的な問題は、「見かけ上の意味の共有現象」がどうして可能になるのかという問いの中にこそ存する。

フッサールはこの現象について次のように述べる。

> 私自身に当てはまることはすべて、私が私の環境世界の中で手の届く向こうに存在しているのを見出す他の人間たちすべてにもまた当てはまることを、私は知っている。(中略) 以上のすべてのようであるにもかかわらず、われわれは、同胞と意思を疎通させ合っており、また共通して、一つの客観的な空間時間的現実を定立しているのであって、しかもこの現実こそは、われわれすべてにとって現にそこに存在する環境世界であり、それというのも何しろわれわれ自身がその環境世界に帰属しているからなのである。　　　　　（フッサール, 1979, p.132）

フッサールは何の根拠もなく「環境世界に帰属しているから客観的現実を共有する」と言っているのではない。「超越論的な諸主観共存性こそは、そのうちで実在的世界が客観的なものとして、『万人』にとって存在するものとして、

構成されてくるゆえんのものなのである」（同著, p.34）と述べて、バフチンが議論する以前から客観/主観の二元論を否定し、「事実上は切り離されているもろもろの経験世界が、顕在的経験の連関によって結合していって、ただ一つの諸主観共存の世界を成立させ、この世界こそは、精神的存在者たちの統一的世界（中略）の、相関者である」（同著, pp.208-209）として、時空間の一切が意識を通して経験される存在であることを強く主張するのである。客観世界と言われる世界を統一する意識の重要性を知悉していたからこそ、主観の分析にあたってフッサールは、現象をありのままに認識する、すなわち「括弧入れ」という方法を提唱するのである。括弧入れの是非は別として、見かけ上の客観的事実の共有が「世界に属しているという認識」に帰結するという分析をないがしろにしてはならない。フッサールに「すべての実在は『意味付与』によって存在する」（同著, p.238）と言わしめた論拠、それがこうした分析にあることは疑いない。

　上の認識論（超越論的現象学）による意味の規定は、先の「意味が過程中に発生する」という本研究の主張と合致する。意味付与的な意識を本質だとする立場は、（他者としての相手を含む）世界の理解には意味を与えるという能動的な働きかけが契機となっていることを示している。意味の存在を前提としその意味の獲得を世界の理解だとする唯物論では、理解の、特に見かけ上の意味共有現象の説明にはならない。なぜなら、その前提とされた意味を理解する方法が相変わらず分からないからである。意味を理解の前提としない態度の中にこそ、理解の謎を解く鍵がある。

　見かけ上の意味の共有現象は、ヴィゴツキーが批判する「言語学者たち」が考える暗黙の前提である。意味の固定化・物象化に準拠した分析は、なぜコミュニケーションが可能になるのかという問いに「既に共有されている意味を個々人が見つけ出すからだ」という回答しか用意できない。これに対しては、先ほどのフッサールの批判がそのまま当てはまる。すなわち、意味の既存を前提とした分析態度への批判である。ヴィゴツキーはいち早くこの点を憂慮した研究者でもあった。それが本稿3.1.3節で掲げた批判であり、下の皮肉にも似

た警句である。

> ことばの意味的側面の研究に従事する言語学の一分野、すなわち、意味論は、言葉についての連合的概念を採ってきたので、今日まで言葉の意味を、言葉の音形式とその対象的内容とのあいだの連合と見ている。（中略）だから、言葉と意味との結合になんらの特殊なものも見出さなかった意味論が、ことばの意味的側面の発達、単語の意味の発達に関する問題を立てることができなかったのは、驚くにおよばない。
> 　　　　　　　　　　　　　　　　　　　　　　　　（ヴィゴツキー, 2001, p.358）

　連合的概念とは、「Aの意味はBだ」と説明する論法に他ならない。まさに唾液を流す犬を見てベルの音に反応したからだとする行動主義的説明である。AとBの間に介在するものについては相変わらずブラックボックスのままなのである。ヴィゴツキーは、言語の意味を「言語形式が指し示す対象的内容の変化」と捉える言語学的分析には懐疑的であった。当時ですら、言語が歴史的発達の過程で意味を変化させること、個人の心理学的発達の過程においても、言語が示す対象的内容だけでなく実存の反映や一般化の性格そのものが変化していくことは広く観察されていた。このことから意味を静的・固定的なものとみなす分析にはどうしても賛同できなかったのである。

　ヴィゴツキーは連合的な分析をする代わりに、言語的思考の生きた過程における意味の機能そのものを描写していった。そして、前節で触れたように、形式と概念の相互作用こそが意味の発達に繋がるという結論に至った。

　そもそも、「連合的」という用語自体が、ソシュール流の能記と所記の結合を前提としている。しかし、結合が意味を確定するとしてみたところで言語の在り方については何も明らかにはならない。連合的概念に基づく議論においては、一つの言語形式に多くの意味が現れ一つの意味に多くの形式が対応するといった様相は単なる矛盾現象にすぎなくなるだろう。まして、結び付きを次々と変えていくような言語形成についてはなお一層説明不能となる。

　意味の既存性に疑問を呈する研究者はみな、意味を物象化する議論の不自然さに疑問をもったところから論考を始めている。そうした諸研究の収斂点を求めていくと、意味が発生するところに理解が生まれるという点に帰結して行か

ざるをえない。意味の発生の契機は「環境世界への帰属」にあり（フッサール）、「ZPDでの概念形成」にある（ヴィゴツキー）、というわけである。すなわち、互いのコミュニケーションの根幹を成す理解は、意味の共有にあらず、意味の発生場での共存にこそ求められる。

意味が空間的な場で発生し形成される様相は、かつての心理学的分析によっても明らかにされてきた（浜田, 1995）。母親が赤ん坊を抱きながら「ほらブーブーだねー」と語りかけて玩具の自動車を示す。そして、同時に赤ん坊も母親と同じような視線で自動車を見つめる。いわゆる共同注意という行為であるが、この時点で既に、母親と赤ん坊ではまったく異なる網膜像を結んでいながら、互いの眼の奥に映っている玩具を同じ「ブーブー」だとする状況が成立している。この状況は、「ブーブー」という音形式で自動車のことを指し示す一般化とまったく同一である。もちろん、これは限りなく現物指示に近い一般化である。しかし、やはり一般化には違いない。「すべての言葉は、それ自身がかくれた一般化であり、あらゆる言葉がすでにものごとを一般化しており、心理学的観点からいうと、言葉の意味は、何よりもまずものごとの一般化であるということになる」（ヴィゴツキー, 2001, pp.19-20）。つまり、ある対象をそれとは別の代表で表現することができなければ、言語は存在しなかったであろう。そのものずばりではなく別のものを使って表現できること、この一般化の機能を学びつつ赤ん坊は言語を形成させていく。やがてこの子は、「ブーブー」という音形式を眼前の熊のぬいぐるみにも、デンデン太鼓にも当てはめるかもしれない。こうして本来の「一般化」へと発達していく。

赤ん坊に指示が可能になることは、当座の状況に存在する意味を覚えることでもなければ、物と意味を結び付けることができることでもない。AがBだと分かる（AをBとみなす）、単にそれだけのことである。それだけのことであるが、ふと周りを見れば母親もAをBと考えているようでもある。むろん確実な証拠はどこにもないが、少なくとも赤ん坊と母親は同じ場にいるのである。そして、最も重要な点が、同じ場にいるというだけで一般化が発生し、理解を分かち合っているかもしれないという「意味」が現れることである。

逆に、他者との共存という状況を設定せずに、理解が可能になるかどうかを考えてみるとよい。すると、まったく不可能であることが知れる。確かに、独りでも記憶を意図した作業はできよう。本を読むことも他者の介在は必要としていないかのようだ。しかし、そうした行為の中で「ああ、分かった」という瞬間を迎えているとき、私たちは必然的に他者とやりとりをしているのである。その他者とは、もちろん、眼前に実在する他者とは限らない。記憶の場合ならば知識体系を構築した者、およびその思考内容かもしれない。読書の場合ならば著者、およびその作品内容かもしれない。フッサールの言を借りて述べれば、「私という現象においては常に他者も居合わせる」のである。

　以上のように意味そのものを生態学的に捉えていくと、言語による（言語を使用した）教育と、言語そのものの（言語形式や使用方法に関する）教育にも、差異が認められないことが分かる。実際の教育に携わる人たちの眼から見ても、教育が行われるすべての場面において言語が必要不可欠であることは言を俟たない。両者の違いは表層上の観察的立場の差異にすぎないのであって、本質的には相違がないことに帰結していくと考えられる[37]。記号過程の議論からも、言語が意味の生成を通してダイナミックに変遷を繰り返していることが判明している。教育も様々な事象に対する意味付けや価値付与の差が時代性と地域性の差となって顕現する。

　言語と教育の接点、それは意味や価値にある。絶え間なく生々流転する現象に対して価値を与え意味付けできるものは記号である。記号の中でも特に言語

---

[37] 関連するが、デューイも次のように内容と方法の分断を批判している。少し長くなるが、重要な論点なので引用しておく。「言語はまず第一に社会的なものであり、それによってわれわれが自己の経験を他人にあたえ、逆に他人の経験を受け取るための手段であることは、あらためていうまでもないことであろう。もしも言語をこの自然な目的からひき離してしまうならば、言語の教授が複雑で困難な問題になることは、怪しむに足りない。言語を言語それ自体として教授せねばならぬことの不合理を思うてもみよ。子どもが学校に入る前に自らすすんでやっていることがあるとするならば、それは自分にとって興味のあることがらについて語ることである。しかるに、学校のなかでいきいきとした興味が触発されないばあい、言語がたんに課業の反復のためにのみつかわれるばあい、学校教育の主たる困難の一つが母国語を教えることだということになるのは、おどろくに当たらないことである。教えられる言語は不自然なものであって、いきいきとした印象や確信を人につたえようとする真の欲求から生じたものではない」（デューイ, 1957, p.69）

は最強の力をもつものとして人に託されている。そして、絶え間なく生々流転する現象に対して価値を生み出し意味を創出し続けていく営為が教育に他ならない。ゆえにフレイレは、その対極に位置する伝達をけっして教育とは呼ばなかった。

次のC.フレネ（1896-1966）[38] の実践のように言語が教育の方法になりえるのも、記号過程から意味が生み出されるからである。

> ある日、昼休みが終わって教師が教室に戻ると、子どもたちはジョゼフという虫好きの少年の机のまわりに集まって何やら夢中になっている。教師がのぞいてみると、数匹の蝸牛にレースをさせ、みんなこれに賭けて観戦しているのであった。これを見て教師は黒板に一つのテキストを書いた（中略）このレースの興奮の冷めやらぬ子どもたちは、自分たちの登場するこの短いテキストを読み、―先生、きれいだなあ。詩みたいだ、と言い、各々が自分のノートに書き写す。まだ字の書けぬ子どもも、黒板の字の形を真似て書き、蝸牛の絵を描いてイラストにする……………。
> （フレネ, 1986, pp.31-32）

蝸牛レースの模様を綴ったテキストをあえて印刷という形で残さなくてはならないとフレネが決断をした理由は、誰にでも読むことができるように字体を規格化することでも、テキストを大量に配布して多くの人たちに行き渡るようにすることでもなかった。今この一瞬の生き生きとした生活、魂に深く刻まれる思考の様相を、眼に見える形で切り取るという目的があったのである。こうして、言語が発せられた一人一人の状況や情感をありのまま包み込み、強固な形として残された。フレネが行なった実践は、言語がバフチンの言う主観的なものであり、理想的で抽象的な話者の言語など存在しないという点を十二分に理解した上での教育であった。印刷機を教師が独占し子どもたちの言語を綴ってあげる―子どもたちから言語を奪ってそれを抽象化してみせる―などという

---

[38] ヴィゴツキーが活躍していた1920年代に、新教育運動に触発されやがて独自の教育実践を展開したのがフレネである。フレネは、その初期の実践模索の時代から言語の本質が現実の言語運用にあることを見抜いていた。印刷機を学校に導入し、学校間通信をはじめ、やがて教科書批判・仕事＝遊び・現代学校といった教育思想を形成する活動の原点が、ここで紹介したエピソードにある。

ことをせず、逆に、テキストの印刷作業そのものを子どもたちに託して「私の言葉」を形にしていったのである。

　この時代の印刷機に相当するのが現代ではIT機器かもしれない。しかし、どのような教材を用いるにせよ意味を生み出さない活動を教育と呼ぶことはできない。私たちが、教育が言語（の力の向上）の手段になりえるという言説について違和感を抱かないのも、実践の過程から意味が生み出されるためである。私たちは、そこで生成された意味を理解するからこそ、意思の疎通が可能になる。意味を理解するからこそ、理解したものを次世代へ継承していくことも可能としている。この点から教育は意味をつくり上げていくことと言い換えても間違いはないだろう。

　この「意味づくり（meaning making）」であるが、これも様々な論考に登場するもので意味や価値を創出する言語の機能を表すことが多い。特に、ハリデーがこの概念を多用している。

> 意味が私たち（が知る限りの解釈での）人間にかかわるものであるという点において、意味を創造するのが言語なのである。言語は、私たちの（自己および環境を含む）物象に3つの異なったしかし相補的な仕方で関係することで、意味を作り出すことができる。第一に、言語は物象世界の一部である。言語のプロセスが（神経的なものを含む）生理的かつ物理的時空間の中で生起する。第二に、言語は物象世界についての理論である。言語は時空間およびそれ自身を含んだ環境（Matthiessen, 1991a; Matthiessen & Nesbitt, 1996を参照）をモデル化する。モデル化は「豊かな」理論的局面で、つまりは言語の構築（本著の概念的基盤）と活用（本著の相互作用的基盤）の中でなされる。第三に、言語は物象世界の比喩である。比喩とは、言語自体を階層化したメタ機能をもつシステムとして組織化する方法であって、当該環境を自然的（物理―生物学的）、社会的、記号的な体系過程の中で組み立てられた構造（本著のメタ機能）と、そのようなあらゆる体系過程を特徴付ける内的矛盾、相補性、埋め込み的なパターン（本著の階層化機能）の両者を結び付けることである。　　　　　（Halliday & Matthiessen, 1999, p.602: 強調は原著通り・筆者訳）

　ハリデーらはパースに言及していないが、「世界の一部」を対象、「世界についての理論」を解釈項、「両者を結び付ける比喩」を代表とみなせば、「3つの

異なった仕方」が記号過程の要素に相当することになる。言語に意味が存在すると言わず「言語が意味を創造する」と謳ったこの規定は、記号の要素間の過程性が意味を創出することと同義である。つまり、意味がどのように生み出されるのかを分析するのがハリデーの機能的言語学と呼ばれる領域である。言語を動的あるいは記号論的に捉えソシュールやチョムスキーの「形式と意味の二元論」に異議を唱えている点において、本研究が支持している研究群にも通底している。取り扱っている術語も非常に類似していて、たとえば「テーマ（theme）」「アクター（actor）」「サブジェクト（subject）」は時枝の場面・主体・素材に相当する。また、引用文中にある「概念的基盤」と「相互作用的基盤」は、「テキスト的基盤」と並ぶハリデーが最も重視する機能分析の基盤である[39]。機能という言語の働きを意味創出の方法として分析可能にする機能的言語学の考え方は、言語そのものが実践的な働きを担っていることを示していて非常に興味深い。

3.2.2　対話と教育の接点

　言語的内容と教育的方法の接近性が確かめられた今、言語と教育の一体性も明らかになりつつある。そして現時点でも、教育実践とは何かという問いに対して言語形成の過程であるという回答を与えることができよう。それでも、当該回答が醸し出す違和感を完全に払拭できたわけではない。その最も大きな障壁は、ひとえに生態学的観点に対峙する、個体と環境を分断した捉え方、いわばどちらか片方のみを探究する前章で批判した概念群にある。しかしながら、そうした能力と状況、習得と学習、あるいは個人と社会などといった二項対立は、やがて尺度の差、観察規模の大きさの違いに求めることが可能になる。さらに、第一性・第二性・第三性という記号の３範疇間の連続性の観点から、二

---

[39] 簡潔に補足すると、概念的機能とは状況や経験と関連する働きで、言語が示す叙述・論理・報告といった「〜について語る」働きのことである。相互作用的機能とは、発話者の役割やアイデンティティ、文化的事柄、社会的関係性などと関連する働きである。テキスト的機能とは、言語の明示的な機能、たとえば「たいしたことではありませんが」といった前置き、「まとめると」といった要約、「さて」などという導入句など言語自らが体系化していくような働きである。

者の対立は表層的なものにすぎないことが明確になっていくだろう。

　個体と環境とはけっして分断されていない。生態学的言語論は、両者に相互構成性、いわば埋め込み的な階層の連続性があると説明する。そこに介在しているのが言語という実践であるがために、環境側の目標（たとえば変化の方向）も言語形成によって変動し、個体側の資質（たとえば教育論で言う思考力・判断力・表現力等）の表出や理解も言語形成によって変化を遂げるということになる。目的や能力の変化過程がそのまま言語形成の過程に匹敵するので、言語形成なくして学習の成立はないことになる。

　ただし、以上のように個体と環境の統合を果たすことに加えて言語形成を教育的営為に相当させるためには、言語で示される内容（シラバス）や教育実践の現れとしての方法（カリキュラム）の意味をもっと深く議論しなくてはならない。言語で表現されたシラバスやカリキュラムが教育的資源、それらの具現化したものが教育的状況であるならば、記号論的にはそれぞれが代表と対象に相当する。ここから、当該資源・表現・行動がその場の状況とどのように結び付き、評価（アセスメント）がどのように生み出されるのかの解明が可能であると想定できる。前節での論考でも触れたが、対話的なやりとりは意味・価値・評価を生み出す行為でもある。そこで本節では、関係性を醸成するという観点から対話について考え、教育実践についての議論への橋渡しを行う。

　対話については再びフレイレに言及しなくてはならない。日本でのこれまでの教育学的な議論においてフレイレの思想およびその鍵概念である「意識化」「対話」「課題提起（型）」等が主要な論点になったことはほとんどなかったが、それでもこれらの意義や重要性については、訳書（フレイレ, 1979; 1982; 1984; 2001; 2011）、さらには各種論考（有満, 2010; 原・森川, 2007; 原, 2011; 黒谷, 2001; 水谷, 2006; 西尾, 2010; 野元, 2000; 谷川, 2004; 山口, 2000 等）を通して詳しく紹介されている。本稿でその議論を繰り返すことはしないが、言語教育に関連付けての考察は現在でも稀少と言えるほどの水準に留まるため、まずは先の鍵概念に基づき考察を進める。

　フレイレは別所で対話を以下のようにも捉えている。

真実の教育はBのためにAによって行われたり、BについてAによって行われたりするものではない。それは世界、つまり両者に感銘を与えたり挑みかかったりして、それについての見解や意見を生じせしめる世界に媒介されて、BとともにAによって行われる。
(フレイレ, 1979, pp.105-106)

　フレイレはこうした主張を通して、上意下達の一方通行的伝達と権力者対服従者に類する二項対立による教育を否定した。たとえ、良かれとして行われるもの（「Bのために」）であっても、知識蓄積の名目で行われるもの（「Bについて」）であっても、それは本質ではないという考え方である。一方的に語りかけられるような制度の下での学習者は、あたかも知識を蓄えるだけの容器とみなされ、その知識の意味を十全に理解することなく受容し、暗記し、復唱することが求められてしまう。このような状況を銀行預金型と呼んで批判し、そこからの脱却を目指す教育を提唱、実践に繋げていったフレイレの功績は全世界に知られている。特に、「相互の交わりの中で」の教育が一貫して唱えられ、これがまさに「BとともにAによって行われる」実践、すなわち対話なのである。フレイレが各所で言及している「対話」は単なる手法としてではなく、前章で述べたように省察と行動の両面を象徴する用語として、つまりは人の営為全般のあるべき姿を示すものとして用いられたものである。教育が対話だと看破したのも、方法のみに言及した概念ではないからである。さらに、実践パターンとしての「銀行預金型」「課題提起型」という区分も、教育に2種類あると述べているのではなく、教育自体が課題提起でなくてはならないことの論拠なのである。そこから、課題提起を実現するのが対話の行動であり省察であるという論旨に展開させている。

　したがって、「向かい合って話すこと。相対して話すこと。」（新村, 2008）という定義にあるような「（話し）言葉を利用しての行為」なる対話の解釈は極めて浅薄なものである。言語教育においてもフレイレの対話の概念を根幹にすえる必要があるのは、言語教育が言語によるコミュニケーション（最狭義の対話）を取り扱うといった見解のためなのではなく、教育自体が対話に依拠するからという事由による。こうした観点こそが、言語を使わないと対話ができな

いのではなく、「対話が言語を形成するひいては学習者という主体を形成する」という建設的な教育理念に結び付く。これはまさに生態学的言語論そのものと言える。

　対話と言語教育を概念的にも実践的にも包括して考察しなければならないことのもう一つの側面として、言語教育に先の二項対立の図式が立ち現れやすい傾向のあるところも見逃してはならない。フレイレが社会変革への具体的な取り組みとして識字教育から着手したのも、当時から主流語が支配/被支配関係の象徴として君臨していたことを物語っている。読み書きのできない者に対して精神の量を欠いている飢餓者とみなす言説を批判したのがフレイレであるが、この言説のように言語教育においては知識を量的なものとみなす圧力が非常に強く、教授者が学習者を圧倒している様相が際立つ。そして、教授者のもつ「知識」が「常識」に、その「常識」が「正当性」に読み替えられ、逸脱に対する極端な不寛容的姿勢となって顕現する。その明示的な方策が第1章で批判した補償教育とも言えるだろう。そこでは、前提とされる知識に比して少しでも異なる点があれば、「常識外れ」あるいは「間違い」「場違い」という負の評定が下される傾向にある。こうした傾向は、多く言語教育場面でも現出していた可能性がある。たとえば「つくえ」を「ちゅくえ」と発声する、「食べない」を「食べるない」と言う、謙譲語と尊敬語を混同する、漢字の点画を教科書通りに筆記しない、助詞を落とす、等々があればその理由を問われることなく言下に「間違い」の判定が下されてしまったのではないだろうか。学習の条件になるはずの「知らない」ということが汚点とされるだけでなく、たとえ知っていたとしてもその内容表出を規範に従って行わなければ即座に無知とされる[40]。とりわけ、理解を表現でしか評価できないと（理解が表現そのものであると）誤解された場面では、表現できないことと言語能力の低さがたちまち等式で結ばれる。果たして、このような状況下での学習者がフレイレの言う「被抑

---

[40] 一見間違いとされる表現も言語形成の過程で現出するものであって、学習上では貴重な資料ともなる。具体例は、第4章や第5章で言及する。

圧者」ではないと断言できるであろうか。

　フレイレの対話が単なる形而上的な術語でないことは、前段の諸論考が示す通りである。フレイレ自身も、先に言及したように識字教育の場面で理念の実現が可能であることを立証している。その立証過程は、現在でも、世界中の教育界の希望（原, 2011; フレイレ, 2001）となっている。自己と世界をつなぐ教育、地球規模の観点から環境とのかかわりを学ぶ教育、文化的他者を尊重し多様な価値観を受容する教育、無用な対立と無駄な消費を回避する社会の持続可能性を視野に入れた教育等々、現代社会が直面する諸問題に正面から向き合うことができる教育は、対話を通してこそ可能となる。

　こうした教育学的・倫理学的な議論における対話の役割は、言語の実在論からも裏付けることができる。特に、「意味への志向が理解への道」と捉えるバフチンの論考は、これまでも度々触れてきた通り言語を実践とみなすための先鋭的な指摘を含んでいる。

> 言語活動（言語・発話）の真の現実とは、言語形態の抽象的な体系でもなければ、モノローグとしての発話でもありません。ましてや、モノローグ＝発話を産出する心的・生理的な作用でもありません。それは、ひとつの発話と多くの発話とによって行われる、言語による社会的相互作用（コミュニケーション）という、社会的な出来事（共起・共存）です。言語相互作用こそが、かくして言語の根本的な実在の仕方だ、ということになります。　　　　　　　　　　（バフチン, 1980, p.208）

　バフチンがこの相互作用を対話（あるいは対話的交流）と呼んだ（バフチン, 1995, p.370）のは、対話が自己や社会を存在たらしめる根本的な流儀（西口, 2013, p.140）であるからに他ならない。極論になってしまうかもしれないが、ここまで明確に対話が言語を実在させると謳った主張はなかったのではあるまいか。しかも、言語規範や認知機構などは真の言語には当たらないとも断言している。もちろん、その根拠も当代きっての洞察によって論述されているのは周知の通りなのであるが、中でも注視しておきたいのが記号に関する言及である。この言及は、まさに個体（あるいは内や下）と環境（あるいは外や上）を分断しない捉え方である。

> 主観的心理は、その存在の場を、いわば、生体と外部世界とのはざまのごとき場所、この2つの現実領域の境界線上にもつものです。その境界線上で、生体と外部世界とが出会うわけです。が、それは、決して物理的な出会いではありません。生体と外部世界とは、この境界領域で記号を介して出会うのです。心的経験なるものは、生体と外部世界との接触の、記号による表現にほかなりません。
>
> （バフチン, 1980, p.54）

　意識や知覚といった心的経験が対話によって生まれてくることを、ここでは「出会う」という動的な表現で述べている。生体も（意思をもたないように見える）外部世界も出会いという行動を起こすのである。もっとも、これまでも度々示してきたように二元論的な現実領域は確かに否定できない。そもそも「個体」「環境」という語彙があること自体がそれを物語る。しかし、個体側の根源とも目される「意識」さえも周囲との相互作用、すなわち対話によって顕現するとしたらどうだろう。レオンチェフが意識の解釈に先鞭を付けたのは前述の通りであるが、バフチンも記号の媒介により実在すると語る。

> 意識は、組織された共同体内での社会的コミュニケーションの過程で生まれる記号としての事物に媒介されて、はじめて形成され、客観的に実在するようになるものです。個人の意識は、記号によって養われ、記号に拠って成長し、自らの裡に記号の論理と記号の規則性とを映しているものです。意識の論理とは、どこまでもイデオロギー送受のコミュニケーションの論理です。共同体内での記号による相互作用の論理です。
>
> （バフチン, 1980, p.21）

　個人的なものが意識や心理や信念と呼ばれ社会的なものがイデオロギーに匹敵するといった一般的な見解は、相互作用という対話の中でこそ中和できる。西口が述べる通り「個人の意識は個人が共同体の諸々の社会的交通［＝コミュニケーション］に徐々に参画するようになり、その交通で交わされる記号に媒介されることではじめて形成される」（西口, 2013, p.55）のである。

　こうして対話は言語も主体（少なくとも主体の意識）も実践（少なくとも社会のイデオロギー）も生み出す。教育が対話によって行われなければならないのは、対話が実践の発露になるからであり、対話でなければ成立さえしないからなの

である。イデオロギーを含む広義の意識は、本稿の議論ですでに行動に託された解釈項であることが示されている。よって、バフチンの言う記号による「媒介」は、記号過程中の要素間の連絡と要素の発生（すなわち過程性）に読み替えることが可能である。相互作用が起こることで意識が生まれるのは、記号論的な帰結としてまったく当然の現象と言っても過言ではない。ここに補足することになるが、言語規範や認知機構などは真の言語には当たらないというバフチンの見解も支持できる。なぜなら、それらは記号の要素（言語規範は主に解釈項、認知機構に見えるところは代表）にすぎないからである。フレイレやバフチンの論考が示す通り、真の言語と言えるのは実践という統合体なのである。また、対話は個人的な階層でも集団的な階層でも起こる。要素同士が動的に対話をする（相互作用する）のはどのレベルにおいても同等であり、この点においても個体と環境を峻別する必然性がなくなる。したがって、たとえ表層的なところで階層単体が顕現していたとしても総合的に捉え直すことができる上に、ある階層内の営為が当該階層を越えて影響を及ぼすことにもなるので、実践全体の良質化つまり個体および個体が属する環境の改善を、対等にさらには同時に進めることを可能にする。

　従来の論考において、個体に焦点が当てられがちであった主言語と、社会（的環境）に焦点が当てられがちであった主流語という2つの概念も、上の議論から別個に取り扱う必要がなくなる。バフチンの言を借りれば、言語種間の出会いによって言語＝主体を形成することができることになる。倫理的にも推奨すべき主言語と主流語を対話で繋ぐ教育は、子どもを対象とした言語教育の領域でも、近年、学習者を取り巻く様相との関連性を学習の基盤とする研究の進展に伴ってようやく見られるようになってきた。中でも次の論考を特筆しておきたい。

　尾関（2008）は、言語の力を「主体的に周囲の他者とやりとりを繰り返す中で発達していくもの」（p.12）と規定し、学習へ向かう学習者自らの能動的なかかわりの過程を重視した議論を展開する。学習者が学習内容を理解する以前に、その内容についての意味を感じることができなければ支援が停滞してしまうこ

と、逆に学習者なりにも意味を感じることで積極的な学習の進展（学習場面への参加）に結び付くことが事例で立証されている。各事例からは、支援と学習が分断された逐一の行為ではなく一体となった実践であること、学習の意味そのものが支援者と学習者との相互作用で発生すること、言語が学習内容ではなくむしろ媒介として存在することなどが読み取れる。

「教室文化」を相互行為の中で立ち現れる動的パターンの構成過程と考える塩谷（2008）では、個別の微視的な対話が、学級やそれを越えるコミュニティ全体という巨視的な構造に結び付くプロセスを、豊富なデータから解明している。ブロンフェンブレンナーの議論に近い捉え方である。教室については、支援者や学習者が端的に存在している空間とせず、成員間の相互作用を通して構成されていく様相や活動と捉えている点が興味深い。言語の力についての直接の言及はないが、学習者の機能を「学習者が自分の考えと言葉の情報源、発信源となり、他者との間で意味や言葉を関係的（自律的、かつ、協働的）に作り出し、作り直し、作り続けていくコミュニケーション能力であり、対話能力」(p.83)とした規定は重要である。

また、バイリンガル教育に対する批判的な観点から学習者自身のエンパワーメントを喚起する取り組みの必要性を説く浅沼（2011）は、「言語教育は、言語の習得だけを目的とするのではなく、何かを学習するためのツールであると実感されたとき、その目的が達成される」(p.137)と述べ、特定言語のみを学習の対象として選択する指導に限界を見出している。これは一見言語を道具として学習する内容重視（齋藤, 1999; 清田, 2003）概念と大差ないものに感じられるが、何語を使用するにせよ言語を介して自己や他者や社会と繋がっていく活動が学習者の総体的な力に結び付く（これを浅沼はエンパワーメントと呼んでいる）という点で、先の概念とは大きく異なる。A小学校での事例は、児童の主言語・主文化の意味が（主言語による学習の方が効率的とも考えられるのに対し）主流語を通して学ばれている過程である。B小学校での事例は、言語的な補償への拘りから距離を置き、一旦教師が引き取った学習過程を学習者自身へ返す試みがさらなる積極的な学習を呼び起こしたものである。C小学校での事例も含

めいずれの実践例からも、個人としての学習者や支援者とそれらが存在する社会との往還、いわば影響の及ぼし合いが良好な学習効果として顕現する様子が見て取れる。エンパワーするものとは個人の能力ではない。もはや「能力」という語義を越えたものであり、相互作用の中から生み出される実践場面そのものであると言えよう。

　各論考における議論の拠り所はそれぞれ「学習者の主体性」(尾関)、「学習者の解放」(塩谷)、「教授言語」(浅沼) に置かれており、論述の方向性も異なっているのであるが、通底する主張を取り上げることは可能である。それが、①教育場面では言語種の差を問う必要がないこと、②場面に参加していく主体の行動という動的な過程そのものが教育的営為を創出していること、③言語の力と呼ぶべきものがあるとすればそれは対話から生み出される力であること、の3点である。加えて、言語を包括的に考えるこれらの観点には、主流語圏で生活を営むマイノリティを「周縁化」「範疇化」してしまう、さらに、主流語圏の価値観を「再生産」「一般化」してしまう教育的装置 (Ohri, 2005; 神吉, 2008; 大久保, 2008; 高藤, 2008) を回避するための糸口がある。つまりは、「主流語を教えなくてはならない」あるいは「主言語を取り上げなくてはならない」といった戸惑いや拘りを一旦保留にしたまま実質的な教育実践に携わっていっても、障害を引き起こさない可能性をも示唆しているのである。

　先に議論したヴィゴツキーの「ZPD」(Vygotsky, 1978)、レイヴ・ウェンガーの「正統的周辺参加 (legitimate peripheral participation)」(Lave & Wenger, 1991)、レオンチェフの「活動 (activity)」(Leont'ev, 1981)、ロゴフの「徒弟制 (apprenticeship)」(Rogoff, 1995) も、総じて空間的な含意のある言語を形成 (学習や発達)、すなわち実践とみなすものである。中でも徒弟制という制度は、言語教育を個人の内部 (体内・脳内) と外部 (文脈・外界) に分断せず、言語形成を包括的に捉えることのできる概念の代表格であろう。そこでロゴフが言及している個人的な形成としての「(参加型) 専有」、対人的な形成としての「(ガイドされた) 参加」、集団的な形成としての「徒弟制」の違いは、場面のどの部分に焦点を当てて観察するかの違いにすぎない。実際には、専有も参加も徒弟制

も同時進行の過程である。ロゴフは、弟子が親方の下で特別な技能を学ぶという一般的な徒弟制のイメージをそのまま教育現場に適用しているが、必ずしも専門家―初心者の間だけに成立する制度とは捉えず、対人的な関係も含めた共同体全体の中での個人の成長の場を徒弟制と呼ぶ。徒弟制とはまさに構成員間のやりとりが織りなす制度である。さらに、その個人の成長も、いわゆる技能や知識等の獲得というより共同体への参画を試みる中で自分自身を変容させていく過程としている。これが専有なのである。したがって、専有とは他者がもっているもの、あるいは共同体に備わっているものを学習者が取り込むことなのではなく、学習者が自分自身のものとしていく素材の産出・変成・加工の過程と言えよう。

　すると専有が発生するには、換言して個人的な水準で言語形成が進展するためには、参加や制度も現象しなければならないことになる。この点で教育実践においては、個人と文脈が内・外のように分断されたものではなく、いわゆる個人の力量に見える部分も同時に文脈そのものであるという捉え方が可能になる。つまり、個人の形成（＝専有）を目指す主体間の対話（＝参加）が、同時に教育（＝制度）にもなるということである。そのため、教育実践においては、学習者が帰属する場所も観察の観点によってどのレベルにも置くことが可能である。従来の研究では、そのレベルが個人の水準に留まっていた。言い換えれば、変容するものは個人のみであると前提していたことになる。ところが、現実の言語形成は個人のレベルだけで起こっているのではない。乳幼児が言語を形成していく過程を観察してみても、その乳幼児を取り巻く養育者・親戚・友人等が、あやしたり、話しかけたり、疑問に応えたりしながらかかわりを変えていく。まさにブロンフェンブレンナーの相互影響性である。もちろん、そうした周囲のかかわりは発達や成長と呼ばないかもしれないが、やりとり（対話）による変容であることは間違いない。学校に入学後も、児童生徒が示す言語の進展は明瞭に観察できるが、同時に周囲の対応も変化を遂げていく。支援側の教師でさえ、当該児童生徒に合わせて変化する必要に迫られる。最低限でも取り扱うべき教材は変えていかなくてはならない。

言語形成とは個人的なものであると同時に、対人的なものでも、集団的なものでもあると言えよう。こうした捉え方は、レオンチェフが唱えた活動理論へと回帰する。

> 主要な問題は、人間の活動によって対象的世界のうちに実現される社会的な本性をもつ諸関係の主観的所産として、すなわちそれらの諸関係が変形されたかたちであらわれたものとして意識を理解することである。　　　　（レオンチェフ，1980, p.103）

社会の中での活動が個人の意識をも生み出すことについてはすでに述べた。操作・行為・活動の密接な結び付きについての考え方が、ロゴフの3階層間の関連性に相当していることも繰り返さない。

したがって、先の研究群から帰結すること—①言語種差を問わなくてよい、②行動が実践を創造する、③言語が対話から発生する—は、理論的にも支持される。仮に、ある児童生徒がもつ主言語と、ある教室の中に見られる主流語がまったく異なった現れをしていたとしても、児童生徒の操作過程と教室活動が一体であると捉えることで、さらには実際に包括的に教育を実施することで、その児童生徒の専有を生むことが可能となる。尾関（2008）の実践においては、児童の主言語をあえて用いなくてもそれは十分尊重された形となっている。浅沼（2011）は「教授言語だけでは、子どもの学力向上に直接影響しない」(p.134) と述べる。これらの理由も、個人に内在するように見える言語が同時に支援場面での言語になるためだと言える。逆に、そうした捉え方ができなくなった瞬間に、主言語と主流語が乖離する。乖離によって、自分の居場所が失われるという感覚が引き起こされる。その結果、個人は集団の中で孤立し、学習への接近の機会が閉ざされてしまうのである。

敷衍することになるが、言語種差を問わなくてよいということの主旨は、主言語を取り扱うことが無駄である（反対に主言語だけを取り上げよ）などという主張ではない。言語の総体性を無視してはならないということなのである。違いに固執することは、個人と社会を分断することに匹敵する。実際に支援可能な言語が主流語のみだったとしても、学習者の主言語を邪険に扱った瞬間に個

人的操作と集団的活動の繋がりが途絶えてしまう、つまり記号の連続性が第一性と第三性とに分断されてしまう。一方、たとえ主流語でしか交流ができなかったとしても、学習者の主言語の意味を最大限に認めていくと、前述した事例のような取り組みにつながる。だから、言語種がいくつあっても、さらには当の学習者が主言語をいくつ想定していたとしても、教育実践には何ら問題がない。本節の考察から導かれることは、言語形成が個人の問題だけに還元できない、個人的な能力・学力の低下や向上を議論するだけでは教育的な営為を取り上げたことにならないということなのである。

第4章　意味分析の実際

　生態学的言語論が謳う過程の中での連続性はどのように立証できるであろうか。換言すると、言語形成の動的側面はどういう形で把握することが可能なのか。また、「言語形成」「主体変容」「実践場面」の具体的な現れはどういうものか。さらには、言語＝主体＝実践として総括的に取り扱うとは一体どういうことなのか。生態学的言語論ではこれらの問いに対する回答を用意することになるが、この探求においてもっとも中心的な位置を占めるのが解釈項、すなわち意味に関する分析である。前段で議論した通り記号過程全体が教育実践を表す、少なくとも言語・主体・実践が織りなす動的存在なのであれば、「それらが何か」を知ること、つまり広義の意味を知ることは、上の疑問群を解いていくための手がかりとなる。言語と主体と実践の等価性の実証（関係性の分析）は次章で行うが、それに先立ちまずは言語・主体・実践それぞれの観点から詳細な検討を施し、意味分析という方法について考察を進めよう。生態学的言語論とは具体的にはどういう方法で、かつそこから何が明らかになるかを考える議論である。

4.1　言語形成についての意味分析

　言語規範を変化の中から生み出される解釈項とみなすことができれば、言語と教育を等価とする構想にまた一歩近づくことになろう。そして、「言語規範に精通している」（言語能力が備わっている）ように見える現象が、実践中の相互作用が活性化している側面をあえて個人の水準から眺めたものであるという仮説の信憑性も高まる。

　本節で取り上げる言語現象はこれまでの言語学分野で幾度となく議論されてきた膨大な研究資料のほんの一部の事例にすぎないが、論理的にはあらゆる事

例に対して生態学的観点からの分析が可能であることを含むものとして取り上げる。加えて、教育的営為に資する代替理論がない（むしろ認識されていなかったと言った方が正確ではあるが）ところに起因する言語学的内容論の優位性を解消していきたい。

　言語規範を生態学（生態心理学）から分析した研究の先駆けとしては本多（2005）が知られている。同著でも述べられている通り、理論の軸を成しているのは「自己の生態学的知覚」を基盤とする「捉え方の意味論」である。これは、言語表現や解釈の根拠を心理学的な動機付けに求める意味論と見立てることができる。たとえば、「自転車が家の前にある」という文と「家が自転車の後ろにある」という文とでは、自然に感じる度合い（容認度）が異なり、後者の方が不自然に感じられる。この理由を、話し手が当該事態をどのように了解しているかという観点から説明していく。自転車が家の前にある場合はそれが家を覆い隠すことはないが、家が自転車の前にある場合はたいてい自転車が見えなくなる。これが氏の言う話者からの「知覚」（この場合は「見え」）であり、人は知覚に動機付けられて言語を使用する。容認しにくい表現の背景には、そのような高い動機付けが存在しない（そのように知覚していない）ということがあるのだろう。

　捉え方の意味論では、「人はなぜ当該表現を用いるのか」という問いがテーマとなるために、古典的な一般言語学では度外視されてきた「知覚（心理）」と「表現と理解（言語）」との関連が解明可能となる。つまり、こころ（心理）とことば（言語）がどう結び付くかというところまで考察することができる。しかし、ここで注意しておかなければならないのは、「αという知覚をAという表現によって」説明する仕方と、「Aという表現をαという知覚によって」説明する仕方は、似て非なるものだという点である。前者はαの根拠をAに求める心理学的研究である。対する後者はAの根拠をαに求める言語学的研究である。そして、本多が採用している方法論も基本的には後者となっている。そのために、原理的にαの存在が大前提である。ところが、もし「人はどのように知覚するのか」（つまりα）が未解明だった場合、あるいはαの詳細が明確

に規定できていなかった場合、言語学的研究の立場からは前者の、すなわち言語表現や言語理解から α を推測するという循環論の禁じ手を犯してしまう危険性が生じる。もちろん、知覚を解明するつもりならばその推測は間違っていない。しかし、ある文の容認度を前提とし、「その文が容認できる（あるいはできない）のはある知覚に起因する」と説明することは、文の容認度から知覚を解明しようとしていることに他ならない。ラネカーらが創設した認知文法論（認知言語学）に対して、心理学分野から批判があるのもこうした点についてである。認知図式等が提唱されても、それが本当に実在するものなのかどうかを、言語表現のみから立証することは（言語表現は図式ではないゆえに）不可能である。本多の分析は、認知意味論のこうした欠点を回避しようとする試みとも読めるが、基本的に認知意味論を踏襲しているために相違点が不明確である。

　どうしてこのようなことが起こるのか。それは、そもそも捉え方の意味論が、本研究が目指す生態学的観点からの議論とは相容れないためである。捉え方の意味論は、言い換えれば原因の意味論である。すなわち、ある表現や解釈の根拠を「認知」に求める議論である。これは、一般言語学が結果の、いわばある表現にどのような意味が存するのかを解明する意味論（本多（2005）が批判する「表現解釈の意味論」）とは対照的である。ところが、生態心理学においては人の行為や認識の原因を知覚に求めるという方法論を採用しているわけではない。むしろ、破棄しようとしている。既存する（と考えられている視覚・触覚・嗅覚といった）知覚のメカニズムを解明するのではなく、知覚とは何かを根本から問い直すものなのである。従来の心理学が知覚の間接性、つまり入力した情報を解釈する機構の存在を主張している（認知主義）のに対し、生態心理学では「直接知覚」、つまり事態を捉えることがそのまま理解になっているということを強調する（本稿3.1.3節参照）。したがって、「何かの原因が知覚にある」ではなく「行為（認識）とは知覚そのものである」と考えるのが生態心理学と言えよう。もっとも、「アフォーダンス」や「エコロジカル・セルフ」の概念に基づいて行われている本多の考察を生態学的でないと断言することはできないが、それでもアフォーダンス等の概念が原因（根拠・動機）となって言語が表現され、

あるいは理解されているのではない。少なくとも知覚を原因として説明しないのが生態心理学なのである[41]。

　本研究で構築を目指しているのは、生態心理学の考え方を引き継ぐ生態学的言語論であって、原因の意味論でも結果の意味論でもない。別称を与えれば「過程の意味論」である。経緯や変化の意味論と言い換えてもよい。意味を物象的な存在とみなさず、さらには恒常的に静止し安定しているものとも考えず、常時発生と消滅を繰り返すアフォーダンスにかかわるものとして捉える議論である。説明の際には、意味が確定したものもしくは一定不変（さらには普遍）なものとして取り扱うのではなく、どのような状況でまたどのような知覚の下で、つまりはどのようなアフォーダンスの下で解釈が変わっていくのか、そして逆に有機体のどういう解釈がどのようなアフォーダンス発生に繋がるのかという、「アフォーダンスと言語表現あるいは言語理解の間の相互関係の記述」、すなわち S_n から S_{n+1} への変化の記述をもって理論とする。従来の説明方法と決定的に異なるのは「意味が確定的に抽出できない」ことを基盤としているところである。こうしたことから、「意味とは何か」という問いに対しては、表現時・理解時に生じているアフォーダンスおよびその変化の「過程」、そして当該アフォーダンスと表現・理解との「関係」によって答えていく。

　理論構築上で言及される解釈が一時的なもの、当該言語主体のみが理解できるもの（臨床的理論ゆえに汎用性をもたない）などとした批判が出るのは避けられないが、その見解を恣意的だとして忌避するのは早計である。たとえ臨床的な現象だとしても、言語形成の様相に他との類似性が認められれば似たようなアフォーダンスの発生を想定することが可能となるからである。類似するアフォーダンスの発生は、生態学的観点から精度はそのときどきで変わるものの確実に予測ができる。また、こうした予測に基づいて行動し意識しているのが有機体だと言えよう[42]。

---

[41] 以上の考察から、認知言語学や認知意味論で言う「認知」と生態学あるいは生態心理学での「知覚」を同一視することはできない。本多氏はこの「知覚」をギブソンやリードの定義とは別様に解釈しているようである。以降、本稿では「認知」と「知覚」を前述のように使い分ける。

ところで、本研究ではこれまでも述べてきたように、意味そのものを抽出することは不可能だと考えている。特にアフォーダンスの解釈項を意味に見立てているので、本稿では以降もアフォーダンスを使って意味に言及していく。その表記も、これまで同様〈　〉に括って表現することになる。意味を「アフォーダンスによって」記述する、それが過程の意味論である。

本節からの分析に当たって念を押しておくが、以下のような分析が可能だからといって、そうした意味の記述を教育実践の内容（シラバス）とすることはできない。意味自体は記号の一要素にすぎず、仮に意味を教えることが可能だとしても学習者の言語形成には寄与することがない。関連する議論は本章後段および次章で行う。

4.1.1　数量詞

本多（2005）によると、遊離数量詞構文は「数える」という探索活動[43]を想定した上で、「対象と出会う」ことを表現する際に使用する構文とされている。そのため、ある事態を「対象と出会いながら数えるもの」と動的に捉えた場合、遊離数量詞構文だけが可能になるという。このことを、次の事例を挙げて例証している。

(4) a. あ、鳥が一羽、二羽、三羽飛んできた！
　　b.*あ、一羽、二羽、三羽の鳥が飛んできた！
　　c. 羊が一匹、羊が二匹、羊が三匹………
　　d.*一匹の羊、二匹の羊、三匹の羊………　　　　　　（同著, p.182）

42　この性質をリードは予期性（prospectivity）と呼んでいる（リード, 2000, p.23）。もともとはギブソンが使用した術語である。有機体は予め図式を参照しなくても、予期性に基づいて行動を起こすことができる。

43　本多（2005）の用語である。これがリード（2000）の「探索的活動」と同義であるとは考えにくい（注44）。もう一つ、言語学的表記上の慣例として、非文法性あるいは非容認性を示すアスタリスク（*）が用いられるが、基本的に本稿では「間違い」を認めていない（言語に誤用は存在しないとしている）ので、当該表記は先行文献のデータを引用するときに限って使用する。

しかしながら、探索活動への認識を前提として（自分がどういう探索活動をするのかを予め意識して）、上の表現を使用するとは考えにくい。むしろ、言語使用自体が探索活動そのものであって、〈数えていく〉というアフォーダンスを直接言語表現化したものが（4a）や（4c）とみなすべきではなかろうか。その観点では（4b）も探索活動を反映しているとみなしてもおかしくない。たとえば、三羽目を数え切った時点でこれまで数えてきた対象は間違いなく「鳥」であることを表明したいという状況においては、（4b）であっても使用することが可能である（「あ、一つ、二つ、三つも饅頭があるぞ！」のようなとりたて詞による遊離数量詞構文に近い）。反対に数える行為のみを純粋にするつもりであれば、（4a）や（4c）を使う方が不自然である。この場合は、おそらく「あ、一羽、二羽、三羽飛んできた！」「一匹、二匹、三匹………」のように、「鳥」や「羊」という語を用いることはないであろう。さらに、〈羊の数を表す〉のではなく〈一匹目、二匹目、三匹目〉のように順番を表現するという状況下であれば、（4d）も可能である。

　（4c）は遊離現象を代表した構文と言うよりは慣用表現であって、一般的な用法を反映していない。それだけではなく、数えている対象が「羊」とも言えない。むしろ、羊を使って時系列で増加する数（時間）そのものを「確認」している。もし寝入りばなに「羊の数の探索」を意図してしまうと、おそらく眠れなくなるだろう。この場合、寝入るまでに何頭の羊が柵を飛び越えるかを（さらに飛び越えたものが羊かどうかも）知る必要はまったくない。現在どのくらいの時間が経過したのかを漠然と把握できれば（把握できなくても）十分なのである。ここからも、（4d）とほぼ同じ意味で使用していることが分かる。同様に、番町皿屋敷でお菊の亡霊が遊離数量詞構文を使う理由も、皿の数を探索するためではなく、本当に皿が一枚足りないのか（十枚あるかどうか）を確認するところにある。

　そもそも、数えるという行為が遊離数量詞構文だけの背景であるはずがない。連体数量詞構文であっても、それが表現される背景には数えるという行為が行われると言うべきである。この点から、連体数量詞構文と遊離数量詞構文の違

いは表現時に発生している解釈の違いと考える方が理にかなう。

(5) a. 2つの消しゴムをください。
　　b. 消しゴムを2つください。

　従来の認知意味論からは、連体数量詞構文（5a）は〈モノ的〉〈集合的〉〈規定〉的認知、遊離数量詞構文（5b）は〈コト的〉〈離散的〉〈未定〉的認知が反映している、のように説明される。これを、〈予め数えておく〉と〈対象に出会いながら数えていく〉の違いで説明したのが本多の理論である[44]。しかし、こうした違いは「認知」や「捉え方」の違いと言うより、〈セット（で販売している）〉と〈バラ（で販売している）〉という解釈上の異なりと言うべきである。仮に〈対象に出会いながら数えていく〉捉え方を反映しようとしても、〈数え上げの可能性〉が極めて低い状況では、次の（6b）のように適切な表現にすることが困難になる。

(6) a. 50gの消しゴムをください。
　　b. 消しゴムを50gください。

　逆に、（6b）の不自然な理由を探索活動の失敗に求めるならば、なぜ「2つ」と数える探索活動は成功し、「50g」と数える探索活動は失敗するのかに対する答えを「探索活動」以外の要因に求めるしかない（予めグラム単位の探索を妨げるものは何もない）。その成否を分けるのが前述の二種類の捉え方の違いだとするならば、基本的に探索活動と認知方法はまったく同じ「認知」なのであっ

---

[44] したがって、本多の「探索活動」とはやはり、時間的・空間的推移の中で「複数の対象に順次出会っていく」（本多, 2005, p.181）行為であるとしか言えない。しかし、そうすると今度は「専門家を三人雇いたい」といった例のように予め全体数が判明しているときには遊離数量詞構文が使えないことを予測するが、実際はそうではない。全体数を数えるのも「探索活動」と言うのであれば、何が連体数量詞構文と遊離数量詞構文を分けているのか説明がつかなくなる。こうした理論的矛盾も、「探索活動」を表現の根拠とみなす誤解から生じる。

て、わざわざ前者を生態心理学的活動と称する必要はない。ところが、実際の言語使用にあっては、(6b) の文も十分容認可能となる文脈がある。たとえば〈消しゴムの量り売り〉という状況がありうるとすると、この表現は不自然でなくなるだろう。数える対象を「バラ肉」とすれば、一層自然な表現となる。

こうした言語現象には、「消しゴム」と「バラ肉」をめぐるアフォーダンスの違いが伴っている。「消しゴム」は一般的に〈固形物〉と知覚される一方で、「バラ肉」は〈流動物〉と知覚される。普通の状況であればそれ以上の特別なアフォーダンスは発生しないが、「消しゴム」であっても粘土のような〈流動物〉と知覚される状況ならば、その時点において一般的な消しゴムにはないアフォーダンスが生まれていることになる。この知覚の差が解釈差となって現出するのである。

捉え方の意味論において問題になるのは、「認知」を言語表現の「原因」としているところである。まず認知があって表現が出てくるならば（表現の根拠が認知ならば）、表現から認知をすることは不可能なはずである。しかしながら、私たちは表現に接した瞬間に意味が分かる。当然、その意味は当該表現を発した者が考えるものとは（厳密には）異なっている。認知を根拠にしてしまうと、表現が話し手から表出された瞬間に、話し手と聞き手がまったく同じ認知をしなくてはならなくなる。ほんの一瞬で思考を同調させるという離れ業が本当に可能なのかどうかは疑問であろう。この離れ業をチョムスキー流の言語獲得装置に起因させる考え方もあるが、それは本多をはじめとするたいていの認知言語学者が否定しているものである。

一方、生態学的な知覚が言語行為だとするならば、この瞬間理解の謎が解ける。すなわち、アフォーダンスが発生している環境での共起・共存（バフチン, 1980, p.208）である。(6b) の状況であれば、話し手（買い手）と聞き手（売り手）は最低限〈粘土的消しゴム〉という同じアフォーダンスを知覚している。しかも、アフォーダンスは直接知覚で理解できるために、それが発生したときにはすべての了解過程が完了している。もちろん、両者の間には微妙な解釈の違いがあるかもしれないが、状況中に発生したアフォーダンスが大きく異なる

ことは、ほぼ同等の状況に接しているだけにあまり起こりえない。それでも、アフォーダンスの知覚にずれが発生すれば、互いの誤解（解釈の違い・発話文を不自然と感じる等）となって現象することになる[45]。

4.1.2 格助詞

言語規範の研究において、量的に突出しているのが側置詞に対する分析である。本節では、中でも定説化が進む日本語の格助詞「ニ」と「デ」（注35参照）を取り上げこれらの解釈過程に言及する。

第1章でも簡単に触れた認知（意味）論全般に言えることであるが、典型的な認知図式である「プロトタイプ（prototype）」と事象に対する際立った注意を示す「プロファイル（profile）」という2つの概念は、原理に位置付けられている。特に前者は、日本語の格助詞や英語の前置詞のように多様な用法をもつとされる機能語に対して有効な説明力をもつ概念とされている。しかし結論を先取りすれば、これらの概念も生態学的には記号過程中の意味とみなすことができる。

ニの用法には大きく分けて「机の上に本がある」という存在場所を示すもの、「映画館に行く」のように着点を示すもの、「友達に本をもらう」という被動的

---

[45] ちなみに、結果の意味論では、数量詞の2つの構文の違いを数量詞の読み方（解釈の仕方）の違いに起因させて説明する。数量数量詞として読むと連体数量詞構文でも遊離数量詞構文でも使用できるが、属性数量詞として読むと遊離数量詞構文が不可能になるという（今井・西山, 2012）。ところが、数量なのか属性なのかの違いも、数量詞そのものを解釈することでしか区分ができない。同書でも、「～のような文に現れたときには［属性数量詞＋名詞］と見なすことができる」（同著, p.140）のように、予め文脈を提示した上で解釈を定めている。「当該文脈の場合に限って遊離ができない」という言い方は、遊離数量詞構文の解釈条件を前もって決定し、その決定をもって遊離数量詞構文の解釈を決めているようなものであり、明らかな循環論（説明項に被説明項を使用する論・この場合は「属性」が相当する）である。結局、結果の意味論上では「数量詞には2つの読みがある（＝曖昧である）」ことしか言えない。むろん、この結論を基盤にした考察を行う学問的な価値は失われない。今井・西山（2012）の理論における「曖昧性」とは「意味論」と「語用論」を厳格に区別した上での意味論上の多義性のことであり、曖昧性の根拠を記述することは妥当な研究課題となりえる。本稿の理論に基づくと、数量なのか属性なのかの異なりも〈セット〉と〈バラ〉の異なりと同じようにアフォーダンスの違いと言うことができる。「消しゴムを50gください」（(6b)）の文を不自然だと感じる話者は「50g」を〈重さ＝消しゴムの属性〉として知覚している。同様に、「バナナを8本買った」を不自然とする文脈というのは、「8本のバナナ」を〈8本から構成されるバナナ＝ある属性をもつバナナ〉と知覚する文脈なのである。

行為の動作主を示すものがある（杉村, 2002）。杉村は、これらに共通するプロトタイプとして〈一方向性をもった動きの着点〉を考える。一方、デの用法にも場所、時間、原因、様態、道具等様々なものがあるが、これらを〈主格または対格に対する領域をマークする〉というプロトタイプ的意味に還元する。ここから、場所を示すニとデの微妙な違いも、プロトタイプという捉え方の差によって説明している。たとえば「空に鐘が鳴る」と「空で鐘が鳴る」の使い分けであるが、一見不自然な前者も〈空に向かって鐘が鳴り響く〉と解釈することで容認される。この現象に対しては、ニが〈鐘の音が行き着く点〉をマークする一方で、デが〈鐘の鳴る領域〉をマークするためという説明ができる。こうした説明は、両格助詞の使い分けの背景にプロトタイプの違いがあると述べていることと同等である。よって、プロトタイプと認知しさえすれば（プロトタイプを反映しさえすれば）適切な言語表現が顕現することになる。その予測が当てはまるケースは、下記の例など確かに数多い。

(7) a. 高速道路で事故があった。
    b. 高速道路に穴があった。

しかし、それでは下の (7)' の例が不自然に感じられる理由が説明できない。予め「高速道路」を〈着点〉とする認知、あるいは〈領域〉とする認知を妨げるものは何もないからである。

(7)' a. 高速道路に事故があった。
     b. 高速道路で穴があった。

たいていの認知意味論的議論においては、上述したような説明手法が採られることはない。むしろ、「(7)' はプロトタイプ的意味ではない」「(7)' のような使われ方はない」のように、当該例の意味に言及してプロトタイプを立証するという方法論が採用される。認知意味論では、総論として認知を表現の根拠

に位置付けてはいるものの、各論で取り扱う個々の事例に対しては認知を表現の生起理由に還元することをしない。なぜならそれを行うと、(7)'のようにどのような文の生起も許されることになってしまうからである。本来なら、生起する理由に加え生起（使用）できない理由も認知に還元しなければならないのであるが、残念ながらそれは当該表現の意味に言及することでしか可能にならない。つまりこれは、当該表現の意味がプロトタイプに合致しなければ「非プロトタイプ的意味である」と述べるに等しい。これが循環論であることは言うまでもない。

　格助詞は、結果の意味論でも語と語の間にどんな関係が成り立つのかを表す働きをすると説明される。そのため、一義的に「動詞によって決まる」とか「名詞によって決まる」とか、まして「プロトタイプによって決まる」等とすることが困難である。それでも、おおよそ私たちが普段から自然に行っている「区分けの意識（＝意味付け）」が反映されている可能性は否定できない。格助詞を使う場合にいちいち判断に迷うようだったら、非常に使い勝手が悪いものだろう。その意味付けの一つが、たとえば、生起事象に対する〈永続的なのか（持続するのか）〉〈一時的なのか（変化するのか）〉の異なりである。(7a)'は、事故が〈生起するもの〉ではなく〈存在するもの〉と表現している。一方(7b)'を解釈してみると、穴が〈発生したり消滅したりする（さらには人為的に発生がコントロール可能である）〉というニュアンスが感じられる。もちろん常識的に考えれば、私たちは穴や事故をそういうものとは逆に認識する傾向が強い。経験的に「穴」のアフォーダンスを〈持続〉、「事故」のアフォーダンスを〈変化〉と知覚することが多いためである。(7)'に不自然さがあるとすれば、プロトタイプの有無ではなく、アフォーダンスの知覚（不）可能性に起因する。その証拠に、「高速道路」に代えて「スケジュール」という〈事故の存在〉および〈穴の生起〉が考えやすい時間表現をもってくると、それほど不自然ではなくなる。

(8) a. スケジュールに事故があった。
　　b. スケジュールで穴があった。

　「スケジュール」という事象時間においては、「事故」も「穴」もともに永続的でも一時的でもありうる。あるいは、「スケジュール」自体が〈調整可能〉であるという変化性も、〈組まれた計画全体〉という持続性も兼ね備えているとみなしてもよいだろう。
　次の例では「対象のありか」という、また違った側面が際立つ。

(9) a. 資源置き場にペットボトルを出す。
　　b. 資源置き場でペットボトルを出す。

　前者は、出す人が資源置き場にいてもいなくてもよいがペットボトルのありかは必ず資源置き場になる。後者は、ペットボトルのありかは必ずしも資源置き場でなくても構わないが出す人は必ず資源置き場にいることを示す。「太郎が（自宅から宅配便などを使って）資源置き場にペットボトルを出す」「太郎が資源置き場で（自分の鞄から）ペットボトルを出す」と言ってもそれほど不自然ではないことからも推測できる。ペットボトルのありかに解釈差が生じるのも、供出場としての資源置き場を永続的に表現するとニが、一時的に表現するとデが選択されるためである。つまり、資源置き場を着点（持続的な定点）とするとニ、そこを領域（変化的な位置）とするとデを用いることになる。
　以上のように、私たちは、表現を表出する際にも解釈を施す際にも「どのような意味付けをするのか（したのか）」を考えざるをえない。すなわち、表現や理解の対象が「何なのか」を知覚せずして表現・理解することは叶わない。このような、意味付けが表現・理解の違いを生み、表現・理解の違いが意味付けを示しているという事実は、格助詞の使い分けそのものがアフォーダンスの知覚であることを示している。さらに、認知意味論で言うところの「プロトタイプ」もアフォーダンスの一つであると仮定すれば、プロトタイプそのものが

「表現の根拠」とも「表現の結果」ともみなせるのは当然と考えられる。前述した通り、実際も認知意味論的説明とほとんど変わらない。つまるところ、意味付けとは「表現の仕方」であると同時に「理解の仕方」であり、ゆえに「直接知覚＝アフォーダンスの知覚」であると言えるのである。

存在場所や移動先が〈着点〉というアフォーダンスとして知覚され、動作や出来事の生起する場所が〈領域〉というアフォーダンスとして知覚されるのであって、「ニ」のプロトタイプ＝〈着点〉、「デ」のプロトタイプ＝〈領域〉なのではない。万一そう言ってしまうと、次の例などはプロトタイプから外れる認知だと規定せざるをえなくなる。

(10) a. 学校で行く。　(cf. 学校に行く。)
　　 b. 教室で存在する。　(cf. 教室に存在する。)
　　 c. 庭に遊ぶ。　(cf. 庭で遊ぶ。)
　　 d. 田園に死ぬ。　(cf. 田園で死ぬ。)

ところがこれらの例においても、まったく自然な解釈をすることができる。たとえば、(10a)は「学校」を「行く」という動作が起こる場所と考えることで「学校でハイキングに行く」のように、(10b)は「教室」を「存在する」という出来事の生起場所と考えることで「この細菌は人が多い教室で存在する」のように可能となる。一方、(10c)は「庭」を「遊ぶ」という状態のありかと考えることで「雀が庭に遊ぶ」のように、(10d)も「田園」を命が消える状態の落ち着く先とみなすことで解釈可能な文となる。

先に述べた永続的か一時的かの区別が、私たちが日常の出来事や状況を把握するときの基本的な姿勢である可能性は高いと思われるが、この区別だけで格助詞の使い分けをしているのでも、ましてやこの解釈がプロトタイプだと捉えて使用しているわけでもない。ある解釈がプロトタイプに見えるのも、相当数の話者がそれを「典型的」だと知覚する、言い換えれば同じような状況で言語を使用し運用しているために、当該解釈が〈プロトタイプ〉と規定できるにすぎない。これも繰り返しになるが、「プロトタイプに基づいて表現している」

と言っても「表現の中にプロトタイプがある」と言っても循環論を引き起こす。それは、プロトタイプ的意味が表現に伴って発生するためなのである。

　以上のような考察は、今どういうアフォーダンスが生起しているのかが分かると表現の意味が理解できることを示している。それは、とりもなおさずアフォーダンスの発生過程の中に意味が反映されているからに他ならない。また、意味を理解するということが表現の過程を追っている行為そのものであることも言を俟たない。そのために、状況を想定することで解釈不可能な文が可能になったり、ある文から可能な状況を想定することができたりするのである。表現と解釈の双方向性（瞬時性）、表現・理解と状況の密接な連関、こうした振る舞いこそが言語を生態学的存在だとみなさなくてはならない論拠となっている。

4.1.3　言語規範に対する考え方

　以上の通りの分析を試みていくと、言語規範（バフチンの見解による「規則性」）は記号過程の中で理解されまた表現されるということが判明する。この過程という時間的な流れを人の成長という発達的な観点から眺めた概念が言語形成に他ならない。言語形成は、人の成長であると同時に言語の変化そのものでもある。言語形成を解明するための手段として、実際の言語現象を追う。それも、結果の意味論のように言語規範だけを明らかにするのではなく、また原因の意味論のように言語使用の根拠だけを追究するのでもなく、「意味としての言語規範」と「行動としての言語使用」が互いに影響（促進・抑制）し合うものとして捉え、互いの連続性を考察する。前節での議論は、まさにそうした考察を試みたものであった。使用から規則を明らかにしようとしても、規則から使用を明らかにしようとしても循環論に陥る。そうした従来の言語学的議論についてまわる欠陥を回避するために、「過程の意味論」という新しいアプローチを提唱した。

　過程を追う意味分析は、まさに生態学的言語論に含めることができる。だから、言語学習者に意味を理解してもらおうとすれば、そしてその意味を適切に表現する力を付けてもらおうとすれば、アフォーダンスを取り上げ、またアフ

ォーダンスを積極的に生み出す行動を促進することが肝要であるという主張が可能になる。たとえば、遊離数量詞を使用してもらおうとするならば、プロトタイプなどといった概念を取り上げる前に、〈コト的〉〈離散的〉〈未定〉〈対象に出会いながら数えていく〉〈バラ〉をはじめとする様々なアフォーダンスに接する、あるいはそうしたアフォーダンスを生み出す経験を経る必要がある。格助詞ニとデの使い分けを理解してもらおうとするならば、意味を無理やり伝授することよりも、違いが際立つ状況の中で〈永続的〉〈一時的〉〈着点〉〈領域〉なるアフォーダンスを知覚することが重要である。むろん、遊離数量詞や格助詞の意味記述をそのまま伝授することもアフォーダンスを取り扱うことと同等であるなら、一部の（論理的思考に長けた）学習者には有効に働く場合があってよいかもしれない。しかし、そのようないわゆる人工的なアフォーダンスだけでその場に応じた（臨床的な・特定的な）言語使用が可能になるとは考えにくい。「椅子」という単語を示し「それは座るものです」と教示しただけでは、当然「椅子」の意味を知ることはない。〈座れるもの〉を目の前にし、それを知覚できてはじめて「椅子」なる語の意味が分かるのではないだろうか。日常的にありふれた物品名称であれば、「図」や「絵」といった図像に訴えるのが最も手っ取り早い。このことは、言語教師であれば誰でも経験的に知っていることである。

　巷間で流布している「文法を教えなくてはならない」という言説、本稿2.3節で言及した教育文法の必要性は、文法が意味であることが了解されなければ本当は成り立たない。解釈項が言語の一要素であり、それを生み出していく過程が言語形成であり主体変容であり実践場面であるという考え方が活かされなければ、文法は単なる伝達物の域を越えられない。

　本研究上で論証しておきたいのが、言語規範が解釈項つまり意味だという点である。それは、従来の定説的な文法概念が意味に言及しなければ規定できないところから着手できる。たとえば、「音素」は意味の弁別に関与する音の最小単位と規定される。同様に「形態素」はある形態が意味をもっていると認められる場合で、その形をそれ以上細かくするとどんな意味も表すことができな

いものと規定される。さらに、［赤い］と［靴］があれば【赤い靴】という配列が確定するが、それは［赤い］が〈赤い〉を［靴］が〈靴〉を表しているためであって、それぞれの意味が判明しない限り先の順番に並べることなどできない。【形容詞＋名詞】という文法が記述できるのも、当該文法が意味に先んじて存在しているためではない。何が形容詞に相当するのか（形容詞とは何か）、何が名詞に相当するのか（名詞とは何か）が分かってはじめて規則化できる[46]。当然、品詞の確定においても意味に言及せずにはいられない。言語素材の3種類、／こえ／［かたまり］【かたり】の典型例でさえ意味に因らずば規定できないのに、他の文法現象など推して知るべしである。前節で議論した「数量詞」「格助詞」などは相当複雑な規則体系を成しているが、その体系を構成しているのは記述可能な規則群なのではなく、逐一の意味の発生であった。結局、「文法は意味である」ということになる。もし文法が言語現象説明理論であるならば、記号論から議論してもなおさら象徴的な解釈項に違いない。くどくなるが、文法が意味でないとしたならば、おそらく文法は言語現象を一切説明できなくなるであろう。それはもはや文法と呼ぶことができない。

　言語規範について生態学的な意味分析を妨げている最後の砦は、言語規範を能力とみなす議論である。特に、文法についての判断が認知的なものだということを前提としてしまうと、この仮説を批判できなくなる。

　しかしながら、判断の根拠が言語規範にあるという考え方は極めて不自然なものであることが分かる。

　仮に、判断の根拠が全て文法にあるとすると、文法を知っているから判断ができることになる。ところが、文法を誰からも教えてもらっていないのに判断

---

[46] 蛇足になるので本文中では繰り返さないが、万一「形容詞確定規則」なる形式だけで形容詞を定義できる原理（意味を除外して品詞を確定する規則）があったとしても、「形容詞は名詞に前接する」という規則がなければ語順を確定できない。当然、「名詞に前接するのが形容詞である」という規則の設定は循環論になる。この矛盾を解消するのは唯一、品詞と語順を同時に確定する規則がすべての言語現象に先んじて存在するという説明以外にない。生得説がその候補であることは言うまでもない。しかし、たとえ第2章で行った批判が適切でなかったとしても、半世紀ほど前には存在していなかった語（「ナウい」「きもい」「さぶい」など）が形容詞的に使用できる事実を生得説で一体どう説明するのだろうか。

ができる者がいる（たとえば主言語話者）。そうすると、その文法ははじめから当人の中に存在していなければならないことになる。しかし、残念ながら新生児は判断ができない。そう断言するのが不適切ならば、少なくとも判断できるかどうかを確実に確かめる方法がないと言える。すると、この時点で生得的な文法と経験的な文法に分けなくてはならなくなる。つまり、判断の根拠にできる文法とできない文法があることになる。ここで判断の根拠を全文法にあるとした最初の前提が崩れ、理論が破綻する。

　または、文法を経験的に覚えていくものだとしてみる。すると確かに文法を知っている者は、それを使ってある言語現象について自然か不自然かを判断することができる。新生児では判断ができず、成人も迷うことがある理由も、文法を完全に覚えていないからと言える。ところが、ここでも文法を教えてもらっていないはずの者が判断可能になる理由の説明ができなくなる。精確に教えてもらっていないのに判断できる者の存在が認められた時点で、先の前提が崩れる。判断の根拠の説明を経験説からはじめたのに、結果、生得説を使わなくては説明できなくなってしまう。

　したがって、論理的に議論をすると文法は判断の根拠にならないことが明白となる。文法とは、あくまでも形成の結果から設定した（あるいは発見した）ものでしかない。上の議論の根本的な問題は、文法を知らなくても判断できる者の存在と、文法を知っていても判断できない者の存在である。本研究の主張では、学習者毎に形成過程が異なるのは至極当然の現象だと考えられる。文法を知っているか知らないかの差にかかわらず、判断できる者はでき、できない者はできない。このことからも文法を判断の根拠にしなくてもよいということが判明する。文法自体が言語教育の内容にならないこともここから帰結する。

　文法性判断が言語表現に対して自然か不自然かを感じることだとすれば、記号に対する主体が施す一つの解釈と言える。解釈は広く意味のことであるがゆえ、言語の現れや事象から分離できない。分離ができないために、意味が形（代表）の先触れ（原因）になったり後回し（結果）になったりすることはありえない（前述したように恣意的に時間を切り取れば話は別であるが）。ある気持ちを

表するに相応しい形を探す「意味から形へ」の表現行為も、ある形に託された気持ちを汲み取る「形から意味へ」の理解行為も記号を生み出す過程での出来事にすぎず、原因－結果の関係にあるとは言えない。もし、意味が形の根拠になっているならば形から意味を推測する理解が誰にもできないことになり、逆に、形が意味の根拠になっているならば意味から形を生み出す表現がまったく不可能になる。意味が素材に付随するからこそ、表現も理解も可能になるのだ。

　この議論は、特定の言語を自然と感じるかどうかの判断自体が形成されることを示唆している。たとえば、日本語の言語環境において、無声歯間摩擦音と呼ばれる /θ/ は /s/（無声歯摩擦音）に比べてかなり「日本語らしくない」音に聞こえる。これは、/θ/ が周辺でほとんど耳に入らない一方で、/s/ が頻繁に聞かれることが大きく影響している。こうした過程を経ていくと、いつの間にか /θ/ について〈少ない〉、/s/ について〈多い〉に近い意味が発生してくるのである。また主体自らが、単純に多く聞いたり使ったりするという経験を積み重ねることによって、ある程度明確な判断ができるようになっていく。むろん、確実な判断をするためには、これだけではまだまだ不十分である。/s/ が［さ］にも［す］にも［そ］にも使われる、つまり〈他でも現れる〉という意味が形成されることも必要であろうし、/s/ と /θ/ と /z/ から成る群の中では唯一 /θ/ が対応関係をもたず〈バランスが悪い〉と感じることも必要かもしれない。一つ一つの素材についてどういう意味が形成されていくのかを網羅的に明示することはできないが、素材の生起する量である〈頻度〉、他所でも使われるという〈寄与度〉、バランスの程度を示す〈均衡度〉といった意味が形成されるだけでも、かなり精度の高い判断を下すことができるようになると推測できる。

　ただし、判断自体が形成されるがために、揺れが発生することは否めない。言い換えれば、どう解釈するかによって判断が変わってくる可能性がある。たとえば、［本の読む］と比べれば［本を読む］の方が自然に感じられることだろう。ところが、【本の読む辛さったらないね】のような配列の中だと、ほとんど違和感がない。〈箸の存在を示す〉ことに加えて〈そして存在しているのは何を隠そう箸なのだ〉という意味を表現しようと思ったら、積極的に【箸が

机の上にある】という「箸が」と「机の上に」の順番を逆転させた表現を使いたくなるのではないだろうか。【私のお父さんがいらっしゃいました】は敬語の使い方としては間違いだと言われるが、これも敬語に関する知識量の違いで判断をしているのではなく、〈父は私の身内〉で〈身内の者に敬意を表するのは好ましくない〉といった複合的な意味が形成されているか否かが判断を分けている。その証拠に、敬語体系を熟知していてもこの言い方をそれほど不自然と感じない者、逆に知らなくても【私の父が参りました】という表現に〈古風だ〉という違和感を示す者がいる。さらに、日本語でなければ、たとえば韓国語の場合（当該素材を韓国語で表現したものの場合）、前者の方を自然だと判断する主体が多くなることはよく知られている。このことからも、意味の形成が判断の形成であることが分かる。

　判断の根拠が意味にある、規範にある、性質にある、文法にある、というのではない。むしろ、判断そのものが規範であり、性質であり、文法であり、意味だと言える。前節までの議論によっても、意味は素材に付随することが判明している。さらに、素材は環境との切り結びの中で発生する。よって、判断を可能にするのは相互作用があってこそなのである。つまりは、文法性判断自体が記号過程、したがって言語形成だということになってくる。文法性判断がイチかゼロか（正しいか誤りか）という二項対立にはならず、細かい点になると必ず揺れが発生する理由も、以上の議論から明らかだ。すなわち、形成過程が主体毎にまちまちなので判断も主体毎に異なる場合が出てくる。

　ただし、/s/のような極めて小さい単位だけを取り出せば、図像的なものであるがゆえに、直接知覚をする主体の数自体が必然的に多くなる。すると、当該素材の意味も、ほぼ似たようなものになってくる確率が高くなるに違いない。そのため、/こえ/の素材は、ある言語らしさを著しく醸し出す結果となって現象する。この事実は、言語教育の内容を選択する上で深刻な問題を投げかけることになる。それは次章で考察する。

　文法は残念ながら記号の一要素にすぎない。だから言語教育の内容にはならない。また、文法は残念ながら言語自体とも言えない。だから、言語教育の方

法にもならない。そして、残念ながら言語形成を誰かの思い通りに決定することもできなければ、確実に予測することも叶わない。しかしながら、規範としての文法を、すなわち意味を形成していくことならば方法として採用が可能となる。これがハリデーの言う意味づくりである。さらに、記号過程を辿ることなら誰にでもできる。これが言語形成である。

　以上のように議論をしてくると、究極的に意味は教えることができないという結論に達するのも時間の問題になる。本研究ではそれが真だと考えている[47]。これまでの議論からも明らかなように、意味は素材の発生に付随するもので、意味単体を取り出すことができない。もちろん、言語を使って意味を表現することは不可能ではない。しかし、表現した瞬間に対象を伴い、代表として現れ、何らかの解釈項と結び付いた記号となる。この時点で、もはや意味単体とは言えない。よって、言語の意味を理解しようと思ったら、どうしても素材を介さないとならないことになる。素材を介するということはアフォーダンスを活用するということだ。

　本節では、当然、各種言語学用語の規定が妥当かどうかを議論したのではない。用語や概念を規定するのに意味が必要であること、そしてその意味は予め存在している先験的なものではないということを主張している。すなわち、「文法は意味である」（言語規範は解釈項である）ということである。精確性を期すならば、「意味によって規則らしきものが出現し、これを文法と呼んでいる」ということになる。文法が言語現象説明理論を越えられず、言語現象説明理論自体は言語実態ではないのは、意味を言語規範が生み出される記号過程中の現象として捉えているからに他ならない。

　また、「意味を教えても無駄である」ことを論じてきたのでもない。生態学的に考察していくと「意味が確定的に抽出できない」ことが明らかであり、そのために意味そのものを言語素材として取り扱うことが不可能だと言っている

47　「思考の形成や発達の課題を、知識、知的技能や習熟を獲得する課題にすっかり帰してしまうことはできない。実際、関係や意味を教授することはできないではないか。教授－学習の過程でできるのは、意味の解明だけである」（レオンチェフ, 1980, p.222）

のである。しかしそうであっても、私たちはアフォーダンスを直接知覚できる有機体なのであって、アフォーダンスを言語素材として実際に取り扱うことができる。それゆえに、アフォーダンスを知覚する行為が言語行為だと言ってもけっして過言ではない。だからこそ、言語教育では意味の発生を無視することが叶わないのである。「意味を教える」代わりに「意味を生み出す」活動＝意味づくりの重要性は、次章でも言及していく。

4.2　主体変容ついての意味分析

　学習者とは一体どういう主体のことなのか。素朴な疑問ではあるが、これまでの言語教育研究ではほとんど問われたことがなかった。「漢字圏学習者」「非母語話者」「年少者」「生活者」など様々な呼称が飛び交っているが、たいていの論考文では学習者をたった一つの名称の下に分類しアイデンティティを確定させてから検討を始めている。そこでは、前提として与えられた名称以外の在り方を示す可能性が否定されている。むろん、研究の方法論上、調査対象を絞らなければならないという要請あってのことであるから、当該研究で採用された方法論自体を非難しても仕方がない。しかしながら、言語研究では「それはどういう（意味を表した）言葉なのか」が盛んに問われるのに対し、言語教育研究で「その人はどういう（意味を表した）学習者なのか」が無視されるのは、いささか均衡を欠いているように思われる。生態学的に眺めると、言語では多様性を考慮するのに言語教育ではそれを度外視するという姿勢にも映る。言語の意味を確定させてからその意味を問うのは明らかに論点先取なのであるから、主体の意味を確定させてからその意味を問うのも極めて不適切な研究態度ではあるまいか。

　生態学的言語論では、これまでも議論してきたように言語も主体も同じ記号過程と考える。したがって、主体にも解釈項すなわち意味が発生するとみなしている。以下、こうした捉え方に則って学習者にまつわる意味分析の方法を考察していく。結論から述べれば、主体変容についても意味づくりが重要になっ

4.2.1 学習者分類の問題点

先行研究上の学習者分類を概観してみると、およそ年齢、水準、所属、言語種、意識的行為の有無、法的資格という6つの観点のあることが分かる（表4.1）。これまではあまりにも自明なものとして考えられてきたために、分類自体が恣意的であることに気が付かれなかった。学習者の多様性を捉えられない点にも問題がある。以下、本節で簡潔に分類の根拠とその問題点を示し、次節でこの問題を回避できる生態学的意味分析を試みる。

表 4.1　先行研究上の学習者分類

年齢	乳幼児（infants） 未成年者（children） 成人（adults）
水準	初級（beginner） 中級（intermediate） 上級（advanced）
所属	学生（students） 非学生（non-students）
言語種	母語話者（native speakers） 第二言語話者（second language speakers） 外国語学習者（foreign language learners）
意識的行為の有無	（狭義）学習者（learners） 自然習得者（acquirers）
法的資格	本国人（citizens） 外国人（foreigners）

・年齢による分類

言語教育研究では主にこの観点によって研究領域が大きく分割されていた。乳幼児の言語形成における研究が（心理学的）言語習得研究、未成年者の言語形成における研究が（教育学的）言語学習研究と呼ばれ、現在でもまったく別

の領域という認識がある。成人については、きちんとした研究領域さえ存在していない。クラッシェンが習得と学習を区別していたことは前述したが、これが定説になっていた背景には、年齢による形成の様相がかなり異なっているように見えたからである。実際にも、0～6歳くらいまでの乳幼児と、7～18歳くらいまでの未成年者では、形成過程に一定の違いがあることが知られている。その最も際立つ現象が、生後まもない乳児が行う「共同注意」と、2歳ごろからはじまると言われている「語彙爆発」、そして学校等での教育を通じて培われる未成年者の「言語運用力発達」である。

　しかし、それぞれの時期に特徴的に見られる言語発達の様相が、本当に他の時期では存在すらしない現象なのかと問われれば、そうではないことが見えてくる。

　共同注意は新生児期の専売特許ではない。ヴォロシノフの対話（本稿3.1.1節）がまさに成人同士の共同注意の事例である。成人であれば、日常的な会話の中で逐一何らかの物体を見つめては了解を確認し合うなどという回りくどい作業はさすがにしていないと思われるが、一方が相手とは違う何か（たとえば心情）に気づき、（うまくいくかどうかは別として）相手に対してその何かに注意を向けさせようと画策することは日常茶飯事である。相手の言っていることが分からないとき、それは何のことなのかを探るべく注意を向けるべきものは、自分も相手も気にしているという点で共同注意の向かう先と言えよう。また、爆発的な語彙の増加が幼児期にしか観察されないのが事実とはいえ、他の時期でまったく増加しないのかと問われるとそれは否と言うしかない。さらに、未成年者の言語形成は主に学校等の場で変わっていくように見えるが、類似した変化、少なくとも4技能（話す・聞く・書く・読む）の活用および進展は幼児期にも成人期にも見られる。

　要するに、共同注意・語彙爆発・言語運用力発達の存在は、程度問題である。程度が大きいためにある特定的な時期が研究対象になるが、その時期での研究対象になっているからと言って他の時期で当該対象が発生しないことにはならない。乳幼児、未成年者、成人と区分する基準はあくまでも年齢にあり、際立

つ現象の存在の方ではない。

・水準による分類

　たとえば「中級」という言い方は何を示しているのだろうか。学習者の力量が中庸であることを示したものか。あるいは、内容の難しさが中程度であることを示したものか。確かに「あの学習者は中級だ」と言った場合、中級の力があるという意味にも、中級の内容を勉強中だという意味にも解することができる。しかし、それらを「中程度」だと決める基準は何なのか。中級の力があるということは中級の内容なら理解することができるという見方が可能だが、その一方で、中級の内容を理解することができれば中級の力があるとも言える。力量の多寡が内容の難易で決まり、内容の難易が力量の多寡で決まるというのであれば、論理上水準を確定することができないことになる。現実的にも、力量を測定するときにはそれに相当する内容を使ってテストをし、内容の難易度を測るときにはそれに相当する学習者をもち出す。どちらにせよ、「それに相当する」の「それ」がどのようにきまっているのかが定かではない。

　もし、本当に内容の難易や力量の多寡によって学習者分類が可能であれば、主言語話者でも当該観点による分類ができてもおかしくないことになる。ところが、実際には主言語話者を「初級」「中級」「上級」などと呼び分けることはしない。その理由は明らかで、主言語の水準を内容の難易や力量の多寡によって決められないためなのである。無理に決めようとしても「誰にとって」の「どういう場合」の水準であるかが明確でなければ、主言語について単に難しいとか力量があるなどと断言するのは極めて不適切である。

・所属による分類

　学習者がいる所ということだけを考えれば、分類を行うのは容易である。小学校・中学校・高等学校といった公的機関にはじまり、外国人学校や民間の語学研修所、さらには地域の自治会や有志団体等が開設している所、企業内の教育機関からNPOといった組織が設けている所、あるいは特定の場所でなくて

も教師等が出かけていけば教室と呼ぶことができる。また、ラジオやテレビの語学番組を視聴できれば、まさにそこが学習の場になる。

　このように学習者の所属場所は数限りなく存在しているが、学習者を分類する段になると教育機関に属しているかいないかが殊更に強調され、「学生」と呼ばれる者が存在する場所とそういう者がいない場所に分割される傾向にある。所属分類が問題なのは、この点である。

　一口に学生と言っても「大学生」「児童」「生徒」「弟子」「参加者」「参与者」「顧客」などのようにさらに細かく分割することは可能であるが、大事なのは学生かそうでないかの違いが果たして本質的なことなのかという論点である。

　先ほど列挙した場所を眺めてみると分かるように、学生のいる場所にはほとんどの場合「教師」（もしくは教師と同等の役割を果たす者）と呼ばれる人がいる。（来訪者は別として）学生がいない場所、たとえば、市役所なり郵便局なりには教師もいない。教師がいないということは、何かを教えることを明確な目的とした立場の人がいないということであり、その「何か」も表面上存在しているようには見えない状況である。そうしたものが目に見える形で現れている場所が「教室」と呼ばれる。反対に、教師や教える何かが存在しない、もしくは分からない状況は教室ではないことになる。したがって、学生かそうでないかを区別している基準は、当人が教室と言える所にいるかいないかによる。もちろん、特定の者が生涯同じ場所に留まっているわけにはいかないので、教室を出てしまえば学生と呼ばれない可能性は高い。ただ、たとえ教室外にいたとしても、その教室に所属している者だという意識があれば学生と呼ばれても違和感がないだろうし、所属している者だと気づけばその人を学生と呼ぶことができる。これを本稿での議論に適用すると「学生」というのも主体のイメージの一つ、すなわち主体の表現型としての「自己」だということになる。

　そうすると、学生でなければ学べないというのはまったくの筋違いということになるだろう。「対人的自己でない者は言語形成ができない」などということが極めて不自然である（たとえば生態学的自己でも間違いなく言語を形成できる）

のと同様、「学生でない者は言語形成ができない」という言い方もできない。現実的にも、幼児は学生とは呼ばれないが言語を形成する。ところが、「学生」という分類基準をもち出した瞬間に「言語形成を専らの生業としている者」とみなされるのが落し穴になっている。言語形成は、学生であろうがそうでなかろうが誰にでも可能なもののはずである。学生であることを特段に強調しすぎると、この「誰でも学べる」という事実が軽視されてしまう。確かに、教室に存在するということだけで効率的な言語形成が期待できるかもしれない。しかしながら、効率的かどうかは方法の問題であって、学習者の質の差ではない。ここを勘違いすると学生でないことが形成の不利に働くという事態を招くことになる。

・言語種による分類

　言語教育におけるもっとも大きな括りが、母語（第一言語）と第二言語（外国語）の区分である。その根拠は個人が獲得することになる言語の性質の差だと考えられている。一般的には「幼児が最初に習得する言語を第一言語と言う。これに対して、第一言語が確立してから、意識的に学習する言語を第二言語と言う」（高見澤, 2004, p.8）という見解があるだろう。

　しかしながら、この通説には疑問点が多すぎる。言語種自体の区分が「獲得順」という位相（phase）、「習得か学習か」という様相（modality）、及び「社会の中での位置」という権威（authority）で裏付けられ、おおよそ言語の性質とは言い難いものを根拠としているためである。

　獲得順だけで言語種を確定するには無理がある。生後初めて獲得したものがあってもそれを途中で忘れてしまった場合の言語、あるいは別々の母語を使う両親の下に生まれた子の最初に話し始める言語、さらには2つ以上の獲得言語がある場合の言語、いずれもその特定、少なくとも第一番目の言語か第二番目の言語かの特定をすることは不可能である。

　獲得の様相とは、次の「意識的行為の有無」による分割である。後ほど指摘するが、習得するのが母語、学習するのが第二言語という規定はできない。

権威の有無で言語種を規定するという考え方にはさらに輪をかけた不自然さがある。この区分は、下の法的資格の観点にも関連する。第二言語という用語が取り上げられるケースというのは、たいてい、ある者の運用する言語が当該社会の中で少数派に属すると認められる場合に限られる。周囲で生活を営む大多数の人がその少数派言語とは違う言語の使い手であり、使い手の多くが少数派言語を理解することができない。論理上は大多数の使用言語に対する少数派言語も第二の言語と呼んでおかしくないのであるが、通常少数派言語のことは第二言語と言われない。つまり、実質的に「第二」が「主流」と解されているのである。

　付言すると、上述の社会的位置付けのみで規定したものが狭義の「第二言語」であり、それと区別するために用いられているのが「外国語」という用語である。しかし、この外国語という呼称にも難点がある。その最たるものが、国と言語が完全に一致している地域はないという世界的現状を度外視しているところである。確かに、日本社会のようなほとんどの者が同一の言語を話していると考えられている地域においては、当該語以外の言語は「外国語」になるであろうし、その呼び方を適用した方が便利であるという側面はある。大多数の日本人が学校で習う英語のことを第二言語と言わず外国語と言う点からも、その利便性がうかがえる。しかし、社会の構成員が全員同じ言語を使用するということは現実的にありえない。

　以上の議論から、学習者を分類するために言語種名を冠しても、その区別はまったく不適切なものとなる。

・意識的行為の有無による分類
　これが習得と学習の捉え方の隔絶である。習得と学習がまったく別次元の様相だと信じられてきた背景には、心理学的な言語習得研究と教育学的な言語学習研究が互いの成果を顧みることなく展開されてきた歴史が横たわる（特にクラッシェン・テレル（1986）以降）。習得研究では、無意識的（自然）に獲得した場合を習得とみなし、意識的に獲得した場合を学習とみなす。一方学習研究で

は、学校や教室といった教育施設や制度、あるいは一定の教授者、もしくは権威ある教材等に基づく内容の存在を前提とし、その前提の下で行われる行為を学習とし、当該前提のない場合を習得とする。さらには、後者を完全に度外視する研究が大半を占める。そのために、両領域間で術語の定義が一致しないのはむろんのこと、たとえば教室内で無意識に言語に触れる可能性や学校外で意識的に言語を操作する可能性などは考察から除かれていた。

　一見この観点による分類と所属による分類は混同されがちで、学生であれば（狭義の）学習者であり、学生でなければ自然習得者であることがほぼ常識のように語られる場面は多い。しかし、実際にはそう簡単に割り切れない実情がある。「第二言語習得（Second Language Acquisition）」という呼び名があること自体がそれを示している。これは、従来の定義で「意識的な習得」という矛盾した言い方になっている。これまでもそうした割り切れない実情を鑑みて、学習者を分析する際には、どこに所属するのか（＝どんな内容の教育を受けるのか）という問題とどんな行動をするのか（＝どんな方法で教育されるのか）という問題が別々に議論されてきた。ところが、次第に前者の問題は、指導者や体系的な教育制度の有無を学習者の分類に適用することへと発展していった。一方、後者の問題は、意識的に学習するのか無意識的に習得するのかという区分に進展していった。結果として、教育学的な学習研究と心理学的な習得研究とに分断されてしまうという学問的分離主義が跋扈することになった。皮肉なことに、学習研究上では「意識的行為の有無」を「所属」に含め、習得研究上では「所属」を「意識的行為の有無」に含めるという取り扱いをしてきたために、二つの観点が完全に混同されてしまっている。研究目的は異なっているのに、手段（学習者の分類）が一緒なのである。学生か非学生かの区分を独立変数に採用し、（当然出てくるであろう非学生の従属変数の有意差を）意識的に学習しなくても習得する部分があるという結論にすることなど、論点先取の禁じ手以外の何物でもない。

・法的資格による分類

　法律によって学習者を区分することは、倫理的にとても危ういところがある[48]。裏を返せば、学習をいかようにも制限できてしまう可能性を含む。そうしたことが起こらないように、憲法でも表現の自由と教育を受ける権利が保障されているのだが、それでも問題は憲法上の「国民」の解釈にあるだろう。日本に限らず地球上におよそ国というものが存在する限り、どこの国にも最低限「国内の人」か「国外の人」かを峻別する規則が（成文化しているかどうかに関係なく）あることも事実である。国境のなくなることが人類の理想だとしても、なくなったら何が起こるか誰にも予測できず、そうした事態に対処する知恵もまだ人類には十分蓄積されていない。おそらく、現世界の制度は、極端な混沌状態になってしまうことを恐れる漠然とした不安の上に成り立っているものなのだろう。ぎりぎりのところで、なんとか均衡を保っていると言えるのではないだろうか。

　法律的には、国内の人を「本国人（内国人）」、国外の人を「外国人」と呼ぶ。もちろん、これらは直接学習者を区別するものではないが、事実上、教育がこの区別に則って行われていることは否定できない。ただし、その違いは言語種による学習者分類が及ぼす影響と別に考える必要がある。当然のことながら、外国人というだけで特別な言語教育を行うことはできず、本国人というだけで主言語教育を他者と同じように行ってよいかは検討を要する。つまり、ほとんどの場合、言語種と法的資格は一致しない。法的資格だけを根拠にして形成の質を変えることは許されない。

　本研究でも現実から目を逸らすことはできない。本国人・外国人という区分がれっきとして存在することは事実であるがゆえに、この区分をどのように捉えるべきかを建設的に考察すべきである。他の区分と同様、分割を前提として教育の内容や方法を議論することはできない。

---

[48] 第5章で取り上げるが、外国人を国内の学校に受け入れる際には様々な障害が発生し、多方面からの配慮が必要になってくる。当該国での教育内容や方法をまったく変えずに実施することは不可能で、そうした意味でも「異なり」が発生するのは避けられない。

4.2.2 学習者の意味

さて、前節で学習者分類の問題点を考えてきたが、いずれの分類も学習者の多様性を捉えきれていないことが明らかになった。むしろ、学習者の意味（学習者とは誰のことなのか）を一義的に固定化する仕組みのようにも見えてくる。それでも、それぞれの学習者名称にはそれ相応の在り方、つまり意味が託されている。そこで学習者に対しても意味分析を施してみよう。

年齢にはある言語に接してからの時間経過が含まれている。水準にも、前節で議論したように経過と相関する側面がある。乳幼児と未成年者の間や、初級と中級の間に明確な境界線が入れられないのも、時間的な連続性があってのことである。さらに、所属や法的資格が変わる際にも経過がまったく関係しないわけではなく、言語種についても時が経てば主流語を主言語的に感じるようになる可能性がある。こうした関係の仕方はかなり漠然としているが、学習者の変化に時間的側面のあることは否定できない。

言語種の違いについても複合的な側面が関与している。特に、観察が容易な物理的相違が顕現していると、その違いに相関して学習者の様相も多様になる。端的に「何語を学ぶ者なのか」の違いが学習者の異なりに繋がるということである。言語種と認識されない違い、たとえば方言や言葉遣いといった異なりの現れでさえ学習者の多様性を示すものとなる。さらに、言語種に限らず「何を」取り扱うか（何を学ぶか）が学習者の在り方を左右する。学習者の多様化に内容的側面のあることも否定できない。

そして、居場所が変われば学習者も変わる。法的資格の違いも大きく捉えれば所属の差である。また、意識的行為の有無も、行為自体の人為性すなわち他者が多く介在しているか人工的な素材を多用しているか等の違いを考慮していくと、教室という人手が介在している所で学ぶか否かの違いにも匹敵する。もっとも、人為的だから意識的だ自然的だから無意識的だと、あるいは人為的だから経験的だ自然的だから生得的だとはけっして言えない。だから、意識的行為の違いについてもやはり複合的に考えなくてはならない。いずれにしても、どこで学習を行うかという空間的側面が学習者の多様性を生んでいることには

変わりない。

　以上の3つの側面、時間的・物理的・空間的側面は、記号の3範疇にほぼ相当する。もちろん、時間性が第一性、物理性が第二性、空間性が第三性という規定ではなく（本稿3.1.1節のパースの定義を参照）、それぞれの範疇概念に各側面が他の側面に比してより強く関与しているということにすぎないのだが、記号のタイプの多様性を発生させる背景として3範疇があるのならば、学習者（主体）の多様化にも当然関与していると考えなくてはならない。言語の代表については、すでに時間的な制約を第一性、物理的な制約を第二性、空間的な制約を第三性に相当させた（本稿3.1.1節）。自己（主体の表現型）については、主として年齢が生態学的自己に、主として何を指し示すかや他者の存在を踏まえての認識が対人的自己や拡張的自己や私的自己に、自分の居場所（アイデンティティが保障される場所）がどこにあるのかを象徴的に感じることが概念的自己に関係している。このように学習者の3つの側面には記号範疇との相関がある。

　従来の学習者分類が恣意的であったのは、学習者の多様性を発生させる背景に言及がなかったところに求めることができる。最初から中級者とか、学生とか、第二言語学習者などという分属が決まっているのではなく、経緯や言語や居場所がまちまちな学習者に対して教育側（フレイレの言う抑圧者側）が効率性等の都合で勝手に名付けてしまっていたのである。むろんこうした述べ方は極端であって現実的には学習者のための分類基準である可能性もあるのだが、将来的に学習者の多様性に応じて展開していく教育的営為に結び付けるためにも、学習者の意味の既存性に対しては批判をしていかなければならない。まずはここで、学習者の多様性を生む背景に記号過程があるということを再強調しておこう。特に、変容にかかる時間的側面、言語内容といった物理的側面、居場所といった空間的側面およびそれらの連続性が学ぶ主体の多様性を発生させている。このことを模式的に表したのが次の図である。

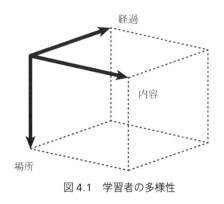

図 4.1 学習者の多様性

　図 4.1 では便宜上時間的側面を「経過」、物理的側面を「内容」、空間的側面を「場所」と表記しておく。このようにすると、学習者は、経過の連続性、内容の連続性、場所の連続性を軸に構成される座標上の、あらゆる位置に顕現する主体だということが見えてくる。ただし、表示と同じく図示にも限界があることに留意しておきたい。殊に、矢印で示すとどうしてもベクトル量が想起されてしまい、線が長くなればなるほど内容や場所の「量」が増えるように見えるのだが、この図で重要なところは学習者のタイプの特定に複合的な側面が関与しているという点である。同時に、学習者（の意味）が一義でないことを表している。たとえば、「非漢字圏学習者」と呼ばれている者でも、言語学習歴は長短様々で、どんな日本語を（あるいは日本語以外にはどんな言語を）学習してきたのかにも違いがある。それでも生育場所が主に漢字を文字として使用してきた地域だったというだけで当該名称を与えられているにすぎない。あるいは、「中級」と呼ばれている者でも、それまで用いてきた教材はまちまちで、どこで勉強してきたかも大きな異なりがある可能性があるが、現時点（n）での総学習時間や学習項目等の取り扱われている内容および学習場所が近隣の学習者とほぼ類似しているために、そう呼ばれているだけだろう。「外国語学習者」の場合は、経過軸上の位置（学習者となって何年経っているか）も、内容軸上の位置（何語を主言語としているか）も、場所軸上の位置（学校等の場で体系的に教育を受けられるかなど）も様々なケースが考えられ、一括りにできない学習者であ

る。「外国人」の場合は言うに及ばない。反対にこうした事例とは違い、学校教育における「児童生徒」と呼ばれる学習者は著しく均質化している。「小学校五年生」などと呼ばれた瞬間に、経過と内容と場所がおおよそ特定されてしまう。しかし、この図が示しているのは、これまでの人生をどこで（場所）どう過ごし（経過）、何を経験したか（内容）によって自己が大きく変容するという事実である。つまり、ある時期の主体を特定する（分類する）ことは可能だとしても、学習者の本質的な多義性を画一化することは抑圧行為に他ならないということである。学習者の意味は、当然、変わっていく。時間的な長短の差はあれども一生涯変化しないということはありえない。それが、経過と内容と場所の連続性、つまりは記号過程なのである。

4.2.3　学習者の変容

　当該学習者にどのような意味があるのかを探ることは、学習者を一義に特定することではなく変容を追っていく過程である。もちろん、意味分析を行うことで学習者のある時点での在り様も記述できるが、当該分析で一層重要なのは、学習者がどのように変容しているかを知ることである。そして、変容を知る意味分析は、支援者だけが行う特権的な行為ではなく、学習者自らも知覚可能な過程である。以下、意味分析が明らかにする学習者の変容を考える。

　ヴァンリアやエンゲストロームがZPDを記号過程に、言い換えれば主体変容に匹敵させる論考を展開したのは先に議論した通りである。特にヴァンリア（van Lier, 1996）のZPD拡張論では、主体がどのような実践場面において変容していくのかが極めて明快に示されている。もっとも、変容が起こりうるところを空間的な「場」と捉えている論考はZPDに限らない。哲学的な議論においては、環境や場面といった概念について客観的な在り方として捉えることに否定的な見解が多くあり、むしろ人が積極的にかかわってこそ構築されることが各所で謳われている。たとえば、イリイチの「入会（commons）」（イリイチ, 1991）とは、共同体の構成員が共有するものとしての環境のことである。様々な人々が様々な目的で使用可能な場所とされ、たとえ共同体であっても所有す

る資源とはみなさない。K. レヴィンの「生活空間（life space）」(Lewin, 1943) とは、人と環境が相互作用することで行動が生起する全体的な空間・事態のことである。メルロ - ポンティの「生きられる空間（espace vécu）」(Merleau-Ponty, 1962) にしても、単に客観的に存在するものとしての空間（入れ物としての空間）ではなく、人が自ら行動でき認識できる居場所が相当している。また、バフチンの「クロノトポス（chronotopes）」(Bakhtin, 1981) にも（小説中の）出来事が展開される特権的なところとしての捉え方があり、出来事が（人によって）意味付けされる時間と空間の融合した重要な場として分析される。ヴィトゲンシュタインの「生活形式（forms of life）」(Wittgenstein, 1958) にも場としての、特に言語使用者が意味を備えるようになる基盤としての含意がある。そして、P. ブルデューの「フィールド（field）」(Bourdieu, 1991) にも、行為者によって組織化され構造化される空間だという捉え方がある。

　これら諸概念を抱合していくと、次のヴァンリアが描いた図に収斂すると考えられる（図 4.2）。

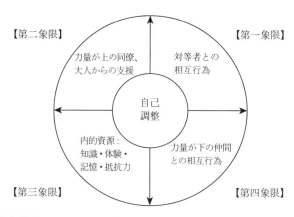

図 4.2　記号過程としての ZPD（van Lier, 1996, p.194, Figure23 を改変したもの）

この図の読み方は次の通りである。まず、第一象限だが、これはブロンフェンブレンナーが「二者関係の一方が発達的変化を経験しているならば、他方も

第 4 章　意味分析の実際　155

また発達的変化を経験する（ブロンフェンブレンナー, 1996, p.71）」と主張したものに匹敵する。いわゆる同程度の力のある者が一緒に行動する過程である。この対称関係の原理自体は目新しいものではなく、以前にもピアジェが謳っていたことが知られている（ただし、ピアジェの論述は極端で、対称的でない関係では逆効果になる可能性があると述べてもいる（Crook, 1994, p.138））。

> H: can I try that?... I know why... I know why... that's like.. because the north pole is on this side and that north pole's there... so they don't stick together
> （こうしたらどう？分かった………分かった………こうするんだよ………このN極をこうしてこっちのN極をこうすると………ほらくっつかない）
>
> D: what.. like this? yeah
> （えっと……こうするんだね？うん）
>
> H: yeah.. see because the north pole on this side. but turn it on the other.. this side like that... turn it that way.. yeah
> （そう……見て・こっちのN極だからだよ……これをひっくり返して………こうして………ひっくり返すと………ほら）
>
> D: and it will stick
> （くっつく）
>
> H: and it will stick because. look.. the north pole's on that side because..
> （N極が反対だから……ほら・くっつくんだよ）
>
> D: the north pole's on that side yeah
> （N極が反対かぁ）　　　　　　　　　　　（Gibbons, 2002, p.44: 筆者訳）

ギボンズが取り上げた上の事例は、H（Hannah）とD（Daniella）という2人の小学生が磁石の性質を勉強している場面である。まさに、どういう場合にくっつきどういう場合にくっつかないのかという磁石の謎が、2人の間で解き明かされようとしているところだ。教えられなくても学んでいく様子が実によく現れている。このように、第一象限は「共同的ZPD」と呼べる場面である。対等の立場にある者が試行錯誤を経て、ときには同意と反発を繰り返しながら、互いに理解できる表現を交わしつつ徐々に自分たちの思考を明瞭なものにしていく。2人の使っている「くっつく（stick）」「くっつかない（not stick）」とい

う表現が、やがて「吸引」「反発」という高度な概念になっていく。

　第二象限は、関係性が非対称的になる一般的な支援の場面である。ただし、教師が教壇に立ち生徒が各自の机に張り付いてじっと話を聞いている、という場面に限らないことは言うまでもない。「正統的周辺参加」(Lave & Wenger, 1991) の場面や、「徒弟制」(Rogoff, 1995) の場面もここに相当するだろう。

　　母 : Did Billy have his egg cut up for him at breakfast?
　　　　（ビリーは朝食のとき卵を割ってもらった？）
　　子 : Yes, I showeds him.
　　　　（うん、見せたるよ。）
　　母 : You what?
　　　　（なにをしたって？）
　　子 : I showed him
　　　　（見せたんだ。）
　　母 : You showed him?
　　　　（彼に見せたの？）
　　子 : I seed him.
　　　　（彼を見たった。）
　　母 : Ah, you saw him.
　　　　（あー、見たのね。）
　　子 : Yes, I saw him.
　　　　（うん、見たよ。）　　　　　　　　　　　　　（ビアリストク・ハクタ, 2000, pp.37-38）

　これは、ビアリストク・ハクタが言及している幼児が母親と会話を交わしている場面である。「見た (saw)」という表現に至るまでに「見せたる (showeds)」「見せた (showed)」「見たった (seed)」と変化していくが、母親とのやりとりを通して、最後にようやく安定した表現を使うことができた。母親は直接「見た、と言うのですよ」と教示しているのではないが、養育者として辛抱強く子どもの言わんとしていることを探っている。その結果、その子は表現できなかった状態からできた状態への移行を遂げることができたのである。このように、熟達した者の存在が未熟な者を導く際の過程はヴィゴツキーが当初提唱してい

たZPDである。ただし、その後のZPDの議論においても、ここで取り上げた母親と子どもの力量の差のことを「距離」と定義されてはいない。前述したように、エンゲストロームの規定がヴィゴツキーの理論を発展的に継承している。そこでの距離とは、子ども自身が明示している形成上の過程のことである。端的に知識量の差だと捉えてしまうと、あたかもその差を埋めることが教育の理想だと誤解されかねない。

　第四象限についてだが、この場面は、ラテン語の格言でも知られている「教えることで学ぶ（Dum docent discount）」過程だと規定できる。二者に限って見てみると非対称的な関係にあるという点で第二象限の場面と類似しているが、実際には二者の関係は流動的である。先ほどのHとDのやりとりを考えてみても、もしかしたらある瞬間ではHの力量のほうがやや上だったかもしれない。また、母と子の会話にしても、最終的に子どもの言いたかったことを理解した、という意味では母親の形成過程を示していることにもなる。

> 私たちが教える立場なのに、緊張してしまって、うまく言えなかった。その人たちが上手なので、私たちが教わっているみたいだった。ゲームの時、みんなが楽しんでくれるか、どきどきしてたんだけど、楽しんでもらえてうれしかった。
>
> 　　　　　　　　　　　　　　　　　　　　　　　　（土屋, 2005, p.107）

　上の場面は、ある日本人児童（小学4年生）が語った、技術者研修のため東南アジアから来日した（大人の）学生との交流を終えた後の感想である。この児童は、日本語に触れてからまだ3週間ほどしか経っていない研修生に比べれば口達者とも言え、表面的には日本語を教えるという立場にあった。ただ、ここで実際に起こっている出来事は、立場の逆転ではなく教える（に近い）行為と併行する学習の発生なのである[49]。少なくとも、本人には「教わった」とい

---

[49] 児童らに教師の役目をすべしという指示ははじめから与えられていない。学生側も子どもらと楽しく交流をするのが目的であった。よって、教える者から学ぶ者への立場の逆転という状況が起こったという見方は適切ではない。学生らにも、自分が教師になったという感覚はなかったと考えられる。

う気づきがある。その点で、学生に接するという機会が自分の成長に寄与した例だと言える。次の例も同様である。

> 「今日何時に起きましたか？」と学習者Aさんに質問したとき、彼の返事を一瞬、日本語がよく解からず間違って答えたのだと思った。再度聞き返して、今日はまだ寝ていない、夜勤明けで勤務後まっすぐ、教室に来て勉強しているということがわかった。夜勤から帰って、疲れているだろうに寝ないで日本語の勉強にきていることにビックリすると同時に、「三交代勤務」という働き方が今の日本にまだあったのだということにも衝撃を受けた。 （土屋, 2005, p.47）

感想を寄せた当該支援者のように、教えながら学んだ経験をもつ者の存在は枚挙に暇がない。しかし、私たちは諸行動に没入しているときに、常時「今教えている」「今学んでいる」などと明確に意識できるわけではない。むしろ、気づかない場合が圧倒的に多い。比喩的に述べれば、空気が生きるために絶対必要なものであっても、その存在に逐一気がついていないことと同じ現象である[50]。

最後に第三象限についてであるが、ここは自分との対話とも呼べる場面である。当初のZPD概念にはなかったが、その後の議論を追っていくと、内的資源とのやりとりの重要性についても語られていたことが分かる。

> 生徒が学校で習った方法に従って家庭での問題を解決するときには、教師がそばについていることはないけれど、一緒に行動し続けている。
> （Vygotsky, 1987, p.216: 筆者訳）

「一緒に行動」しているかのような仮想的な教師の役割は、この生徒が以前に実在する教師から受けた経験と同じものである。つまり、外的なものが内化する過程も学習者の変容と言える。これは、ヴィゴツキーがピアジェとの論争で重点的に取り上げていた「自己中心的言葉」の「内言」化過程に匹敵するだ

---

[50] 呼吸をする度に意識しなければならないとなると、とてもまともな生活を送ることなどできない。人は呼吸以外にも意識すべきことが山ほどある。

ろう。内言の機能についての詳述は割愛するが、主体内にも形成に資する豊富な機会があることを確認しておきたい。

　以上のように、主体の変容過程がZPDであるという視座を得ると、主体自らが自分の変容に積極的に関与しているように見えるところと、何かに支えられて形成が進展しているように見えるところの存在が判明する。前者の場面が一般的に「学習」と呼ばれる過程だ。後者の場面が「支援」（指導・教授）となる。ところが、実際の実践場面においてはそれらの存在が相補的である[51]。すなわち、学習があるところ支援もあり、支援のあるところ学習もある。さらに、厳密にどの部分が学習でどの部分が支援なのかを指摘するのは難しい。それは、本節の事例を取り上げるまでもない。一見、支援のない学習というのも存在しそうだが、図4.2の第三象限も形成過程だとすると、いわゆる独学においても必ず何らかの相手（資源）が存在することになる。

　主体の変容において必要なのは、学習と支援との区別ではなく、そのような行為が発生する場面、つまり、何らかの（他者を含めた）資源との相互作用の場面である。これがZPDと言えよう。

　主体としての学習者は環境との切り結びの中で調整を行う。調整という行動は単純な拡張だけではなく、凝縮にも向かう「深化」や「専門化」への道筋もありえる[52]。拡張に相当するのが言語素材の創出や活用機会の多様化だとすると、凝縮に相当するのが言語素材の再利用だったり活用方法の単純化だったりする。いずれにせよ、主体が環境と相互作用をすると、その分アフォーダンスの選択肢が増えていくが、一方で多様なアフォーダンスの中から一つ一つ選択する必要性も生じてくる。この拡張と凝縮を繰り返す行動がまさに言語形成で

51　医学における治療と治癒の関係に匹敵する。たとえば、「自然に治った」場合でも「自然が治した」わけではないとは言い切れず、「医者が治療する」場合でも「患者の治癒力」がなければ治らない。関連して、患者のいない医者がありえないのと同じように、生徒のいない教師もありえず、買い手のいない売り手もありえない。「存在が相補的」だというのはこうしたことである。
52　これら2つの方向性は、バフチンが唱えた2つの力にも相当する。前者が創造性・多様性・開放性を表す「遠心的力」、後者が均質性・画一性・統合性を表す「求心的力」である（バフチン, 1996, p.30）。

ある。このように、主体変容が言語形成と等価であることによって、当の学習者も自らが変容していることを言語の変化で知覚することができる。換言すると、意味分析の過程は自己理解の過程にもなる。

意味づくりを謳うハリデーは、次のようにも述べる。

> 子どもが言語を学ぶときには、単純に数ある学び方の一つに没入しているのではない。むしろ、学びそのものの基礎を学んでいるのである。人の学習に特徴的なのは意味づくりのプロセス、すなわち記号過程である。そして、その記号の典型的な形が言語なのである。こうして、言語の個体発生は同時に学習の個体発生となる。
> 　　　　　　　　　　　　　　　　　　　　　（Halliday, 1993, p.93: 筆者訳）

この主張に関して、たとえば次の例を挙げている。

> ハトが群れを成しているところから、突然大きな羽ばたきの音がする。
> 子：（頭を上げ、あたりを見回し、甲高い声で泣く）
> 母：うん、トリだねぇ。ハトだねぇ。うるさいねぇ！　　　　　　（同著, p.95）

この子どもは生後6ヵ月の乳児だが、今この瞬間に「羽ばたき」について〈うるさい〉に近い意味を生み出した。もちろん、この意味は私たちが普通に表現する「うるさい」とは明らかに異なっているであろうし、母親にも特定することは叶わない。いわば第一性的な意味である。ここでの乳児にとって重要なのは、意味を特定することなのではなく（万一成人の言語で表現できたとしても羽ばたきの解釈には何の役にも立たない）、意味がどのようにつくられたのか（発生したか）という過程の方である。間違いなく、羽ばたく音と乳児と母親との相互作用によって、この場での羽ばたきとは何のことなのかが了解されている。母と子の理解の「共有」はないが、理解の「発生」がある。互いの理解は、相互作用によって意味が生成された成果と言えよう。

生後10ヵ月ごろになると、指標的な行為が発生する。たとえばおもちゃを握って離せば〈ほしい〉、軽く触れるだけなら〈いらない〉、長めに強く触れれば〈やってやって（目の前でくるくる回すような動作を続けてほしい等）〉という意

味だと（少なくとも養育者には）了解できる。乳児を学習者としてみると、言語と呼べる発声をする以前から試行錯誤を繰り返しつつ意味を生み出している様子が観察可能である。

　1歳を過ぎると、一定のイントネーションのパターンを使い分けることによって異なった意味をつくり出すようになる。たとえば、「ママ」や「パパ」と発声して養育者に呼びかける場合、中－高という抑揚で発声すれば「どこにいるの？」という問いかけに、高－低という抑揚で発声すれば「あっ、いた！」という確認を表現することになる。これらは音調パターンで意味を生み出し分ける、つまり象徴的な記号をつくり出す行為と言える。ハリデーはこの時期のことを言語の複雑なシステムに入っていく「魔法の入口」と呼ぶが、主体変容過程にはこうした劇的な変化段階が他にも2つほどあると述べている。

　2つ目の入口が「対人的な入口」で、対人的な相互作用の中から新たな意味を紡ぎ出していく時期とされる。この時期には、次のような行為が際立つ。変な音を耳にして「こわいよー」と言いながら養育者に駆け寄る子どもの行為は未知情報の表出、いじって遊んでいた毛虫が突然動かなくなったことについて相手と語り合うのは「死」を意味付けするという新しい体験への参入である。「（触れると手を切るから）包丁は危ないよ」「（道にいきなり飛び出すと）車にひかれちゃうよ」などという表現は、論理関係の把握と言える。ここには推論と呼べるほどの正確さはないが、少なくとも、包丁や車というものに対して〈脅威〉という意味を付与している行為である。「ずるい！」「きれい！」「だめ！」などという発話の背景には、周りの事象を評価的に意味付けて抽象的に理解するというプロセスがある。いずれの行為も、これまで接したことのない事象を積極的に納得しようとする意味付けの過程なのである。狭い意味での学習行為の発生と考えてもよい。

　3つ目の入口が「比喩への入口」である。ハリデーの言う比喩とは、観念を形成する上で必要な機能的仕組み（言語規範）のことである。たとえば、磁石に関して発生する事象「（同じ極を向け合うと）くっつかない」を「反発」、ゲーム機について「たくさん使うから壊れる」を「多用すれば故障する」、「ヒマワ

リは水をやって、肥料をやって、天気がいいとよく育つ」を「植物は水分と養分を吸収し光合成を行って生長する」のように、ある表現（もしくは理解）を別の表現に「喩える」ことである。「くっつく」や「壊れる」といった動的な表現を「反発」「故障」などという静的な表現にすることは、単に同義語で言い換えることなのではなく、新しい理解を構築することと言えよう。実際にも、動詞と名詞では意味が違う。こうして学習者は、比喩という行為をすることで新しい理解への入口に立つ。この入口での行為も意味づくりなのである。

　比喩の行為に限らず、1つ目の入口での行為（パターンをつくる＝一般化）にしても、2つ目の入口での行為（対人的世界への参入＝抽象化）にしても、学習者の劇的な変化には違いないが、何の前触れもなく突然できるようになったのではなく、周囲の人々や環境との切り結びを繰り返す中で多彩な意味づくりを試みてきたからこそ可能になったのである。落書きをしたり、ペットに名前を付けたり、リズミカルなフレーズを繰り返し発声したり、大人の口調をものまねしたり、昨日の出来事を報告したり、嘘をついたり、謝ったり、慰めたり………こうしたありとあらゆる言語行動の中で、たまたま一般化したり、抽象化したり、比喩を用いたりするようになったにすぎない。学習者にとっては、一日一日、一瞬一瞬が新しい世界への入口であるから、そうした事象を意味付けることで（びっくりしたまま放っておくのではなく）何とか世界を理解しよう、ひいては何とか世界の中で生きていこうとする。

　以上の通り、主体変容と言語形成は同相的な変遷を辿る記号過程である。これはつまり、学習者自身の理解の形成過程と言語素材の形成過程が共起関係にあることを示している。学習者が次々と意味付けしている行為そのものが学習者の理解過程であることはハリデーの事例からも明らかであるが、新しい世界に直面する際に取る調整行為が言語の新しい表現を生み出している様子も観察できる。ハリデーが意味づくりを記号過程と言い換えているのも、理解の発生が素材の発生と同期することを念頭に置いた上での主張なのである。

　素材の発生とは、学習者から見れば表現する行為である。よって、ある主体にとって理解と表現は表裏一体の現象なのだ。言語が思想を表現すると同時に、

思想を理解するために言語を必要とする理由もこれで見えてくるのではなかろうか。

4.2.4　学習者理解という支援者の行動

　前節のように学習者を捉えることができたとしても、位置付けする（特定する）ことが支援者の最終目的になってしまっては本末転倒である。当該学習者にとっての最適な内容や方法を考えることの方がずっと大切で、学習者に対する意味分析はその手がかりとして活用していかなければならない。図4.1は、学習者（の位置）を理解するための道具として、あるいは内容や方法そのものを考えるための目安として使っていく必要がある。いずれにしても、学習者は日々形成していくので、図上の位置も随時変化していくことであろう。したがって、学習者のいるべき位置を固定することはできないし、またしてはならない。

　教育学的に検討すると、時間的側面は教育時間・単位（session）に、物理的側面は教育内容・項目・単元（syllabus）に、空間的側面は教育方法・課程・プログラム（curriculum）の一部に相当する。空間が方法の一つという見解は一見奇抜な捉え方に映るが、前述したように学習の対象者がどこにいるか、どこで教育が行われるかによって教育のやり方が大きく変容する。場所そのものが方法になるということではなく（場所そのものはむしろ内容になりうる）、方法の発生に主たる影響を与えるということである。一般的に「学習者に合わせて時間や内容や方法を決定しなくてはならない」と言われるのは、学習者が内容や方法を定める決定権をもつという意味ではなく、学習者自体の変容に時間と内容と方法がかかわるということなのである。そのために、各側面を固定化することは学習者の変容を促進しないことになってしまう。このことから、学習者を支える立場になる者は現況の学習者の意味（現在どこに位置付いているのか）を深く理解する必要がある。

　目の前の学習者を理解することは、変容を外から支えていく主体としての支援者にとっては最重要課題となる。特に、体系的に言語教育を実施しようと考

えている場合は、内容と方法の選択に学習者の理解が欠かせない。しかしながら、常時変化している学習者を捉えようとしたらどこかで時間を止めないと観察ができない。当然、時間そのものを止めることができない以上、ある時点（n）で観察した結果をもってその時の学習者の状態とみなさなくてはならない。理想的には、観察行為と支援行為の間隔が短いほど、また観察行為と支援行為を別々の支援者が行うなど分断しないようにするほど望ましい結果が得られる。

　ただ残念ながら、正確さ（実態への近さ）と精密さ（質の具体性・詳しさ）は相反するエンゲストロームの矛盾的性質である。どちらか一方を知ろうとすると他方が漠然としてしまう。観察にかける時間を長くすれば精密なデータが得られるが、得られた時には現在時の実態から大きくかけ離れたものになっている。逆に、観察時間を短くすると大ざっぱなデータしか得られないが、現在時の実態に近いものになる。これに輪をかけるのが観察対象の人数であって、それが多くなればなるほど矛盾の発生する度合いが大きくなっていく。この矛盾はなかなか解決しにくいが、原理的には現時点での学習者を完璧に知ることはできないということを踏まえておきたい（原理的というのは、意味が共有できず十全に記述できないという議論と密接に関係するため）。いくら学習者を知ることが大切だと言っても観察自体を目的にすることは、これまた本末転倒になってしまうので留意が必要である。

　目の前の人物が誰なのかを把握する（同定する）ことは、どういう人物なのかを把握する（解釈する）ことに比べれば容易である。それでも、厳密に同定しようと思ったらやはりある程度の時間をかけて観察するなり調査するなりしなくてはならなくなる。学習者の同定において基本となるのが先の経過、内容、場所についての情報と言える。経過についてならば、学習者の年齢、学習してきた時間、学習言語を使用した頻度、などを見る。内容についてなら、主言語、学習言語とのかかわりの様子、これまでの学習内容、などを観察する。場所についてならば、今の学習状況はどうなのか、かつての学習状況はどうだったのか、ここ以外にも学ぶ機会があるのかどうか、手に入れやすい素材はあるか、学生と呼ばれているかどうかといったことを観察する。改めて述べることでは

ないが、学習者の氏名・法的資格・家庭環境・友好関係など外面的な情報も、プライバシーに抵触しない限り知ることが可能である。ただし、教育の内容や方法に直結しない可能性があるならば、余計な情報は極力集めないほうが望ましい。それは、私たちが友人関係を構築する際に取っている態度と同じようなもので、根掘り葉掘り尋ねると良好な関係を悪化させてしまうこともありうるので注意を必要とする。

このような外面的な情報に対して、学習者の内面に関する事柄はさらに把握が難しい。難しいがゆえに、具体的に知ろうとすればするほど時間がかかり正確性が失われる危険が高まる。代表的な事柄としてよく取り上げられるものに「動機（motivation）」と「信念（belief）」がある。

動機は、ある行為を引き起こす心理的な原因のことだと広く解釈されている。変容へのきっかけ、学習行為の方向性を決める情動とも言われる。動機ははじめから存在しているものではないので、心理学研究上では動機そのものではなく動機を生む手段のほうに焦点が当てられる傾向にある。それに、そもそも動機自体が明示的に顕現しにくいことに加えて、いわばマイナスの動機、たとえば「やりたくない」「逃げ出したい」「戻りたい」などという気持ちは一般的に動機と規定されていないこともあって、動機が「動機付け」と同義に語られることも多い。動機付けとして、賞賛、報酬、叱責、目標設定、競争、協同、等が挙げられているが、いずれの行いにおいてもそれらを有効に働かせるためには学習者の元々の気持ちを把握していないといけない。当然、学習に対して意欲的でない状態にある学習者をいくら賞賛しても徒労に終わる可能性がある[53]。こうして見てくると、いわゆる一般的な文脈における動機（あるいは動機付け）はレオンチェフの「課題」（Mq）に相当していることが分かる。細かい操作（Sq）を引き起こす背景にある意識と捉えることができるからである。

一方、信念とは学習者が予めもっている学習に対する思い、言語観・教育観

---

[53] 関連して、デシ・フラスト（1999）は、外的に与えられる報酬の欠陥を訴えている。場合によっては、褒めることでさえも学習の妨げになる危険性を秘めている。同著の中では、自律性や自尊感情を醸成する大切さが説かれている。

といったある物事に対する価値観のことだと考えられている。「外国語は幼い時に習うほうがよい」「漢字は何度もノートに書いて覚えるべきである」「自分は作文が苦手だ」「読解力は本を読むだけでは身につかない」等、概して恣意的に変えることの困難な強い思いとして「課題」の対極に位置する学習者の意識である。課題が操作の背景であれば、信念は操作や行為が蓄積した活動（Sl）の背景にある。学習者の行動はいわば千差万別なので、その背景にある信念が多様かつ複雑になるのは課題の比ではない。そうすると、信念を知ろうとすれば学習者の広範囲な行動自体をじっくり追跡していかないと把握できないことになる。したがって、本稿の規定において一般的な信念は「動機」（Ml）に換言できる。

　専門用語に言及しなくとも、普通学習者の気持ちと言われれば「興味」や「関心」といった項目が挙がってくる。容易に推測できるように、これらについても十分な情報を得ようとすれば難儀することには変わりない。しかし、課題や動機に比べると具体的な行為との相関性が高く、実際の振る舞いからの推測がしやすい点は見逃せない。本を読んでいれば「本が好きなのかな」と予想でき、建物についての質問を何度もするようなら「建築に関心があるのかな」と考えることが可能である。その推測が当たる確率は、当該学習者に支援者の方がどれだけ興味や関心をもっているかによって左右されるかもしれない。ともかくも、完璧に知ることができないという点においては課題や動機と変わりない。行為（Ss）から直接推測可能な意識は、本稿では「目的」（Ms）と規定している。

　完璧に理解することが不可能である以上、課題や目的や動機の定義をするよりもこれらを理解しようとする行動の方が重要になってくる。

　前述したように、課題は、学習者の形成初期の心理状態を抽出することによって知ることができる。直接学習者に接することで行う知覚的な了解は第一性である。目的は、学習者の行為から推測が可能だと述べた。行為と行為者との二項関係でほぼ働きが確定する様相は、第二性と言ってもよい。動機は、学習者の行動（活動）自体をじっくり追跡していって結果的にどういう意味付けを

しているのかを考察すれば見えてくる。解釈への道筋の存在と様々な行為を関連付けた結果生じる価値を鑑みれば、これは言うまでもなく第三性である。課題にせよ目的にせよ動機にせよ、学習者の意識であることには違いがなく、またそのときどきに観察できる（n時点での）学習者の印象だとも言える。するとこれらは、学習者の表現すなわち自己であることにもなる。自己ならば環境との切り結びで発生するアフォーダンスに相当する。アフォーダンスならば相互作用（対話）でなければ理解することができない。したがって、もし支援者が学習者の課題や目的や動機を把握しようと思い立ったら、すぐにでも学習者と対話を行う必要がある。対話を執り行うことで、課題を発見し、目的を確認し、動機を納得することができる。以上の議論を模式化すると、学習者理解とは「M_nを表示するS_nを観察することでM_{n+1}を推定する」ことと言えるだろう。

　学習者を理解するとは、つまるところ、学習者の意味を理解することである。そして、意味を理解しようとする支援者の行動そのものが学習者の形成を追っていることにもなる。よって、学習者を理解するためにはどうしたらよいかという問いに対しては、学習者と共に歩む姿勢が必要だという回答を用意したい。もし、学習者に対する支援行為と観察行為を分断すると学習者の実態が曖昧になってしまうのであれば、同時に行うことを推奨したい。情報の正確さと精密さの矛盾を解消できることが第一の理由ではあるが、おそらくこれは支援と観察の矛盾というよりも、元来、支援は理解を含んだ行動なのではないだろうか。面白いことに、外面的な学習者の意味を特定しようとした場合でも、支援者は眼前の学習者と何らかの交流をする必要が生じる。間接的にでも、調査用紙などに記入してもらっている現場は多いだろう。すなわち、理解しようと思ったら学習者へまずは接近し、学習者との信頼関係を結び、学習者から意味を紡ぎ出す必要がある。こうしたプロセスの途中で突き放してしまえば意味の紡ぎ出しまで至ることはない。こうした一連の過程には、学習者を理解してあげるという本来の支援的な意味合いもあるように感じられる。支援が学習者への働きかけであるのと同じように、学習者を知ることも学習者への働きかけと言える。

4.3 実践場面についての意味分析

前節での議論の趣旨は、学習者を理解する行動がそのまま学習者の変容過程を辿ることになる可能性であった。同時に、変容過程を辿っていけば学習者の理解に繋がることも示唆した。いわば、支援行動は理解行動と同義になる。言語教育の内容と方法の選択に学習者に対する理解が不可欠だと考えられているのも、単純に学習者を慮った教育をすべしという理念からというよりは、むしろ、理解ができなければ支援もできないという実践的な原理から派生する考え方なのである。

ただし、この考え方は内容と方法が学習者と切り離された形でそれぞれ別個に存在し、そうした固定的な物象を与えていくことが教育であるとみなしてしまうと成立しない。これまでも、このような見方から脱却すべく、言語が記号過程であること、教育実践は蓄積や獲得ではなく形成であること、内容となるべきものは環境との切り結びで発生する素材であること、等を繰り返し述べてきた。

本節でも、それを支持する論考を進めていく。特に、形成や変容を促す実践場面の意味とは何かを考察しながら意味分析の在り方を提案する。

4.3.1 場面変化の過程

前節で言及した場面の変化は、確かに個人的な変化として観察することができる。しかしながら、ギボンズやビアリストクらの事例は、学習者のみならず相対する支援者の変容でもあることを示している。さらに、土屋の事例に代表されるような教室内での参加者（学習者・支援者）のかかわりを見ていくと、当人の変化に並行して学習の場面そのものも大きく変容していることが分かる。活動の変容は行為の変容でもあり操作の変容でもあるとしたレオンチェフの階層、あるいはロゴフの参加型専有・ガイドされた参加・徒弟制という学習行動の３層も、実践場面全体の変容と当該場面に参加する主体の変容が同時に発生

することの理論である。

　ただし、実践場面とは何かという意味の探究は、言語形成とは何かあるいは主体変容とは何かという問いに比してもかなり難しい部類に入る。方法論が確立していないというのが最も大きな理由なのであるが、それを除外したとしても現象自体が明示的ではない、中でも代表が容易に知覚される程度に安定しては現れにくい（何が代表と認められるのか知覚者に分かりにくい）という点を挙げることができる。言語の素材であれば、/こえ/として現れればSq_n、[かたまり]として現れればSs_n、【かたり】として現れればSl_nだと分かる。たとえば、音素〈m〉や〈n〉（Mq_n）が容易に推定できるのも、/m/から/n/への変化（$Sq_n \sim Sq_{n+1}$）が比較的簡単に観察可能だからである。格助詞〈ニ〉と〈デ〉の違い（Ms_n）にしても[ニ]や[デ]の変化（$Ss_n \sim Ss_{n+1}$）が観察できるためであり、語順の違い（Ml_n）にしても、【机の上に本がある】と【本が机の上にある】（$Sl_n \sim Sl_{n+1}$）のように現れるとそれぞれの意味が推定できる。また、学習者であれば、その経過の推移（$Sq_n \sim Sq_{n+1}$）、内容の推移（$Ss_n \sim Ss_{n+1}$）、場所の推移（$Sl_n \sim Sl_{n+1}$）を観察することで、おおよそどういう主体なのか（M_n）が推定可能だ。ところが、素材と主体を含めて捉える実践場面を観察する段になると、そもそも何がS_nに相当するのかを特定するのに困難を伴う。

　そこで、すでに前節にて分析を試みたように、主体の変容を手がかりにして場面の変容を探る。その際に重要になってくる観点が、個人的・対人的・集団的という資源・行動のタイプと、「資源が状況を表示し、状況が価値を指向し、価値が再び資源を創出していく」という要素間の過程である。前者については、これまでも言及してきた通り多くの研究者が採用している分析方法なので、本節では後者に絞った（ただし範疇や要素の分断は叶わないので範疇の軸も取り扱いながら）意味分析を試行しよう。

M_{n-1}からS_nへ（方向付け）

　記号過程は動的である。「資源が状況を表示し、状況が価値を指向し、価値が再び資源を創出していく」という流れのどこを切り取るかによって見え方が

変わるが、どの部分を開始時点とすべきかは問題にしない。むしろ、開始時点や終結時点は特定できないと考えるのが生態学的である。ここでは、便宜上「M_{n-1}」の時点から観察していく。

　下の事例（表4.2）は、J小学校での主流語（日本語）の支援者と学習者との対話の様子である。この時点でA_1は「きれいな」「静かな」「大きな」といった形容詞（ナ形容詞）をいくつか知っているのだが、「きれいな手」といった複合的な表現が使えない状況にある。そこで、支援者T_1は絵カードなどを用いて当該表現の産出を試みるが、なかなかうまくいかない。反対に、自分が知っている語を回答として発話するという事態が起こる（[04]）。しかし、この場面で特徴的なのは、「きれいな手」という学習者の表現を可能にするまでの支援者のガイド（ロゴフの「ガイドされた参加」）である。そのガイドの方法は、実に学習者に寄り添ったものになっている。無理やり「きれいな手」と言わせるのではなく、学習者の/きでい/→/きれい/→/きれいな/→/手/→/きれい手/→/きれいな手/と変化する現れを認め、豊かな表現を許容し続けている。各表現に対して、支援者は〈言いたいことはこういうことなのか？〉という意味を込めながら誠実な受け応えをしている。【きれいな手】というかたりはこの流れの中で発生したものである。このような記号過程の一部は「方向付け」と呼ぶことができる。ここには資源や行動の創出に向かう過程という意味が含まれる。規定的には「M_{n-1}からS_nへ」の過程ということになるが、実践場面に対しての呼称なので支援者や学習者のある特定された行動とは定義しない。ただし、実際の観察においては専ら主体の「行為」（第二性）として現れることを踏まえておきたい。

　[01]から[13]まではわずか2分程度の出来事にすぎず、当然、ここだけで解釈項（M_n）を特定することはできない。つまり、一体どういう文脈や学習者自身の理解があって【きれいな手】という資源の現れに繋がったのか要因が判然としないということである。現に、T_1にはM_{n-1}を統制している行動は見られないし、A_1の発声がM_{n-1}を理解した上での行動だとも考えられない。もっとも、認知主義的な分析によって一定の要因を特定することは不可能ではな

いと思われるが、意味分析で重要な観点は過程の中でどういうダイナミズムが発生しているかの解明である。方向付けは実践場面におけるダイナミックな現象の一端を言う。

表4.2　支援者と学習者の対話 1[54]

```
[01] T₁：これは？（「両手」を描いた絵カードを示す）
[02] A₁：んー・きでい……きれい…………きれいな
[03] T₁：　　　　　　　　　　//これ………………これ何？
[04] A₁：きれいなー
[05] T₁：きれいな・ないです……これは何？……（自分の手を示す）
[06] A₁：　　　　　　　　　　　　　　　　//じゃない
[07] T₁：これ何？（自分の手をたたく）……これ？
[08] A₁：んー………………手！
[09] T₁：　　　　　　　//これ（自分の顔を示す）顔・そう！
[10] A₁：あー・きれい・手
[11] T₁：　　　　　　//これ手ねー・手ねー
[12] A₁：きれいな……手
[13] T₁：うん・そう！
```

行動を引き起こす要因が定かでなくても、支援者は経験的に文脈の活かし方を心得ている。典型的な事例を挙げると、きっかけ（キュー）を示すことによって表現が発生する現象である（表4.3）。

キューとしての1枚の絵カードの提示に対して、/食べてる/と/太ってる/という形が現れている。動詞のテイル形についてのいわゆる「動作継続」と「結果継続」の使い分けである[55]。先ほどの事例と同様この弁別を可能にした要因は不明であるが、不明であっても表現が生まれている事実に着目しておきたい。

54　以降本稿における事例中の表記については、次の通り。(1) 各行左端の番号は発話順。(2)「T」は支援者、「A」は学習者を示し、添え字の異なりで人物の別を表記。(3)「？」は抑揚の上昇、「！」は強い語気による区切り、「・」は間（1点につき約0.2秒間）、「h」は呼気（笑い声等）、「ー」は引き伸ばし（1つにつき約0.5秒間）、「//」は直上の発話との重なり、「（ ）」は具体的な行動の様相を表す。

表 4.3　支援者と学習者の対話 2

[14]	T_2：（カード提示）
[15]	A_2：ケーキを食べてるおじさん！
[16]	A_3：それも言えるなぁ
[17]	A_2：あっちがう・もう一つある
[18]	A_3：目をつぶって……食べてる
[19]	A_2：//…………ちがう………そしてねぇ太りすぎてるおじさん
[20]	T_2：hhh
[21]	A_3：太ってないよ
[22]	T_2：そっか
[23]	A_2：太ってるじゃん！
[24]	A_3：//…………これが太ってると思う？

　方向付けの様相は、支援者自らの記述によっても観察することができる。学習者の変化に気づくことが方向付けに相当する。これは、当該学習者にどのような対応をすればよいのかの（全体的な指針と言うより）現段階での行動を決定する上で欠かせない支援者の行動とも言える。学習者に寄り添って学習の方向を示しながら、対話の中で柔軟かつ微細な軌道修正をする。こうした行動を繰り返すことで、学習者と共に支援者も変化していくのである。同時に、その成長ぶりに自分自身も気がつく。これがやがて、新たな支援者としての変容にも影響する（表4.4）。

　支援者 T_3 はこの日初めて学習者ベスに出会ったにもかかわらず、わずかな時間でベスに対する見方が下線部（1）から（2）のように変わる。ここから、

55　この現象が「継続」の違いを踏まえて発生したものと言ってしまうと疑義が生じる。弁別を行うための根拠が（当事者には）分からないからである。仮に、語彙に関する情報が弁別における入力値になっている（「食べる」だから動作、「太る」だから結果といった情報）とすると、継続の弁別をする前に語彙を選択しなくてはならなくなる。一方、継続の弁別が語彙の選択に重要な役割を果たしているとすると、なぜ語彙選択をした時点で発話として現出しないのか（なぜ弁別規則を適用する前に語彙選択が可能なのか）、という疑問が生じる。前者の問題は語彙選択後に規則を適用する必要性を示さなければならないことを、後者の疑問は語彙選択前の規則が必要であることを示している。どちらを解明しようとしても、規則自体の位置付けが曖昧になる。本稿4.1節で考察したことを適用すれば、絵にまつわるアフォーダンス〈太っている〉を知覚したから「太ってる」と言い、〈食べている〉を知覚したから「食べてる」と言ったということになろう。これは、〈座るもの〉を知覚して「椅子」と発声する現象となんら違いがない。「継続」規則の説明は後付けにすぎない。

ただちに学習者を把握し始めていることが見て取れる。その気づきを促したのが、学習者との対話であり、対話を通して試みた方向付けである。この方向付けの行動は、働きかけ（波線部 (a)）としても、具体的な促し（波線部 (b)）としても顕現している。

表 4.4　支援者 T₃ の記述 1

朝：ベスさんとの初対面。先生が「ベスさんに日本語を教えてくれる先生だよ」と私を紹介すると恥ずかしそうにうつむいたので、(1)人見知りをする子かなと思った。 1・2時間目（国語）：ひらがなの練習。ひらがな表を50文字全部うめて先生に出す、という授業内容でベスさんの隣について教えた。ベスさんはすぐ、「わかんなぁーい。書いてぇ。」と、私の力を頼りにしてくるので、どこまで補助をしてあげるべきか少々困った。しかし、(a)「じゃあ、どういう文字か調べてみよっか！」と言うと嫌がらずに調べ始めたので、(2)素直な子だなと思った。そのような調子で、(b)できるだけ本人に調べさせて、表を完成させて先生に提出すると大きな丸をもらえたので、嬉しそうな笑顔で満足気に戻ってきた。

表 4.5　支援者 T₄ の記述

1時間目（国語）：俳句はとても難しい。ウタさんに（主言語で）(3)説明したけれどなかなか理解できない。そこで私はウタさんとチャレンジしてみた。(c)「五・七・五」に分割して考えてもらうことにした。まず、（最初の）「五」を決めてもらう。これにはすぐ「きんかくじ（金閣寺）」と答えてくれた。その後（が続かなかったが、表現したいことを主言語で語ってもらいそれを(d)日本語に）翻訳してあげた。ウタさんはまだ簡単な単語しか使えないけれど、(4)すごく積極的にいろいろ試して、問題を考えている。がんばって完成した俳句は「金閣寺姿を映す鏡湖池や」。

表 4.5 の支援者 T₄ はウタの主言語を解することができる。しかし、下線部 (3) のように、主言語を使っても理解してもらうことが困難であることを知る。それでも、その後、学習者の積極的な態度に気がつくことになる（下線部 (4)）。波線部 (c) や (d) のような行動が功を奏したと言える。最終的に見事な句が完成したが、意味分析上で必要な観点は学習の成功や失敗という結果ではなく（表面上の観察だけからは当該学習がうまくいったかどうかは分からない）、やはり、学習者の変容に気がついたという点なのである。支援者にせよ学習者にせよ、

気づきの現れは方向付けの過程において重要な位置を占めている。

S_n から O_n へ（関連付け）

　方向付けの段階で発生した資源や行動は、そのままでは次の資源や行動に結び付かない。まして、意味を生み出すこともない。意味の発生が新たな資源の発生に寄与する（上で分析した）場面に繋げるためにも、橋渡しをする過程が必要である。

表 4.6　支援者と学習者の対話 3

[25] T_5 :	お金がない
[26] A_4 :	うん
[27] T_5 :	お餅買うことができません
[28] A_4 :	うん
[29] T_5 :	明日は正月です……どうしよう・ねー……おじいさんもそんな気持ちですー
[30] A_4 :	ん
[31] T_5 :	でもおじいさんはー・あー……・こんなん（地蔵が道端に並んでいる絵を指して）見ません・あっ知りません・知りませーん・すたすたすたーって家へ帰るかな？でも違ったねー・あっお地蔵さん見ました・あっお地蔵さん……かわいそう……寒そう・本当は自分もかわいそうです・自分も寒いんですー……なー
[32] A_4 :	僕と同じ………寒い
[33] T_5 :	わ・あーーなるほどー！………ちょーと今いいこと気がついたねー……あー・お地蔵さんは私と同じー……あー・私が寒いんです・私が……うん・寂しいですー・だからお地蔵さん分かった・あっきっとお地蔵さんも寒いんだ
[34] A_4 :	うん
[35] T_5 :	あーなるほどー・お地蔵さんは私と同じだー
[36] A_4 :	ん

　表 4.6 は、国語の教科書の単元「かさじぞう」の物語を読み解いている場面である。このような状況では、たいてい、「寒そうだから」という表現を使いこなせるようにすることが目標になる傾向にある。しかし、当該場面での支援者の意図はそこにない。[33] の発話からも判明するように、おじいさんの気持ちの理解を最も大きな評価点と考えている。〈今言ったことは、とっても良いことなのだよ〉に近い意味を込めながら、その評価点を学習者に示している。

ここでの特筆すべき行為が、「今おじいさんはどこにいるのか」「時期はいつなのか」「どういう状況にあるのか」といったことを現在の学習過程と結び付けて、学習者の眼前に提示しているところである。このような行動は「関連付け」と呼ぶことができる。この場面での学習者は、ほとんど発話をせず片言の反応を返しているだけのように見えるが、理解をしていないのではなく確実に支援者とのやりとりを継続している。その中で支援者は、豊富な関連する素材を紹介することにより現在の学習の意義を示していく。

支援者が学習者との対話を継続できるか否かは、学習者が学習を放棄しない（諦めない）かどうかの分岐点となる。現在の学習内容がどんなに難しくても（たとえ、まったく通じないという状況でも）、相互作用を継続すれば、学習者は必ずそこから何かを学ぶことができる。対話を断絶しないようにすることは重要な支援者の行動と言えよう。その試みを示したのが、次の記録である（表4.7）。

ここでT_6は、対話を断絶させないように学習者の発話に関連させた話題（波線部(e)）を取り上げている。学習を継続するためには、今行われている学習と関連するものを豊かに提示できるか否かにかかっていると言えるだろう。

表4.7　支援者T_6の記述1

1時間目（道徳）：（私が）「おはよう」と言っても（ヤティさんは）無言で、私の話すことにあまり返事をしてくれなかった。しかし、道徳の時間で好きな食べ物やスポーツについて書く作業があり、「好きな食べ物は何？」と聞いたが無言だったので、(e)「先生はねー、アイスクリームが好き。」と例を挙げると、「いちご」と答えてくれた。

表4.8　支援者T_6の記述2

休み時間：（ヤティさんが）以前、自分の国に帰りたいと話していたので、(f)今はどう思っているのか聞いてみた。すると、「帰りたい。でもお金ない。（私の国では）朝起きて学校行かない。給食、みんな一緒、学校行く。」と話してくれて、（ヤティさんの国の学校では）昼から行くというようなことを(5)自分の知っている言葉を使って伝えようとしてくれた。また、日本に来てよかったということも話してくれた。日本と（自分の国とを）行ったり来たりしたいということも(6)黒板に絵を描いて説明してくれた。

また、支援者による波線部（f）の行動が、下線部（5）や（6）という学習者の行動に結び付いていく（表4.8）。特に（6）の学習者の行為の背景には、直接の語りかけだけでなく絵を描ける場所の提示（ガイド）という T_6 の行動が存在している。当初 T_6 は、「ヤティさんに緊張されてしまって」いて円滑なコミュニケーションを取れずにいたようだが、その後、ヤティの自己開示ができる相談相手になるまでに成長したことが上の記述から見て取れる。

対話を継続するためには、表4.9のように他者との交流を促すことも大切である。他者との関連のきっかけを意識的に提示することにより、学習者と周囲との結び付きを容易にしていく。

表4.9 支援者 T_3 の記述2

休み時間：支援で使う部屋の鍵を、以前は一緒に職員室に借りに行っていたが、「ベスさん一人で行ける？行ってみようか。」と私が言うと「うん!!!」と一人で借りに行く。勉強面だけではなく、日常生活の面でも、様々なことに挑戦させることは大切だと感じた。ほめてもらおうと、素直に頑張るので、成し遂げた時はたくさんほめてあげたい。

総じて、関連付けとは言語素材、特に記号の代表という現れ（形式・概念・状況）を具体的な事象に結び付ける行動と言ってよい。各種表現や具体物との結び付けは形式化、概念や思考との結び付けは概念化、場所や日時との結び付けは状況化である。たとえば、「挨拶」という素材は「おはよう」「こんにちは」等という形式と結び付き、親密さや人間関係の維持といった概念と結び付き、適切な場所・時間・相手といった状況と結び付くことではじめて使いこなすことが可能になる。たとえ目に見えない素材であっても実践として取り扱うことができるのも、この関連付けがあってこその行動なのである。一般的に、音読の技能（＝スキル）には声に出して朗読することが、買い物の課題（＝タスク）には「～はいくらですか」という常套句を使うことが「練習」として採用されることが多いのも、代表から対象へ向かう関連付けの過程が有効だと考えられているためである。

O_n から M_n へ（意味付け）

代表が対象と結び付き対象が解釈項を指向して記号過程の3要素が一巡する。この流れが意味を生み出す実践場面を追っていこう。

表 4.10　支援者と学習者の対話 4

[37] A_5：（T_7 の板書を目で追いながら）おか……ず……を
[38] T_7：おかずを？
[39] A_5：さら！
[40] T_7：ああ・そうですね（「おさらに」と板書）
[41] A_5：（T_7 が板書するのを目で追いながら）さら・さら・お・さら
[42] T_7：おさらに？………何て言う？
[43] A_5：お茶を・コップ！………（黒板の「パンを」の部分を指差して）それもおさら
[44] T_7：（「コップ」「おさらに」と板書）

表 4.10［37］の学習者と［38］の支援者の行動は［おかず］というかたまりを創出するものである。次の［39］は［おかず］と［さら］を関連付けている行動である。それを即座に感じ取った支援者は［40］で［おさら］と板書し、それに［に］を付加して【おさらに】というかたり表現であることを学習者に明示する。

続く［41］で学習者は板書の文字を読み上げ、［42］で支援者がさらにかたりを促す発問をする。このとき、支援者が期待していた「よそう」といった答えは出ず、［43］の応答となった時点で、支援者と学習者との理解のすれ違いが発生してしまった。しかしながら、学習者は〈食べ物〉と〈入れ物〉が［を］を介して配列されるという型を生み出し、［パン］についても［おさら］と結び付くことを支援者に指摘したのである。

［44］で、既に板書してあった［お茶を］の隣に［コップ］を書き、［パンを］の隣に［おさら］を書き、［おかずを］の隣に［おさら］を書くことでまとめとした。最終的には、【お茶をコップにいれる】【パンをおさらにのせる】【おかずをおさらによ

お茶を	コップ
パンを	おさら
おかずを	おさらに

図 4.3　［44］直後の板書

そう】という表現が完成した（図4.3）。

　この場面で注目すべきことが3つある。第一に、素材を選んだり並べたりする行動は学習者だけの、もしくは、支援者だけの行動ではなく協働的な対話であるという点である。第二に、素材を並べるには素材を選ばなくてはならず、素材を選ぶには素材を表出しなければならず、素材を生み出すには並んだ素材を必要とすることである。すなわち、選択をし、組み立て、生み出す作業はどれも相補う行動だということ。そして第三に、それぞれの行動はどれも「意味付け」であるという点である。この場面では、支援者自身の経験に基づき、〈［食べ物］と［入れ物］を選び、組み合わせ、表現を完成すると分かりやすい〉という判断があったと考えられる。なぜその判断ができたのかと言えば、かたまりを選択すること、並べること、定義することに価値を見出していたからに他ならない。したがって、それぞれの行為は（少なくとも価値があるという）意味付けをされたものと言える。そして、このような経緯を経て【〜を〜に〜する】というかたりの意味、つまり〈語順〉が生まれたのである。

　意味付けとは、学習者個人や支援者個人が独立して行うものではない。観察の尺度によってそのように見えることは否定できないが、大局的にはやはり実践場面での一過程だとみなすことができるだろう。次章での議論となるが、このようにみなすことで単なる実践場面の構築ではなく「良質な」実践場面の創出へと繋げることが可能となる。

　表4.11の「3+2のほん」という教材の作成過程が「3+2」という計算の意味付与過程と言える。意味付けとは解説以上のものである。これが下線部(7)の学習者の変容となって結実する。つまり、「数字が（自発的に）書ける」という実践場面の創出に繋がったということである。一見、このような絵本づくりは回りくどい方法に感じられもするが、絵本を作成することはベスにとって十分意味のある活動だった。

　意味付けそのものは、常に表面化（観察可能な形で顕現）するとは限らない。表4.12の波線部(g)や(h)のように、心の内に存在することもありえる。しかし、現段階で支援者が行っていることの意義を自分自身が理解することなく

して支援行動はできない。殊に、意味付けを継続する（記号過程の流れを分断しない）ことこそが、支援者自身の変容にも大きく貢献する。下線部（8）や（9）の行動も一朝一夕に形成されたものではなく、ある程度の時間を要している。その時間が（当該実践をなぜ行うかについての）意味付け過程であることは言うまでもない。

表 4.11　支援者 T_3 の記述 3

4時間目（算数）：足し算の絵本づくりを行った。（担任の）先生が始めにやり方を（教壇に立って）説明したが、ベスさんはよく理解しておらず、私が「ここに○○って書いて。」と指示しながら一緒に作った。(7)前回は、数字を書く時に少しつまずいていたが、今回は、私に頼ることなく、数字が書けていたので安心した。

表 4.12　支援者 T_3 の記述 4

2時間目（算数）：引き算の練習問題を行った。前回は式を見るだけで「わかんない」と泣いてしまったが、(8)今回はブロックを使ったりして、一緒に10問くらいを最後まで解いた。（担任の）先生に○をもらうととても嬉しそうに（私に）見せてくれるので、(g)この嬉しさが次へのやる気につながるんだと改めて「自信」の大切さに気づいた。(9)「次やろう、次やろう！」と積極的で楽しそうだったので、安心した。ベスさんにつきっきりも良くないと思い、他の子にも教えて平等に接していたら、ベスさんが「先生が全然来てくれない！」と泣いてしまい焦ったが、(h)今後も、平等に皆と接するやり方で「特別扱い」という感じをなくしていこうと思う。

表 4.13の波線部（i）や（j）も〈エドならば日本語を使って話ができるよ〉という意味付けである。特に、学習者のするべきことを肯定的に意味付けている点が重要である。このような意味付けを繰り返すことによって学習者の変容が促進されると同時に、新たな実践場面（下線部（10））が発生する。方向付け、

関連付けと同様、意味付けも対話のない机上ではけっして生まれない。

表4.13　支援者 T_8 の記述

1時間目（理科）：エドさんは植物の名前を覚えていないので、よく（主言語で）私に質問してきました。私はエドさんに(i)「日本語で日本人の友達にきいてみたらどう？」と励ましました。そして、日本語で尋ね方を教えてあげました。（中略） 　エドさんは最初、声が小さかったので、（声をかける）相手が気づいてくれなかった。（声かけを）やめようとしているエドさんを見て、（すかさず私は）(j)「大丈夫、がんばって！」と応援してあげました。エドさんをヒカルさん（エドさんのクラスメート）の前に連れて行きました。エドさんは植物を指差しながら、「ヒカルさん、この花の名前は何？」と声を出しました。すると、(10)ヒカルさんは、名前だけでなく、いっぱい教えてくれました。二人は簡単な会話ができました。

　学習や支援の状況、すなわち実践場面は時々刻々と移り変わっていく。すると、現場面で有効な行為が無効になってしまうことも増えることだろう。これは、支援者も学習者と共に次の段階へと移行すべき時期に来たことを暗示する。

　実践場面の意味分析を行うと、学習行動と支援行動が織り成すハーモニーが見えてくる。学習者の理解が支援者の理解になっていることも、支援者の表現が学習者の表現を生み出していることも、こうした観察から読み解くことができる。当然のことながら、個々の形成者が行っている操作や行為はまちまちだ。しかしながら、それらを対話に乗せていくと教育という営為になっていく。

　この言語教育についての営為は、これまで述べてきた通りの記号過程、すなわち「代表が対象を表示し、対象が解釈項を指向し、解釈項が再び代表を創出していく」過程である。素材に関する「表現による事象の表示、事象による意味の指向、意味による表現の創出」であり、主体に関する「行動が社会を表示し、社会が意識を指向し、意識が再び行動を創出していく」過程そのものである。これを実践場面に寄せて述べたものが「資源が状況を表示し、状況が価値を指向し、価値が再び資源を創出していく」であった。本節をまとめる形で当該過程を図示すると図4.4のようになる。ただし、この図も十分でないことは改めて断っておこう。特に、M_{n-1} から観察した現象が再び同じ M_{n-1} に戻るこ

とはありえない。よって、もう少し正確に描くならば円環図ではなく螺旋図にするべきかもしれない。

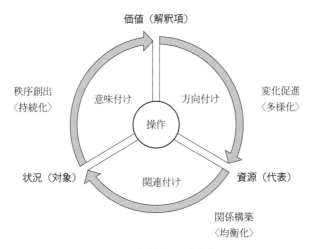

図 4.4　実践場面の全体像

ところでこの図は一見して分かる通り、表 3.2 を実践場面に特化しつつ動的な側面を加味して再描写したものである。円の内側から外側へ向かって最も観察しやすい行動（操作→行為→活動）の範疇を描いてある。特に、方向付け・関連付け・意味付けは「行為」として顕現することが多いという理由で面積を広く取っている。また図 4.2 と類似しているのは、これが実践場面を表した図であるからに他ならない。ヴァンリアの象限毎の区分については、この図では場面の範疇として取り扱う。すなわち、第三象限の個人内対話は操作に近いところ、その他の象限における対人関係はこの図のより外側に位置するものである。また、重ねて断っておくが、現実の実践場面においてそれぞれの範疇や要素がこの図の通りに分割されているわけではない。図示は、あくまで観察した場面を解釈したものである。実践場面の包括的な考察は次章で行うことにする。それと、活動レベルの用語については、図表等で簡単に提示するに留めていたが、これらは次の節で取り急ぎ議論する。基本的に記号過程（方向付け・関連付け・

意味付け）についての別様の解釈である。

4.3.2　意味づくりの学習

　以上、「方向付け」「関連付け」「意味付け」の場面を眺めてきたが、支援者の視点からすると、これらは支援者自身が活動の中でどういう意味をもつのかを考えつつその意味を託すのに相応しい素材を生み出していく行為群と言える。変化を促進し、関係を構築し、一定の秩序を創出することによって素材を生み出す行為である。そして、発生した素材に基づいて再び行為を継続していく。このような素材の発生とその素材を利用した行為群の連鎖が私たちに観察可能な形で顕現すると、「変化性」「関係性」「秩序性」が循環する記号過程となる。

　前節で、「次の段階へと移行すべき時期に来た」と述べたが、その n 時点での意味を静的な立場から強引に（時間を止めて）記述すると、しばしば規則群として私たちの前に立ち現れる（この規則群が本稿 4.1 節で議論した文法である）。そのために、とりあえずの文法の完成が言語教育の目的に採用されやすい。先の事例についても、次のような文法についての理解が当該授業の着地点のようにも見える。

- 「名詞」を修飾する「ナ形容詞」は必ず「な」を活用語尾に入れる。（表 4.2）
- 「形容詞」＋「そう」で間接的な情動経験を表す。（表 4.6）
- 「いれる」等の動詞は「〜を〜に」という文型で使う。（表 4.10）

　しかし、これらを教えることが支援行動になっていないのは、文法の教授が言語形成に寄与しないことを支援者は経験的に熟知しているためである。本稿で議論してきた通り意味は記号の解釈項であり、記号は過程を経ないと現象しない。文法が意味だという主張は、（意味が言語形成に先立つのではない以上）意味を教えても言語が形成しないことを示している。事例に見られるように、支援者は上の文法を一言も取り上げていない。取り上げていないにもかかわらず、学習者は文法に従った表現を生み出すことができる。こうして、意味をつくり

あげていくことが言語素材を生み出すこと、すなわち言語形成になる。ただし、こうした一連の議論において、文法を「取り上げてはいけない」と述べているのではない。文法を活かすことができるのならば、活動単位の意味づくりになる。

実践の意味分析の施行に当たっては以上のような主体の変容を追うことが最も明確なのであるが、これを越えるマクロの観点すなわち集団的活動の尺度で現象を記述できれば、本来の実践場面の意味分析と称することができる。

行為階層の尺度から記述した方向付け・関連付け・意味付けの実践例を改めて観察してみよう。方向付けの行為は学習者のものにせよ支援者のものにせよ、当該場面にない素材や資源を生成するものであった。この生成過程を活動階層から観察すると、現象として「発生する」ように見える。様々な資源や行動が発生するに従い、実践場面は複雑かつ多様になっていく。場面は、すなわち、変化が促進されることで多様化していくのである。また、関連付けの行為は、すでに現象した資源や行動を結び付けるものであった。この過程を活動階層から観察すると、あたかも「バランスが取れていく」ように見える。もちろん、資源同士が繋がっただけで直ちにバランスが保たれるわけではない（関連性が均衡性の要因にはならない）が、少なくとも互いに異なった資源に共通するところ、類似するところがなければ接近することさえしないだろう。場面は、すなわち、関係が構築されることで均衡化していく。さらに、意味付けの行為は、資源や行動の価値を生み出すものであった。この過程を活動階層から観察すると、「秩序が生まれている」ように見える。最低でも、場面に参与している主体に意味が分かる、解釈が可能になる、理解できるようになることは、謎が解明される過程だと言ってよい。つまり、混沌とした現象に対して秩序が生成されることで場面自体が崩壊せずに持続可能になるのである。

ただし、こうした活動の過程、つまり変化を基盤とした多様化、関係を基盤とした均衡化、秩序を基盤とした持続化の過程が観察できるからと言って、現象に巣食うジレンマが解消されるわけではない。言語形成においては、多様化することは豊かさを生む一方で複雑さを生じることである。持続化することは

秩序を生む一方で画一性を生じるものでもある。均衡が保たれていても、いつどのような事柄が作用してそれが崩れるのか分からない。これが本稿3.1.5節で言及したジレンマである。言語形成からこうした矛盾を取り除くことができないのも、活動の過程そのものが矛盾を孕んでいるものであるからだ。

　矛盾を完全に取り除くことが不可能なのであれば、そして矛盾自体が言語形成や実践場面に埋め込まれているのならば、エンゲストロームが唱えるようにそれを新しい実践の発生機会として捉えるべきではないだろうか。互いに排除し合いながらも依存し合う、この二重性と内的不安定性を認めることは、多様性を許容し、均衡性に配慮し、持続可能性を追求していく活動そのものに参画していくことなのではないだろうか。多様性を受け入れるために、場面毎のあるがままの様相を肯定していく。均衡性を培うために、二極化した事象をなんとか繋げて接点を探求していく。そして持続可能性を探るために、当面の前提を絶対視せずに別の選択肢を創出していく。これらはそれぞれ「変化促進」「関係構築」「秩序創出」活動と呼ぶことができるだろう。よって、活動は矛盾を解消しないが、矛盾を受け入れるきっかけにはなるのである。

　これら活動のプロセスは、図4.4に示されているように循環している。精確には前述したように螺旋的に進展している。当然のことながらこのプロセスに開始点や終着点は存在しないが、ある観察時点を設けてそこを一旦の区切りとすることは不可能ではない。特に、秩序創出期は代表に解釈項を結び付ける結節点になりうる。エンフィールド理論ではフレーム（各現象）を繋いで連続させる時点がこの結節点に相当する。もし、言語形成や主体変容の目標を設定する必要が生じるとすれば、この秩序創出期が一つの候補になる。ただし、仮にここを目標とした場合でも、次のステージは再び資源を生み出す段階への移行にすぎない。ヴィゴツキーZPDの定義「潜在的な発達水準」が端的に知識量の豊富な領域ではないことの根拠もここにある。水準の違いが量的な違いだと勘違いすると、その差を埋めることが支援の目的になってしまうが、これまで何度も繰り返し言及してきたように、支援とは学習者に足りない箇所を何かで穴埋めすることではけっしてない。だから、文法教授は支援にはなりえない。

言語規範を生み出すこと自体が支援活動の一にはなっても、生み出された規範を伝達することは活動ではない。

また、変化促進、関係構築、秩序創出のそれぞれの活動の間に厳密な境界線は存在しない。したがって、進展の順番がこの通りでないこともありうるし、活動の階層から包括的に現象を観察すれば何がそれぞれの活動に相当するのか規定することも難しい。前節では分かりやすさを優先させあえて分類しておいたが、実際には、学習者の変化に気づくこと、学習と関連する素材を豊かに提示すること、学習者に関心を寄せること、他者との交流を促すこと、必要な素材を良好なタイミングで提示すること、学習者の今の行為を意味付けしてあげること、などが行きつ戻りつ、あるいは同時に、あるいは前後して生じている。「生じている」ように見えるのも観察点の違いにすぎず、もし行為の階層から眺めれば「行っている」と記述することになるだろう。

活動階層で観察できる現象を、変化促進・関係構築・秩序創出の境界を設けずに呼称したものが「意味づくり」である。これまでも言及してきたように、意味づくりとは観察点を変えることで見えてくる操作レベルの相互作用であり、行為レベルの対話でもある。語義としては秩序創出期を区切りとして解釈項へ向かう意味付け過程に限定しているように感じられるが、これまで通り最狭義でも活動階層の一巡する全過程を示すことにする[56]。

意味づくりの創出的側面に着目すると、その創出性が最も明瞭に観察されるのは、やはり素材の発生である。これまでの議論からも明らかなように、対話が素材を生み出し、対話の中から自己が生まれる。同じ言い方になるが、相互作用の中から素材が発生し、やりとりの中で言語が形成される。そのために、学習者と支援者のやりとりが続くと、必然的に素材が次々と発生するのである。

場面を生態学的に考察すると、「学習」に対する常識が覆る。素材を獲得・

---

[56] 補足となるが、「つくる」に対して平仮名で表記してきた理由は、主体の手が入る〈作る〉に加え、現象の発生的側面を表す〈創る〉や、大規模に場面が構築されていく様相を示す〈造る〉といった解釈の区別ができないためである。また、いずれかに限定しないのは、ハリデーの定義を踏襲することにもなる。

所有することは明らかに学習とは言えなくなる。エンゲストロームの「拡張」に匹敵する通り、学習とは活動が社会的場面に浸透していくことである。そして、その活動自体が意味づくりに相当し、素材の発生（変化促進）とその利用（関係構築）とその理解（秩序創出）の連鎖を繰り返すことが学習者の変容にも繋がる。素材の利用が学習の一環だという見方についても、「task-based」（van den Branden, 2006）、「action-oriented」（van Lier, 2007）、「usage-based」（Tomasello, 2012）などと呼称され、様々な領域から提案がなされている。

　たとえば、リード（2000）は、言語を「情報を選択し、他者に利用可能にする高度に特殊化された手段」（p.327）と考える。すなわち、情報をピックアップすることが身体内や脳内に取り入れることではないという捉え方である。言語が利用可能になるということは、言語が主体およびその主体が所属する集団内での活動の調整に役立つということである。活動中の調整が次第に巧みになっていく様子を、個人レベルで観察すると「発達」に見える。それでも実際に観察できるのは主体の行動のみである。行動はそれ自体で成立することがなく、かならず「どこかで」「何かに支えられて」発生する、すなわち相互作用や対話が介在している。こうして、活動を踏まえずに調整行為（旧来の発達）に言及することは不可能ということになる。

　また、Norton（1995）は、「言語学習者が発話をするときは、ただ単に目標言語の話者と情報交換をしているのではない。自分たちは何者なのか、社会とどうかかわっていったらよいのかという感覚を常時組み立て、再構築している」（同著, p.18）と述べる。イベントへの参加であったり、コミュニティへの接近であったりという社会への関与が当人の言語形成を支える。そのために、関与が制限されてしまうと言語形成も進まない。この様相を言語学習への「投資」という概念で説明している（本稿2.3節参照）。

　ハリデーの言語学習理論（Halliday, 1993）も、基本的に言語学習を記号過程と捉えたものである。さらに、この記号過程を学習の文脈とみなし生態学的な分析を試みたのがvan Lier（2004）で、記号過程を「意味を創出するための物理的・社会的・象徴的な機会であり、この意味創出を引き起こす基本概念が活

動なのである」（同著, p.62）として、環境との絶え間のないやりとりを行うこと、言語の意味を生み出すこと自体を言語学習と規定する。

　生態学的な観点では、言語学習の過程を「発達」あるいは「習得」と呼ぶことは、たとえ個人的様相しか見えなかったとしても適切と認められない。むしろ、言語の変化という事象は系統発生（第三性）的にも、個体発生（第二性）的にも、経験発生（第一性）的にも観察することができるという点で包括的なものである。すなわち、言語が変わるという点においては個人と社会の弁別は存在せず、いわゆる個人的な言語の変化に合わせて周囲の変化も同期していることが分かる。当該様相は前述した事例の観察からも判明している。私たちは、言語学習のこうした包括性と同期性にもっと関心を寄せていく必要があるだろう。本稿上の言語形成とはまさに包括性と同期性のある学習を生態学的に表現したもので、発達概念に代えることが可能な術語である。この言語形成を促す包括的な行動こそが集団的制度（を生む意味づくり）・対人的参加（を生む対話）・個人的専有（を生む相互作用）である。しかも、これら3つの様相は観察点の違いによる見え方の差にすぎず、実際には同時に生起するという同期的なものである。この様相は次章でも実証していこう。

　言語学習が個人と社会の分断を前提としていない点は、学習自体がそれらの分断上では成り立たないことと同値である。このことは、すでに議論した「学習＝社会的実践」という学習観（レイヴ・ウェンガー, 1993）に匹敵する。個人レベルで観察される「知らない」状態から「知っている」状態への変化は、技術や知識を獲得していくという学習者の認知的な営為ではなく、学習者の社会参加的様相の変化あるいは学習者を含む社会自体の状況変化なのである。言語学習もまったく同様の過程の中で進む。「使えない言語」が「使える言語」に変化する過程においては、支援者からの働きかけが必須であるとともに、支援者自身の変化も必至である。こうした場面においてこそ言語学習が活性化されるのであって、その場面なくして言語形成はありえない。したがって、言語学習は個人の成績や能力の測定だけで評価することができない（次節参照）し、またしてはならない。そしてもし、主言語にせよ主流語にせよ実践が言語形成

場だとするならば、実践への参加を試みる中でスキル等を専有していく個人は、まさに学習していることになる。これがあらゆる素材についての学習が言語学習と結び付く理由である。またこれが、言語の形式的側面だけを取り立てては教育しにくく、かつ言語を形成しようと思えばあらゆる内容学習を含む活動の中で行う必要がある理由でもある。

こうして、生態学的観点からは「内容を学習するために言語を知る」という言い方ができないことになる。逆に「言語を学習するために内容を知る」という言い方もできない。内容を言語学習の目的にするという捉え方ではなく、内容の学習そのものを言語活動としていかなくてはならない。内容を発達の目的と捉えるのが不自然であるのと同様、言語学習を発達の目的に匹敵させるのも望ましいとは言えない。

4.3.3 意味としての評価

以上のように生態学的言語論では、実践場面を主体変容や言語形成と等価とするために、主体変容の過程を追っていくこと、すなわち学習者理解の過程そのものが支援の過程に相当するものと捉える。むろん、支援者による学習者理解の様相と学習者自身による自己理解の様相は異なってくるのであるが、それゆえ、実践場面が主体変容に相当すると言っても場面に参加する者の立場や役割の違いは確実に存在する。特に、学習者理解を専らの生業にして実践場面を支える立場にある者は「教師」あるいは「指導者」とも呼ばれるが、このことからも、学習者は放っておいても変容する、支援者（の専門性）は必要ない、などという主張は極論であることが見えてくる。記号過程はレオンチェフの言う意識が、つまりは行動を起こそうとする主体の課題・目的・動機という企図があって成立するのであって、自然に放置して生起する現象なのではない。

その支援者の専門性の一つに数えられるものに「評価」がある。しかし、支援者による学習者理解が言語形成なのであれば、支援者による評価、さらには学習者自らの評価も学習と言えることになる。評価は、支援者側だけがもつ特権的な専門性として捉えることはできない。

一般的に評価とはある基準の関数だと考えられており、次のような式で数値化（成績化）される場合が多い。

$$v = s(o, t)$$

この式は評価について、あるところ（s＝基準）から見た、あるもの（o＝評価対象）の、あるとき（t＝時点）の様子を規定（v＝価値）する営為だということを示している。対象のない評価はありえず（必ず何かを評価する）、時点を定めない評価は不可能で（必ずある時点で評価する）、基準が変わってくれば評価結果も変わる（必ず基準に則って評価する）。

本研究上で取り上げている項目をこの式に当てはめるならば、oは自己や言語形式を含めた素材である。当然、oは任意に決めることができる。たとえば、設備・人的資源・時間配分等の「コース・カリキュラム」、支援法・学習法・活動法等の「レッスン・カリキュラム」、教材・教科書・学習項目等の「シラバス」、学習者・支援者・管理者等の教育に「参与する者」、そしてテスト等の「評価法」そのもの、いずれも評価の対象にすることができる。

tは形成過程の一時点（n）に当てはまる。評価をいつ実施するかという観点でも分類が可能である。評価対象の現状を把握しようとして活動を始める前に行うのが「診断的評価」、形成過程での変化を把握し調整を行うために活動中に行うのが「形成的評価」、目標の達成度や形成の進展具合を知るために活動終了後に行うのが「総括的評価」と呼ばれている。診断テスト・入学試験・組分けテストなどは診断的、豆テスト・中間試験・到達度グラフなどは形成的、期末テスト・卒業試験・認定評価などは総括的な評価に分類できる。

sにも実際には様々なものが相当するが、形式によるものと評価者によるものが代表的なものである。その分類によると、前者は「相対評価」と「絶対評価」に、後者は「客観評価」と「主観評価」に分けることができるだろう。いずれにしても基準とは、何らかの規則やルールのことであり、本稿で言うところの意味に匹敵する。

循環論的な規定であるが、上の式は結局、意味（評価）を決めるためには意味（基準）によるしかないということを示している。したがって、評価自体が矛盾を内在していることも否定できない。それは実際にも、評価基準が違えば正反対の評価になることもありうる事実が証明している。また評価の欠点として、予め良いと思われれば良く評価され、悪いと思われれば悪く評価される危険性が挙げられる（後光効果）。これなども潜在的なジレンマを示しているだろう。

　この議論から、「ある時点における素材の意味」が本研究での評価と定義できる。そして、評価する活動は意味を答えとする活動に相当するために、評価の行使も意味づくりに含まれていないといけないことになる。評価の行使が意味づくりならば、それは言語教育の方法であるカリキュラムと同等である。したがって、素材を生み出さない活動を評価とは呼べない。そのために、評価は素材のないところ、主体のいないところ、やりとりの行われない場面では不可能となるのである。評価は意味づくりの手段にはなるが、評価自体を目的とすることは意味だけを抽出することに匹敵し、言語形成には貢献しないことになる。そもそも、意味自体の抽出ができないために、評価を目的にした評価は論理的に不可能である。

　本研究上では、評価が必要ないと主張しているのではない。評価を必須に仕立て上げている背景を問題にしている。それが、評価自体を目的としてしまうことである。何のために評価をするのかという点を忘れ、ひたすら評価を確定することに執心することと換言できる。良い成績を取るために学習する、学習者のランク付けをするためにテストをする、活動の効率を上げるために選抜を行う、そのいずれもが評価自体を目的とした活動に匹敵する。いわば、意味や価値の獲得を目指した活動である。

　生態学的言語論における評価は獲得の対象ではない。少なくとも評価の獲得を目指して行動してしまうと、その評価を受けた段階あるいは評価が確定した時点で道を見失う危険性が高まる。ある一つの自己形態（現れ）に固執することは本節で言う評価を目的とすることに相当する。よって、その時点から先の

変容を閉ざす。また、素材を消費しようとすることも所有しようとすることも、行き止まりを示唆する。意味を素材から抽出しよう、確定しようとしている点において評価の目的化に他ならないためである。評価の獲得、つまり、意味の獲得は学習にならないのである。これは、文法（意味）を獲得しようとすることが言語形成に繋がらないことの論拠でもある。

評価が確定できないということは M_f の存在に生態学的言語論が懐疑的だということである。当然、M_n であれば観察も表出も可能である。しかしながら、M_n をもって M_f に代えること、すなわち現時点での評価のみを使って正規の（最終の）評価とすることはできない。これを分かりやすく言い換えると、規定した文法を使って言語形成の成果を測定することはできないということになる。批判的に述べるならば、文法的知識があろうがなかろうが、文法的知識を披露できようができまいが、言語学習には寄与しないということだ。学習という活動に重要なのはそのような文法的知識を生み出し、使用していくことの方である。

では、評価自体に目的はあるのか。言い換えれば、意味づくりが進むべき先はどこなのだろうか。

まず確実に言えるのが、素材でないものはけっして目的にならないことである。たとえ、素材の構成要素であったとしても、である。したがって、評価、文法、規則、解釈、そのいずれもが目的にできない。端的な例を挙げると、/ワンワン/の意味は〈犬〉である、だから正解だ、と定めるのはナンセンスだということである。［大きい］を【イ形容詞である】と記述できても評価になっていないということでもある。仮にそれらを評価だと言い切ってしまうと、倫理的な問題も発生する。いわば、記号の代表、対象、解釈項を限定すること、および確定を目指すことになり、先に言及したように記号過程の流れを断ち切るのと同然の活動となるからだ。「日本語」「中国語」「母語」「第二言語」といった特定の言語種が評価の目的にならないのも、これらが素材そのものでない（少なくとも素材の範疇にすぎない）からという理由に加え、当該言語を唯一の、究極の目的だと規定してしまうからに他ならない。

素材であれば目的化が可能なのだろうか。素材は言語教育のシラバスそのものであることによって、確かに手段や道具にはなりえる。しかし、やはり目的とはならない。自己の一つの観念に固執することが主体崩壊につながることは先ほど示唆した通りであるが、自己に限らず素材を目的にするということは、素材を固定物・限定物・獲得物・消費物などと同等とみなすことなのである。素材の量を数値化し、0から1にする、1から2にする、50にする100にする、などのように「大きさ」も目的にはできないだろう。数値は（意味とは言えるが）素材自体でないこと以前に、仮に素材そのものだったとしても、数値を目的とすることは形成過程を凝固剤で固めるような行動である。

結論として、評価に目的などないということになる。上の式を厳格に解釈することは評価の固定化に繋がるために、言語形成の動的な側面とどうしても相容れないのである。しかしながら、「ある時点における素材の意味」という定義ならば、必要不可欠な存在とできる。すると、確定するのが重要なのではなく、活用することが重要であることも見えてくる。このことは、言語形成に終着点が存在しないこととも親和性がある。

評価も意味づくりならば、言語形成に寄与しなくてはならない。同時に、日々の教育的営為そのもの、形成過程そのものを評価としていく必要がある。理解ができたこと、表現ができたこと、学習ができたこと、支援ができたこと、操作・行為・活動が可能になったこと、変化促進・関係構築・秩序創出があったこと、そして素材を生み出すことができたこと、これらを評価とするのである。意味づくりを評価とするという真意は、基準を設けるところにはない。それらに代替するものを他に求めるならば、「手本」が最も近いのではないだろうか（本稿5.3.4節参照）。手本は基準と違って「同化」や「同一」を課さない。また、基準と違って「正解」や「絶対」という在り方で存在しない。基準はそれ自体が目的となるために、学習に様々な制約や制限を課す。一方、手本は「まねること」に重きが置かれるために、それ自体は学習の一手段に位置付けられる。ゆえに、形成の支えとして働くことができる。さらに、手本はある共同体の中で「良いもの」「価値の高いもの」と意味付けられている洗練された

素材とも言える。それでも、絶対的な価値をもったものとして提示されることがないのは、学習にどう活かすかが最終的に学習者に委ねられているアフォーダンスだからに他ならない。関連するが、発音の素材も基準としてではなく手本として提示すべきだろう。無理やり同じ音を発声させるのではなく、声の（現れの）違いがあっても交流が可能になる言語の働きに着目させることが重要である。それには、発音だけを特別に取り上げるのではなく、発音をめぐる素材（たとえば交流を可能とする素材）も同時に取り上げ活動を行うことである。

近年、評価の方法として「ポートフォリオ」方式が採用されている場面が多くなってきたが、単に成果物を蓄積していくという行為がそのまま評価になるという考え方は従来の定義で言う評価には当てはまらないだろう。しかし、意味づくりの記録だと捉え直すと、振り返って次に活かすための手本と言うことができる。

また、学習者の理解が支援行動になることも随時述べてきたが、目の前の学習者が、現時点で形成のどの過程に位置しているのかを理解することも意味づくり的な評価である。支援をしながら学習者の把握を行うことは、まさに形成的評価である。学習者の今の状態を知ることで、これまでどのような学習を行ってきたのか、そしてこれからどのような学習を行うべきなのかが検討でき、教育全般にわたる改善にも繋がる。評価の結果を学習者に還元することを「フィードバック」と言うが、意味づくりを実施するとわざわざフィードバックの時間を設けなくても常時フィードバックをしているのと同等の効果が生じる。

繰り返すが、量や水準や能力で学習者にランクを付ける、これはとても意味づくりとは言えない。それでも、どうしてもそうした行為をしなくてはならない事態が起こるのなら、評価の結果を一つの素材として扱い、形成手段に換えて活動すべきである。評価を絶対的なもの、変えようのないものとして提示するのではなく、あくまでも一時点での姿だとみなすことだ。また、「勝利」を評価にするのなら、結果を褒めたたえる前に競争の前提条件を見直すべきだろう。それが参加者に対する同一条件でなかった場合は、即刻当該評価を破棄する必要がある。つまりは、パイを奪う競争ではなくパイをつくる競争を主眼と

した活動でなければならない。

（解を一義に決定する）式で示すことの適切性については議論が必要であろうが、当面、本節での議論による評価の在り方を便宜的に示すと下記のようになる。本研究で提案する評価である。定義上は、評価と言うより「意味の表現方法」である。本章全体で試みてきた意味分析を単純化すると、このようになるだろう。

$$M_{n+1} = D_n (S, O, M)$$

立式の厳密さには欠けるところがあるものの、この式は現時点での素材間の連続性を加味すること（D＝相互作用・対話・意味づくりの実行）が次時点の評価を生むことを示している。それは、実践そのものを継続させることであり、評価も実践の中でこそ行われるべきであることを示唆する。つまるところ、評価とは帰納的に発生する活動に埋め込まれた行為ということだ。

さらに、目的がないという仮説は評価に対してであって、教育的営為に目的を設定することができないというわけではない。次章での考察になるが、本研究において教育的営為の目指すところは良質な学習を生む教育実践にある。ただし、その目指す先に対して狭義の「目的」を用いるのは混乱を招くので、以降「教育目標」と呼ぶことにする。また目標と言っても、終着点でないことは重ねて強調しておく。先に言及したように、レオンチェフは操作の背景に課題、行為の背景に目的、活動の背景に動機のあることを謳っている。これはすなわち、行動を喚起する意識の重要性である。生態学的言語論によって、この意識を目標と捉えること、すなわち目標の意識化が具体的な行動の表出に結び付くという主張が可能になる。

第5章　生態学的言語論と教育実践

　言語、主体、および実践を生態学的に捉えることは、それぞれが世界のどこかで別個にかつ静的に存在しているものとみなすことを意味しない。それは、各構成素が時間的な過程の中で離合集散を繰り返すという関係を持続しながら、それら自体を生成場だと捉えることである。そこには素と場の分断はなく、素を組み合わせれば場になるのでも場を分解すれば素が出てくるのでもない。確かに、観察可能な現れのみを追跡していけば逐一の物象やそれを取り巻く空間が見え、各々に付随する性質を抽出することができるかもしれないが、諸性質の抽出で解明されるところは教育的営為のほんの一部分・一時点にすぎない。加えて、それらが判明したところで当該営為の全体像については相変わらず不明のままに差し置かれる。だが、生態学的な考察を進めてみると、その全体像を見通すことができる。少なくとも、従来の要素分析型研究では叶わなかった教育へ貢献する知見の発掘が可能になることが見えてきた。むろん、本研究は要素分析を全否定するものではないが、個々の構成素に還元していく研究が（間接的にも）第1章で言及したような問題に繋がっているとするならば、やはりそれらに代替可能な理論を追究していかなければならない。理念的にはこうした使命感の下考察を遂行し、現時点までの論考に辿り着いている。

　その結果を一言で表現すれば「記号の連続的存在」ということになる。再述すると、代表が対象を表示し、対象が解釈項を指向し、解釈項が再び代表を創出していくことであり、第一性・第二性・第三性の関係性があることである。これは、言語（素材）面における、表現による事象の表示、事象による意味の指向、意味による表現の創出であり、こえ・かたまり・かたりの関係性である。また主体（自己）面における、行動による社会の表示、社会による意識の指向、意識による行動の創出、および操作・行為・活動の関係性である。そして実践（場面）面における、資源による状況の表示、状況による価値の指向、価値に

よる資源の創出と、個人・対人・集団の関係性である。これらは言語と主体と実践をパース的記号に相当させることができるからこそ言えることなのであるが、この理論的帰結については研究史上でも質的な検証が十分になされてきたとは言い難い。言語と主体と実践を統合した在り方についても具体的事例はほとんど取り扱われてこなかった。

そこで、本章では実際の言語教育場面を取り上げながら、生態学的言語論に基づく実践＝研究についての実証と意味付けを行う。本章での検討を通して、言語素材や言語学習者および言語学習場面の「記号論的・生態学的存在」という提唱の意味するところが具体的に明らかになる。また、本章で言及する実践が言語形成にとっての最適な教育的営為であることも見えてくるであろう。そして、教育目標自体を良質な教育実践に定めることの重要性へと議論が収斂していくことになる。

5.1　多様性・均衡性・持続可能性

教育実践の場面構築に近似する考え方を教育の文脈で語ると、「教育体制整備」になるのではないだろうか。しかしこれは本稿で指摘してきた通り、二元論の足枷すなわち整備する側とされる側の分断を彷彿とさせる考え方であり、資源や人材の充実が極端に求められる結果に終わる危険性が高い。それは資源の浪費とは言えないものの、生態学的には持続可能性に反すると解釈せざるをえない行動である。しかも、既存体制との調整（相互作用）を度外視した一方向的な働きかけになる可能性がある。体制整備自体に非があるということではなく、整備の責任をどこかに、あるいは誰かに集積することが体制の一部に過度な負荷を発生させ、疲労の蓄積から当該箇所の機能不全、やがては体制全体の崩壊を引き起こしかねないということなのである。個人の操作が集団の活動に影響するのは、操作が原因となって活動が引き起こされるためではない。だから、いくら（部分的な）操作の改善を求めたところで（全体的な）活動が思惑通りに整備されるとは限らない。個人と集団とは因果関係で結び付いているの

ではなく記号論的な相関関係、いわば連続した存在であるというのが前章までの結論であった。したがって、旧来型の体制整備を目指すにしても、整備する側とされる側が同じ体制という場に参加し、各々が体制に埋め込まれた存在であることを強く意識する行動の喚起がなくてはならない。因果律に訴えた対応をするのではなく、過程的・関係的な対応を指向するのが教育実践と言えよう。これが、生態学の重視する多様性・均衡性・持続可能性を指向する取り組みへと向かう。

むろん、整備という行動に従事するのは意思をもった主体であって、結果的にはどこかの誰かが責任をもって主導しなくてはならなくなるという見解にも一理ある。さもなくば誰も行動しなくなるだろうという云いにも現実味がある。それでも、この見解に対してはやはり偏った見方であると批判しておきたい。教育的営為は主体（構成員）の観点から観察することが一般的かもしれないが、言語（素材）の観点からも、また実践（場面）の観点からも眺めることが可能であり、またそれぞれの観点から取り組みに参加することも可能である。その「参加」についても実際に目に見える行為だけでなく、考え方の変更、アイデアの表明、各所機能の分析、といった考察や調査的なものを含んでいることは、実践＝研究の在り方に対する論考が示す通りである。

それでは、以下教育実践の事例を、特に学校教育の場面を取り上げ議論していこう。

5.1.1　出来事間の連続性

静岡県中部にあるS小学校のM学級に、ブラジルからの児童イワンが入ってきたのは2001年の2学期（9月）であった。当時5年生の学級が外国からの子どもを受け入れたのは初めてという状況であった。受け入れ先がM学級に決まったのは偶然で、支援の経験や学校の運営方針に従ったためではない。現に、M教諭はそれ以前に一度も外国人児童等の在籍学級を担当したことが無かった。

当初イワンは日本語が全く使えなかった。それでもM教諭は「これはポル

トガル語で何て言うの？」という話から始めて語りかけを継続していった。学級の児童たちも懸命に話しかけ、中にはわざわざ本屋まで行って辞書を購入し会話をしようとする子もいたという。日本語の初期指導については、教頭や教務主任の教諭が週3時間というペースで実施した。それ以外の時間は通常の授業に入ってもらっていた。3カ月後、市から日本語指導員の派遣を受けられるようになり、月1回ほど取り出しで日本語の授業を行った。

　当初からM学級の児童たちはブラジルのことを積極的に知りたがっていた。そのため、ブラジルのビデオを鑑賞したり、ポルトガル語をイワンから教わったりする機会が多く設けられた。M教諭自身は意識していなかったが、普段の学級活動が国際理解教育的な様相を呈することもしばしばあったそうである。翌年には「国際フェスティバル」が開催され、M学級はお料理教室を開いた。イワンの母親や他学級の児童の保護者の協力も取り付けて、郷土の菓子の作り方などが参加者に供された。

　時に、男子は女子に比べてイワンに対し厳しく接する傾向があったが、そういう男子でも、たとえばポルトガル語の劇を行う活動を通して「別の言葉を覚えることは本当に大変なんだなぁと分かった、イワンも大変だ」という感想を残すようになっていた。また、ブラジル人がいとこにいるある女子はいままでその子と全く話をしなかったが、お料理教室などへ参加した後には、手を取り合って話をするまでの仲になったという。

　しかし、そういう他の仲間と分け隔てなく接することが裏目に出て、文化的な背景の違いからの対立もしばしば起こった。ある男子がイワンに流行のギャグを教えようとしてその動作を目の前で繰り返し行ったところ、イワンは自分がからかわれたと思ってしまい、その子と喧嘩になったことがあった。また、委員会の仕事をしていても「まじめにしていない」ように見えることから仲間に叱られることがあった。その叱り方もイワンに対するものと他の日本人の子に対するものでは異なっていたため、そのことで本人がショックを受け学級の友人と疎遠になってしまうという時期もあった。

　ところが、仲直りをするのにもそれほど時間を要していない。そのうち、イ

ワンの方から仕事をしたくないときにわざと日本語が分からないふりをするなど茶目っ気を示し出し、そうした態度に級友たちも呼応し始めるにつれて、かつての対立が解消に向かった。サッカー少年団にも参加したイワンは、そこでの友達も増えていった。

　体力を極端に消耗する組み立て体操や持久走等を全員で一斉に行うことに対するイワンの拒否反応は相変わらず大きかったが、学級の友人たちがその大切さを説き、時には一緒になって行動することでイワンを疎外しないようにしていた。たとえば、水泳はイワン自身が非常に苦手だったため、5年生の時は結局1回もプールに入らなかった。しかし、6年生時には何とか泳がせようと学級の仲間が画策し、シャワーへの抵抗感をなくし、浅いプールで遊び、大きいプールで顔を水につけて、といったまさに手取り足取りの指導をしていった。そしてついには泳げるようになったのである。まさに学級が一丸となってイワンに接していた。

　このS小学校の事例は、教育的営為が支援者だけの責任に帰することができないことを如実に示している。その原因を探れば、語学への感性・生活態度といった個人的な要因に加えて、家族要因、属性要因、コミュニティ要因、教育要因などが重層的に関係していることが分かる（佐藤, 1997）。学級という小さな場面でも、そうしたあらゆる要因が集約され複合化しているのである。しかし、どの事態がどの要因に相当するのかという追究をしようとすると極めて困難になる。さらに、要因が確実に特定できたとしても、個別に当該要因を考慮するだけではM学級のような環境は現出しない[57]。M学級の温かい雰囲気は、諸所の要因から発生する問題を一つ一つ解決していった末の結果なのではなく、要因が複相的に絡み合う日々の出来事が関係する点を探っていった（リードやヴァンリア流）調整の過程にある。

---

[57] 佐藤（1997, p.170）が述べている通り、「個人責任還元論が批判されるべきと同時に、単にコミュニティ要因や日本の教育要因のみに原因を帰す悪しき『社会還元主義』に陥ることも慎まなければならない」のである。確かに、各要因を明らかにすることは重要なことかもしれないが、明らかになったものだけに注視して問題解決を図ろうとすることは望ましいとは言えない。これは本研究が批判をしている「異物の排除」「決着の強要」の姿勢である。

むろん、M学級の雰囲気の醸成に寄与していると想定されることを列挙するのは難しくない。たとえば、イワンの学習動機と学習への関心の高さにあるのかもしれない。また、学級の児童たちが異質のものに対して寛容であることに因るのかもしれない。さらに、ハード面として学級サイズが比較的小さいこと、制度面として日本語指導員の派遣を初期段階から受けられたこと、学校運営等方針面として情報開示を積極的に行い保護者や地域住民の信頼を醸成してきたことなども考えられよう[58]。そして、S小学校の周辺地域の特徴も肯定的に作用していたと思われる。しかしながら、それらのどれを取り上げてみても特別に際立っているわけではない。イワンよりもずっと高い学習意欲をもった者は他の地域でも存在するであろうし、異文化に対して極端に排他的であるという学校が一般的だという説はない。少人数学級はM学級だけの特徴でもなく、日本語指導員等の支援を受けているところは全国的にも多い。昨今の学校開放の施策は各地で試みられているものであり、それに対する周辺地域の理解があるところも数多い。逆に、上で取り上げた各方策がかなり高いレベルで達成されている地域は全国的にも多く点在するが、それでも問題の解決までには至らないところが大半なのである。M学級を観察する限り、先に想定した一つ一つの事柄はけっして高度なレベルのものではなく、欠陥が全く無いほど完璧なものでもない。それにもかかわらず、M学級が質の高い雰囲気を醸し出すところになっているのはなぜなのか。

　それを考える上で、次に挙げるM教諭とS小学校校長の言は重要である。

> うちのクラスには耳に障害のある子や知的に障害のある子がいたりして、いろんな子がいるもので、自然に、外国人でも「外国人」っていう感じじゃなくって。子どもの方がコミュニケーションを取るのがうまいですよね。で、何となく困っているときは助けるということから始まっていったので………低学年の時期から異質の子

---

[58] 学校が抱える問題点は地域に極力公開する姿勢を取っている。学校の問題であっても学校内だけで処理せずに協力を求める姿勢であるが、こうした方針を取ることで地域も真剣になって学校のことを考えてくれる体制になっている。こうして地域や保護者との交流が進んでいく。こうした活動は保護者の安心感にも結び付いている。（S小学校校長談話）

を異質だとしないで同じ友達として接する機会が多かったためなのか、イワン君にも初めから違和感がなかったですね。(M教諭)

> サッカークラブが強いとか、学校全体で何か特色があるということは無いですが、高校の数学ができる子、水泳競技の県大会で大活躍する子など個性をもった子どもが多いですね。子どもは一人一人が違っていることが前提になっているので、ありのままを受け止め、同じような接し方をするという方針です。ハンディキャップをもっている子どもに対しても、特別扱いしないという伝統がどうもこの学校にはあるようです。ですから、外国人の子どもだからとか、数年で帰ってしまうだろうかといった特別視は初めからしていないのではないでしょうか。(S小学校校長)

両者に共通するのは、「ありのままを受け止める」「特別視をしない」という点である。つまり、問題が発生しても決着を急いだり原因を究明したりするものではなく、学校や学級という場面の中で、そこに属する成員がもっているものを最大限に活かしながら、日々の出来事を受け止めていこうとしている点である。言い換えれば、異物の排除をしていないということである。各々の出来事を突出したものとするのではなく、出来事間の連続性を重視する捉え方である。

M学級にも、子どもたち同士の対立はあった。言語教育や国際理解教育の実践では、支援者もけっして充分な経験をもっていたとは言えない。イワンに対する支援策も、他の地域と比較して遜色なく実施されていたわけでもない。しかしながら、特筆できるのは問題があってもそれらに焦点化した対応が採られていないという事実である。これは、一つの出来事が他の出来事を補うといった相補的な、つまり互いに独立したものでなく効果が影響し合うような関係が少しずつ構築されていった結果なのである。

影響するということに関連して、子どもの学習意欲が保護者の教育観の変化によって高まる、学級の友人が関心を寄せてくれるおかげで学ぼうとする姿勢に転化する、さらには文化適応に対する努力が友人や支援者にまで伝播する、といった事例は枚挙に暇が無い(中西・佐藤(1995)等を参照)。静岡県内のT小学校に通うブラジル国籍のキータは、非常に控え目な性格の5年生で、積極的

に友人関係を広げていこうとする態度が見られなかった。しかし、不思議と学級内で孤立することはなかった。一方、キータの保護者は学校行事などについての不明な点があれば積極的に担任まで質問することを欠かさなかったという。確かに、この「孤立していない」という出来事と「質問を欠かさない」という出来事は別である。これら2つの出来事において客観的に相関性を立証するのも難しい。しかしながら、現場の支援者は経験で培ってきた判断力で影響関係を見抜く。把握した知見を活かして、後日、キータの保護者が教育に高い関心をもっていることや、体育や音楽など情操教育にかかわる授業が日本の学校で行われていることに対し好意的に評価していることを知ることになる。その結果、キータの学級担任との連絡も円滑に行われ、キータの様子が保護者にも手に取るように伝わり、孤立化に対しての対処が早目に可能になったのである。

　M学級の子どもたちの気持ちの変化も、各出来事が相互に影響しあって生まれたものである。イソンがM学級に入ってきたからこそ、辞書を買い込んでまで交流しようとする子どもが現れた。その子にとって辞書は、会話をするための単なるツールにすぎなかったのかもしれないし、あると便利という理由でもってきただけなのかもしれない。しかし、「辞書を用いれば勉強ができる」という認識がイワンの向学心に火を付ける結果になったというのは想像に難くない。また、イワンが泳げるようになるまでの前述した過程は、M教諭にとっても驚くべきものであった。ここで改めて学級の潜在力を知り、児童たちに全幅の信頼を寄せるようになったのは支援者側の変容である。

　一つの出来事は必ず他の出来事との連続性がある。さらに、ある出来事の中には、他の出来事との関係を生み出すものが潜在しており、それが別の出来事の問題に対する解決の手がかりになる場合がある。何かしらの点で一事例が他の出来事へのアンテナ役を果たしているのである。これについては、静岡県内のK小学校にウルというブラジル国籍の6年生をめぐる事例でも探ることができる。彼も同小学校内にある取り出しの日本語教室での授業を受けていた。在籍学級の国語の授業にはなかなかついていけず、国語はあまり面白くないという感想を漏らしていた。しかし、国語の授業の後で日本語教室を訪れては当

該教室担当のY教諭に教科書の読み方を質問してくる。Y教諭も、初めは一見矛盾したウルの態度が不思議でならなかった。そこで、試しに予習という形で、次の時間に学習する場所の読み方を指導してみると、授業後、キラキラした瞳で国語の時間がいかに充実したものであったかを語ったという。ウルにとっては、在籍学級の仲間と読み物を斉唱すること、内容が分からないまでも皆と同じことができること、そして、高度な内容を勉強していることがとても嬉しかったのである。この事例で着目すべき点は、支援者が「授業に対してのつまらないという感情」と「質問をしてくるという態度」を結び付ける「音読」という事項に気がついたことであろう。もちろん、これに気がつく背景にはウルに接し続けてきたという経験がある。その経験とは、まさに矛盾を忌避しない受け止め方である。

以上の事例に代表されるような行動が、出来事間の連続性を知ることの意義である。このようにして支援者は出来事と出来事を有契的に結び付けていく。そして、結び付きが、支援を受けている児童にとって「受容されている」という気持ちの変化になって現れる。自分の一つ一つの行動はけっして浮いてしまうようなものではないと理解するためである。周囲の児童も積極的に異文化にかかわろうとする態度が生じる。無視することができなくなるためである。さらに、支援者自身や保護者の考え方にも影響を及ぼすようになる。当該児童が在籍するということ自体が、学級や学校に関するすべての活動と連動している面を知るからである。

出来事間の連続性を考える実践は、異質の言語文化を背景とする児童の受け入れを最終的な解決策とする決着の強要ではない。当該児童にとっては、もちろん、自分を受け入れてくれる雰囲気は歓迎すべきものである。しかし、友人の（先生に言われた等の理由で）嫌々受け入れようとしている気持ちに気づいてしまった場合、自己の存在に否定的な感情をもつようになる。当該児童の、一所懸命異文化に溶け込んでいこうとしている努力が無に帰してしまうからであろう。それならば、いっそのこと「それはおかしいよ！」と言ってもらった方がよい。これが、塘（1999）の「積極的に拒否するというような柔軟な態度」

である。言い換えれば、拒否によって出来事間の連続性が顕在化したのである。受容的な態度だけでなく拒否の態度も時には必要となる。

　様々な出来事が関係する連続点を探っていく中で、出来事に関係している人々の間の信頼関係も醸成されていく。構成員の一挙手一投足が他の成員に影響するために、まさに、「他人とは思えない」という気持ちの変化として現れるのである[59]。

5.1.2　体制整備からの脱却

　静岡県東部にあるH小学校では、比較的早期（2007年度）に、日本語の指導を必要とする児童を囲い込む方式から積極的に一般児童の学級に入れて児童同士の交流を重視する指導体制へと移行した。当該体制を持続させていく各教師の試行錯誤は現在でも続いているが、こうした中で教師同士のかかわり合いと、管理職からの、同時に管理職への働きかけが増え、学校全体が活性化している。中でも興味深い点が、専門的業務を行う者に依存する（別の者は別の業務に従事する）役割分担という方式から、全教師が問題に対処しようとする「役割補完」という方式への変更である。これは、自分の得意分野には積極的に関与する一方で、不得意なところには他者の協力を求め責任を一極に集中させない方法と言える。山脇他（2005）で言及されている「全校TT（ティーム・ティーチング）体制」に近い実践でもあろう。

　先のS小学校と同じく、当校でも日本語学習が必要な児童を在籍学級から取り出した指導が実施されている。しかし、役割補完という観点から特徴的な点がいくつか見られる。まず、対象児童に取り出し指導を行うか否かを担当教師だけで判断せず、学級担任との複数回の協議（図5.1）を経て決定するというプロセスがある。その後、指導のスケジュールを綿密に組み立てるという手続

---

[59] 調査の後日談であるが、M教諭からは次のような話を頂戴している。卒業にあたってイワンは、M学級で仲間と一緒に生活や勉強ができたことをとても感謝しており、みんなのことはけっして忘れないと涙ながらに話したという。M学級の子どもたちもイワンと離れたくないと口々に言っていたそうである。このことからも、子どもたち同士の結び付きの強さが分かる。M学級の子どもたちは、本当に将来への貴重な財産を得たことと思う。

きを踏む。また、取り出し指導の基本姿勢を「在籍学級での授業に参加できるように支援する」とし、日本語に特化した言語的な内容だけを扱うのではなく、在籍学級の教科内容をふんだんに取り入れた指導が行われている。そして最も特筆すべきものが、一般教室内で児童を支援するTT指導との関連付けである。取り出し指導を行う教師がTA（ティーチング・アソシエイト）としても教室に入り、授業で扱う難しい用語や分からない点を教える。それだけでなく、積極的に教室内の他の児童とのかかわりを促す役割も果たしている（図5.2）。TAの役割は、職務上担当する児童だけを対象とした支援

図5.1　学級担任との協議

図5.2　TAの業務

ではないので、必然的に他者とのやりとりも活性化することになる。

　各教師はTTのメリットを十分理解し、TAを学級担任の単なる補助員とはみなしていない。取り出し指導を行っている自身の専門性を活かし、児童同士のコミュニケーションを図ろうとしている。

　TTや取り出し指導に限らず、この学校の教師たちは全員で一人一人の児童に目を配っている。そのために、誰が誰とどのような行動をしているのかをよく把握しているのだが、単純に見届けるだけでなく自らも他者との活発な対話を心がけている。これが直接的な原因とは言えないが、学校全体の雰囲気がとても互恵的なものになっているのは事実である。休み時間には友達の主言語（スペイン語）をノートに書いてまで（図5.3）覚えようとする児童がいたり、全

図5.3　児童自作のノート

図5.4　保護者との面談会

校集会では積極的に下級生の面倒をみようとする子が出てきたり、部活動などでは日本人・外国人の区別することなく活発に意見交換を行う様子が見られたり、といったように授業外の学校生活においても相手を慮った交流が各所で見られるところからも窺い知れる。学校に存在する構成員の一人一人が、自分たちは学校の一部だと意識し、自分たちこそが日々学校をつくり上げているのだという自覚から生じる対話だと言えよう。

　対話という点ではもう一つ重要な取り組みがある。それがブロンフェンブレンナー流マクロシステムに配慮した対外者とのやりとりである。授業中の挙手による発言、日直や給食当番といった学級内業務、チャイムに従った時間厳守行動、放課後のクラブ活動など日本独特の教育制度や方法は文化的な背景に基づく異なりとして顕現してくるのであるが、当該児童やその保護者にはその意味を（良し悪しは別として）了解してもらう必要がある。そのために本校では、各家庭からの質問を常時受け付ける機会を設けたり、学期に一度保護者との面談会を開いたりしている（図5.4）。これは制度自体に関する情報を提供する催しではなく、あくまでも「なぜそのようなやり方を行っているのか」という疑義に対する真摯な回答の場、そして制度への理解を促進する説明の場なのである。まさに意味づくりの行動と言うことができる。

　静岡県西部にあるE小学校でも、2007年度より通常学級内ではなかなか授

業についていけない児童を集めた教科教育（国語・算数・社会・道徳）学級を編成した。

この学級編成にあたっては非常に綿密な時間割（図5.5）作成が必要となったが、教師間の話し合いを繰り返して実現した。当該学級は、構成員の大半が日本語の指導が必要な児童であったが、現在では日本人・外国人の別を問わず在籍を可能としている。この学級の特筆すべき点として、通常学級と進度がまったく同等であるところが挙げられる。通常学級と同じ教科書を使い、同じ時間割で、同じ単元を、同じ時間数で指導している（図5.6）。それを可能としているのが教師間の相互連絡と、現

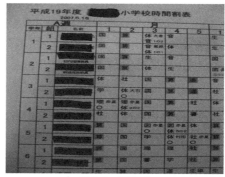

図5.5　時間割

図5.6　特別編成学級

存するE小学校ならではの素材を最大限に活用する試みである。たとえば、学校をオープンにして地域人材を受け入れる、マスコミ等への情報公開の対価として新情報や協力者を得る、学校独自の手法を開発する、といった行動である。こうした取り組みの中で最も重要なのが、日本人児童と文化的背景の異なる児童という表面的な分化を肯定的に容認しながら、同じ教科内容を扱っているというメッセージを送るといった内容的な統合を試行している点だと言えよう。まさに矛盾を忌避しない対応である。

教科指導を中心に行うこうした特別編成学級は表面上取り出し的な学級なのであるが、学校全体の指導体制に組み入れられているために、いわゆる「国際学級」や「日本語学級」とは性格が異なる。まず、新規に来日して日本語の指

導を必要としている児童らは「サバイバル日本語」の指導を受け、その後所属教室を変える形で「初期・中期日本語」の学習へ移行する。その次の段階が本節で取り上げている「日本語による教科指導学級」である。当該学級での学習を修了すると、在籍学級に完全に移り、TT指導等を受けることになる。このように、教科指導学級は単体で独立したものではなく、確実に他の学級との繋がりをもっている。

E小学校の制度が有効に働いている理由は、南米系児童の爆発的な増加に対応するため緊急避難的に整備した機能的な体制だけに存するのではない。むしろ、各所で指導を実践している教師や支援員同士の頻繁な対話にある。外国人指導担当者や支援員は、日常的に児童や授業について話し合いを行っている。学年主任者等代表者の会合では、取り出している子どもの学習状況について担当者を交えて議論し、児童の一人一人の学習の場が適当かどうかを常に確認している。また、各教師が、

図5.7　放課後勉強室

放課後勉強室（図5.7）のボランティアから毎日感想や要望を伺い、その意見を自分たちの活動計画に反映している。

さらには、H小学校と同じように、保護者懇談会、家庭訪問、三者面談、子育て相談会などの中で、保護者によりそい教育意識を高めるといった交流も行っている（図5.8）。その地道な対話の試行によって、支援対象児童の保護者からも、「以前は家で勉強をしなかった子が、かなり努力をするようになりました」「子どもたちの様子について知らせていただきありがとうございます」「外国人児童であるわたしたちの子どもの勉強を心配していただきありがとうございます」といった感謝の声が寄せられた（E小学校収集のアンケート記述から抜粋）。

図5.8　保護者懇談会（左）・子育て相談会（右）

　以上の実践場面の中で活躍する日本語支援員に焦点を当ててみると、次の観点のあることが分かった。

- 日本語指導だけを目的とせず、当該児童一人一人の実情に合わせた学習を試みる。
- 当該児童への働きかけだけではなく、他の児童とのかかわり、担任教師との連絡、教科内容指導への提案等を考える。
- 学校全体の体制と個々の支援活動を分断せず、自らを両レベルの橋渡しができる者、深い理解ができる者とみなす。

　これらの点から考えれば、もはや「日本語支援員」という固定的な役割名称を与えることができない。当該観点は上述の実践全体にも波及していると考えられ、他の教職員にも認められる捉え方となっている。その意味でも他の参加者同等の教育場面の構成員なのである。構成員としての具体的な行動は、外国人・日本人の区別を付けずに児童・教職員・保護者へよりそい、関係者の間に入って互いを繋ぎ、新しい関係性を結ぶというものである。教科内容・指導内容・学校の外部者への説明内容といった素材に対しても、忌避する前にまずは接近し、素材を繰り返し対象者へ紹介し、うまくいかなかったら他者の協力を得るなどして適切な素材に再加工し直している。これを言い換えると、言語・文化・価値観などが違う者同士が接近して時空間的変化を促進し、連携して関

係性を組み上げ、新しい価値を創造し新しい秩序を形成する行為、すなわち方向付け・関連付け・意味付けの行為である。この諸行為の総体は、行為主体が自分のいる文脈を常に意識し、文脈中に存在している他の主体のことを常に考え、他の主体との協力を得ながら良好な自身の居場所を探していくという意義がある。この意義を活動レベルで捉え直すと、変化促進・関係構築・秩序創出となり、大きくは教育的営為という実践になる。

5.1.3　生態学的教育目標

　上述した実践例は今後も重点的に考察と検討を加えるべきものであるが、一見するとその必要がなく当たり前、容易で単純なものに感じられてしまうかもしれない。あるいは逆に、教育実践に専ら従事する支援者の行動のみに注視しすぎた結果、その職人芸的な技能や継承時間の必要性から普通の現場では実現不可能だとする嘆息もしばしば聞かれる。しかしながら、どちらの見解も教育実践には結び付きにくく、現場に貢献する人材が育つ余地もない。全国的な現状を鑑みれば、潜在的に誰が貢献者になるかという知見の発掘は困難で、人的資源が圧倒的にそして慢性的に不足しているのである。こうした人材確保をはじめとする量的・物質的対策には必然的に限界がある。したがって、やはり現場にある資源の潜在的・創発的な側面を積極的に活用していく捉え方と方法を確立していかなくてはならない。

　S小学校にしても、H小学校にしても、そしてE小学校にしても初めから良好な環境が整っていたわけではない。ある程度の時間をかけて、できるところから、その時点でその場にあるものを活用して、そして参加する者同士が関係し合いながら少しずつ取り組んでいった末の成果である。連続性、つまり、過程性と関係性を重視する対応だったのである。確かに、言語教育に関心（あるいは知見）のある者が支援者として存在していたこともあるが、当該支援者の専門性はいわばスペシャリストとしての力量ではなくむしろジェネラリスト（縫部, 2007, p.17）としての専門性である。これが、後述する「仲介者」としての実践に埋め込まれた専門性である。旧来の見解から（旧来型基準を満たす）人

材の掘り起こしを図っても困難であることが首肯できよう。

　ただし、「どうしたら専門性が身に付くか」という問いの設定は本研究では行っていない。この問い自体が生態学的言語論に逆行するものであることは、改めて言及するまでもない。能力至上主義には未だ多くの欠点が残されていることに加え、教育実践は個人の活躍だけでは成立しない側面がある。本研究の趣旨に基づいて問い直すならば、「(支援者・学習者の別を問わず高度な専門性の獲得に見える)実践はどのような過程と関係の中で醸成されるのか」ということになろう。これを換言したものが「言語形成・主体変容・実践場面はどのようにして成るか」である。

　当該発問に対する回答はこれまでの議論から、理論的にはほぼ確実に出すことができる。実践が記号論的(要素間)過程性と(範疇間)関係性の賜物であるところから、図4.4に示すような行動(操作・行為・活動)を起こせばよい、ということになる。もちろん、誰もが俯瞰的な視座をもち合わせているわけではないし、仮に活動全体についての指揮権をもった者がいたとしても個々の操作や行為について逐一指図できるものでもない。それに、行為を行う者にしても、現実的にはたとえば直近の素材から表現を創出するのが精一杯であるだろう。むろん、これは支援者や学習者の力量不足でもなければ、管理者の監督責任の放棄でもない。個人的な相互作用、対人的な対話、集団的な意味づくりは誰かが(もしくは何かが)統御するものではなく、過程と関係から「生み出される」ものであるからだ。

　しかしながら、「統御不能」は「打つ手なし」を含意していない。手近な(直近の)素材であれば間違いなく意思の反映が可能である。さらに、いくら言語形成が個人の責任に帰することができないと言っても、各人無関心の状態で成立することはない。各人がまったくバラバラに動いて良しとするわけにもいかない。

　そこで重要になってくるのが行動を喚起する意識、すなわち「教育目標」である。もちろん、具体的には各実践で異なってくる。公立学校ではしばしば「グランド・デザイン」と呼ばれる学校が目指す全体像のタイトルがこれに相

当し、たとえばH小学校では「えがく力・かかわる力・もとめる力」、E小学校では「ゆめに向かってかがやく子」と謳われている。このような目指す先を構成員が意識することで、言語形成・主体変容・実践場面が良質かつ健全なものに向かいやすくなる。この「良質性（健全性）」については次節でもう少し議論を行うが、実践を良質なものにする目標としても、これまで各所で言及してきた「多様性」「均衡性」「持続可能性」が本節の各場面に通底すると考えられる。

本稿ではこの３つを生態学的環境の変化・関係・秩序と結び付けて論じているが、環境自体の性質と言うよりは「有機体が重んじる（ように見える）在り方」と呼ぶ方が適切であろう。その捉え方においては、アフォーダンスに相当する。少なくとも実践場面の良質かつ健全な価値とみなすことは不可能ではない。現に、言語や主体の実態を眺めれば、かなりの多様性に富み、各所で均衡が取れていて、なおかつ（将来どうなるかの予測は立たないが）現時点まで存在が持続してきたのである。繰り返しとなるが、多様性とは多種多様な要素と範疇の変化であり、均衡性とは要素間および範疇間のバランスの良さであり、持続可能性とは代表→対象→解釈項の道筋および第一性・第二性・第三性にまたがる連続性、いわば秩序が継続することである。したがって、今やこれらを目指すところ、特に言語教育において教育目標に定めることに躊躇はない。

S小学校の事例で言えば、イワンの存在そのもの、個性豊かな子どもたち（およびそれらの肯定）、イワンに対する多彩な接し方、といった事柄が多様性を示している。また、友人グループを固定化しない、クラブ活動に校内・校外の差を付けない（両者とも尊重する）、イワンだけを際立たせた授業を実施しない、M教諭だけに担当業務を任せない、出来事間の関連や影響の大きさを考える、といった事柄は均衡性を考慮したものである。そして、校内に存在する教材を使って言語指導をする、保護者や地域の協力と理解を取り付ける、問題が発生しても一人（一部）だけで解決をしようとせず情報をオープンにして支援を請う、といった事柄が持続可能性に匹敵する。先に言及した通り出来事間の連続性という現象は、まさに出来事への参加者が多様性と均衡性と持続可能性の発

現を目指した行動によって発生したものである。もちろん、必ずしも主体の思惑通りに発現するとは限らないが、少なくともその発現を目標とすることは可能であり、また目標として意識しない限り実現することも叶わない。

前節で取り上げた日本語支援員の共通観点も教育目標とすることができる。指導の目的を一つに限定しないのは多様性、他者とのかかわりを考えるのは均衡性、個人と全体を繋ぐ試みは均衡性あるいは持続可能性に貢献する。

多様性・均衡性・持続可能性が教育目標になりえるのは、これらが環境に対して倫理的（いわゆる「環境にやさしい」）であるという理由に留まらない。実践場面に参加する記号論的要素が、つまりは言語素材、学習者・支援者、実践場面そのものが、過程的（記号過程的）存在であるためである。代表→対象→解釈項という動的な流れの中でこそ存在が認められ発生が許されるからである。変化を促進すること、関係を構築すること、秩序を創出すること、こうした行動を通して言語が形成され、主体が変容し、実践が場面として現出するからに他ならない。

5.2 実践場面としての言語活動

本節では前節で議論した要素の「過程的存在」から視線を転じ、範疇の「関係的存在」を議論する。記号範疇の連続性は、ロゴフ、レオンチェフ、ブロンフェンブレンナー、ベイトソン、エンゲストロームらの学習階層としても顕現する。実際の事例を観察しても、言語形成にかかわる学習者および支援者の行動という点で階層間の連続性が見て取れる。

たとえば、表4.4の事例である。支援者T_3とベスの実践においては、表面的に二者間のやりとりに留まっているように見える。しかしその推移を追っていくと、「ひらがなの筆記」という個人的操作、「T_3からの働きかけとベスの応答」という対人的行為、「完成した表を担任へ提出し一緒に喜ぶ」という集団的活動が生起している（表5.1）。しかも、階層毎の出来事を「50音図の完成」への過程として捉えてみると、全てがこの完成に向かって生起しているだ

けでなく、ほぼ同時に起こっていることも分かる。また、言語素材としてのひらがなの生成は（主体が表現可能にする）手段の多様化に他ならず、「50音図の完成」が多様性という教育目標にも合致している。

表5.1　階層表1（ひらがな筆記の実践）

階層＼実践	ひらがな一文字一文字を書いていく（50音図の完成）
個人	ひらがなの筆記・表の作成
対人	（どんな文字があるか調べてみようという）T_3からの働きかけとベスの応答
集団	完成した表の担任への提出と評価（大きな丸をもらう）、それを一緒に喜ぶ

こうした学習階層の様相が、「言語活動」と広く称される実践場面である。政策論議等でしばしば取り上げられる「言語活動」は、言語形式や言語容態の側面を際立たせて規定する傾向にある（文部科学省, 2011a, 2011b）が、それは本来の（バフチンやレオンチェフや細川が唱える）捉え方とは異なっている。これまでの議論が示す通り生態学的言語論では活動を行動の現れとみなすので、言語活動も実践場面に含める必要が、さらには言語形成・主体変容と同等に扱う必要がある。結論的には記号範疇的連続体だと語っていくことになる。本節では、将来に向けての枠組みの転換を視野に入れながら、従来概念との整合性を付けつつ論考を進めることにする。当然、当該用語を「実践場面」で置換していっても本論考の展開に支障はない。

5.2.1　こえの素材

本節の実践例は、静岡県中部にあるA小学校で行われた公開授業からの抜粋である。P教諭による他文化の理解を主目的とする6年生を対象にした道徳の授業で、当該学級に在籍するブラジル出身の2名（ユカ・マミ）の児童を交えて行われた。P教諭は、本年度初めて当該学級を受けもつだけでなく、これまで外国圏の児童を迎えた経験もない。ところが、わずか2カ月足らずで学級全体のまとまりと信頼関係が必要な授業を実施できるまでに至ったのは驚きで

ある。

　45分間の授業の概要は次の通りである。

　「ブラジルのことをもっとよく知ろう」というテーマを踏まえ、まず既知事項の確認から始まった。P教諭がブラジルについて知っていることがあるかと問いかけると、児童らは「サッカーが強い」「南アメリカ大陸にある」「日本から移民した人が多い」「サンバ」「農業が盛ん」等と口々に発言し、同時にP教諭が出てきた意見を板書していく。一通りの意見を集約した後、今度はブラジルについて知りたいことを問う。この問いに対しても、「有名な場所」「世界遺産の有無」「主食は何か」「日本のことをどう思っているのか」といった意見が頻出する。それらも再び板書でまとめられた後、ブラジルの概要が記載してある資料が配付される。配付後当該資料に基づいて、「人口は日本の何倍だろう？」「10倍くらいかな」「面積はどのくらいだろう？」「ものすごく広い！」などとP教諭と児童らとの自由なやりとりが継続していく。暫くすると、ポルトガル語で表記されている国名や国花名が話題になり、その読み方が児童の間で気になり始める。そこで、P教諭はユカやマミにポルトガル語で発声してもらう。この行動に端を発して、ポルトガル語の挨拶、数字、曜日、月名などの基本的なフレーズを言ってみようという活動に展開していった。その後、大半の時間がポルトガル語のフレーズを（ユカとマミの発声に）真似て言うところに費やされたが、児童たちは次々と提示されるフレーズを興味深そうに発声していった。授業の最後に、P教諭からブラジルの通貨、サンバの曲、踊りなどが簡単に紹介された。

　本授業の内容自体は、他所でもよく実施されている国際理解教育を主題としたものであり、ブラジルの文化紹介の域を越えるものではなかったが、P教諭が授業中に行っていた児童への発問や働きかけは、ユカ・マミと他の児童とを繋ぎ学級全体の学習意欲を喚起するものであった。特にその進行方法については、違いを際立たせるのではなく知りたいという興味関心に結び付ける流れが秀逸であった。

　前章でも触れたように、言語の/こえ/は当該言語らしさを著しく醸し出す

素材である。そのために、本授業のように（大半の児童に対して）非主言語として取り扱うと、主言語との異なりが目立ちすぎて否定的な意味が付与される可能性が高まる。つまりは、からかいや揶揄の対象になってしまう傾向にあるということである。これが主流語学習者にとっては隠れた圧力となる。実際、本学級のように「仲が良い」と評判の場においても、ユカやマミにとっては発言の積極性を減じることに繋がってしまっている。次の一場面がその様相を象徴している（表5.2）。

表5.2　A小学校での授業の一場面

ある児童の発言がよく分からないといった顔をするマミのそばにP教諭がよりそい、「今の発言がよく分からなかったのでもう一度ゆっくり言ってみて」と教室全体に再言及した。また、マミの発言があまりにも小さかったために周囲の児童（C）が「よく聞き取れな〜い」と騒ぎ出すと、「みんなの日本語はマミさんにはよく聞き取れないかもしれないよ」と気持ちを代弁した。すると「そうだよ、よく聞いてみ！」と騒いだ児童を叱る児童（D）が出てきた。さらに、ポルトガル語の珍しい発音がユカから提示され、その発声の仕方の解説がP教諭からあると、「もっと教えて！」と希望する児童が続出する。そうした児童に対して、P教諭は「じゃ、ユカさんやマミさんに聞いてみな！」と発言し、児童同士のかかわりを付けていく。

しかしながら、このようなP教諭の発問や働きかけによってユカやマミと他の児童がかかわり合っていく。しかも、この場面で注目しておきたいのは、働きかけが必ずしも支援者からだけではないところである。マミからP教諭への働きかけについては顔をしかめるといった非常に些細な行為なのであるが、それが集団的活動の再生（やり直し）へと転じている。それと同時に、この瞬間からマミやユカに対する個々の児童の発言が比較的丁寧（公的）なものへと移行していった。マミの気持ちを汲み取り共感の意を表出する勇気を児童に与えたきっかけも、もしかするとP教諭の発言によって学級の雰囲気が変わったためかもしれない。ともかくも、たった一人の児童への働きかけが学級全体の様相を変える、逆に学級の変容が個々の態度や気持ちを変えていく様子が現れた。

第5章 生態学的言語論と教育実践

　当該場面は、時間にするとわずか数分間の出来事である。しかし、その数分間に階層毎の事象が絡み合う。一人の発言を取り出してみてもその行為は個人的なものでもあり、対人的なものでもあり、集団的なものでもある。Dの発言はCの言動を直接たしなめた個人的な行為であるが、これは同時に学級全体への注意喚起ともなっている。P教諭の気持ちの代弁にしても、個人的には発言、対人的にはマミへの配慮、集団的には児童全員への気づきの喚起である。全員への気づきの喚起であることは、P教諭の意図を理解したのがCではなくこの時点まで非当事者のDであったということからも見えてくる。さらに、本授業でたいへん興味深い動きは、CやDを含めた学級全体がポルトガル語の発音方法を知りたいと思うようになったという学習の発生過程にある。それは、言語による活動が個人の中だけではけっして完結しないものであることと同時に、対人的なやりとりや個人と集団の相互作用（個人からの働きかけと集団からの影響の併進性）によって新しい事象が創造されるものであることを意味している。本実践における新しい事象とは「知りたい」という学習の発生、まさにエンゲストロームの「歴史的に新しい形態の生産」である。当該学習の発生は言語活動の発生と軌を一にしている。つまり、学習は言語活動そのものと言うことができるのである。

　表5.3に示した通り、一事象は尺度の大きさによって様々な現れ方を呈することがよく分かる。加えて、各階層によって観察された様相がそれぞれ独立してまったく無関係に存立しているのではないことも見えてくる。少なくとも、ある一定の時間内あるいはある一定の空間内に生起したと見られる一つの事象について3つの階層から別々の記述が可能になるという点において、また逆に、一見階層毎のバラバラな出来事だと考えられるものでも全て同一現象とみなすことが可能であるという点において、階層間に連続性が存するということは明らかであろう。つまるところ、上述のような実践を巨視的な尺度から規定していくと「活動」ということになる。巷間の見解には協働学習的なものを取り入れさえすれば活動を実施したことになるという誤解があるように見受けられるが、何かを他者と一緒に行えばそれだけで活動になるという考え方は、活動の

包括性を鑑みれば自ずと不自然であることが了解できる。言語活動は集団で行うものには限られない。集団かどうかを問わず、対話のあることが言語活動なのであり、そうした教育的営為を通して世界が探索されていくのである。これがフレイレの言う、意味あるテーマを探索するプロセスすなわち「意識化」そして「課題提起」である。ここにはもはや実質的な活動と学習の区別は存在しない。

表5.3　階層表2（A小学校）

実践 階層	ブラジル系児童Y（ユカ）とM（マミ）の発表過程 （ポルトガル語の単語の提示）
個人	Mの（小声での）発声、近隣児童Cの（よく聞き取れないという）発言、P教諭によるMの気持ちの（Mには皆の発音がよく聞こえ（分から）ないという）発言、Yによる語の再提示、P教諭による解説
対人	CからMへの注意、他児童DからCへの（よく聞いてみ！という）注意、別児童からMやYへの（もっと教えて！という）働きかけ
集団	Mの発表、P教諭による児童全員へ向けた代弁、Dによる児童全員の面前を前提とする発言（叱責）、Yによる児童全員に向けた説明、発音を知りたがる複数児童のMとYへの働きかけ、（MやYに聞いて（質問して）みな！という）Pによる児童全員への働きかけ

本授業を、全員参加型で知的好奇心が掻き立てられるような楽しい雰囲気にアレンジしたのはP教諭の力でもあるが、実際の授業がそのように展開したのはP教諭がサポート役にまわり、上述のような働きかけを頻繁に行っていたためである。P教諭の他児童とのかかわりをもたせようとする促しと、児童の孤立を回避する働きかけは、当該児童をモデルにして他文化・他言語を理解させようとする、たとえば日本とはここが違うのだという点だけを強調する授業ではなかなか顕現しない行為であろう。それに加え、やりとりを活発に行おうとした児童らの力も存在している。何よりも子どもたちには教師にはない「元気」の源がある。まさにこれを活かした見事な授業であった。

5.2.2 教科学習の中の言語活動

　記号範疇間の連続性は、各階層の関係性として具現化する。授業・教室・学校等が学習者の成長に必要不可欠な学びの場だとみなせるのも、さらに学習者の質の変容を保障するのが制度・体制・状況・風土・雰囲気といったものと考えられているのも、関係性が具体的に観察可能なためである。しかし、ここで問わなけれならないのが、質の高い、良質な、健全な実践とはどういうことなのかという点である。生態学的な比喩を用いるならば、一つの種や状況がある生息域を荒廃させたり汚染したりすることも関係的な影響作用であることには違いないが、いかに生物の多様性を維持し、いかに生態系の均衡を保ち、いかに環境全体の持続を可能にするかを検討できなければ、意味がない。これと同様、各範疇が実際どのように影響し合って肯定的な実践場面が生成されるのかを考察しなければならないだろう。

　本節で取り上げるのは、静岡県中部にある H 中学校での理科の授業（中学 3 年生 30 余名・担当 N 教諭）で、2015 年 7 月に行われたものである。

　本年度の H 中学校の授業実践のテーマ（教育目標）は、「かかわり合いを通して考えを深め合う授業」である。本校での「かかわり合い」というのは、相手の思いを汲み取り、自分の中で熟考し、相手に伝わるように表現する流れのことである。受信・解析（消化）・発信の過程と言い換えることができる。これは、まさに第 3 章で取り上げた探索的活動から遂行的活動への推移であろう。「個人の思考も他者との関係性の中で醸成する」ことが了解されて、はじめて掲げられるテーマと言うことができる。

　表 5.4 の授業案にある「段階」とは、上述した流れを具現化するための方策である。特に重要なのが 3 番目の「かかわり合い」の段階である。この段階において、最初に提示される学習課題を「解決すべき問題」として焦点化し、その解決を目指すように授業全体のベクトルが向けられる。ここで留意しておきたいのは、個々に答えを出す（あるいは個人的に理解をする）ことを目的にしているのではなく、問題解決に迫れるような「かかわり合い」をすること自体を重視している姿勢である。かかわり合いを深める工夫のことを、「手立て」と

規定しているところからも伺い知ることができる。

段階を経る過程は、本校ではどの教科の授業においても実践されている。加

表5.4 授業の概要（N教諭作成・一部筆者が改変）

1 単元名
力学的エネルギーの保存
2 単元の目標
運動エネルギーと位置エネルギーが相互に移り変わることを見いだし、力学的エネルギーの総量が保存されることを理解する
3 本時の授業
(1) 教材名　　力学的エネルギー保存の応用
(2) 目標　　　「エネルギーが変換されるとき、総量は変わらない」ことを知った生徒が、振り子の実験を通して、理屈を深めながら振り子が1回転する理由を説明しようとする。
(3) 手立て　　必要に応じて★（評価・留意点欄）を提示
(4) 授業展開

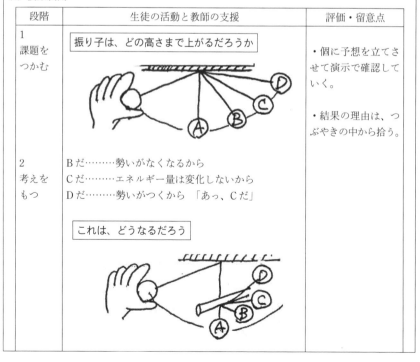

	Bだ………勢いがなくなるから Cだ………エネルギー量は変化しないから 　　　　　さっきもそうだったから Dだ………勢いがつくから　「えっ、またCだ」	・班単位の小集団で活動する。
学習問題の成立 3 かかわり合い	どの場所に棒を置けば、振り子は1回転するのだろう	★①②③は、必要に応じて提示する。 ・班ごとに予想を立てさせて、発表する。 ・その後、検証実験をする。 ・実験結果をもとに、理由を考える。
	位置エネルギー＋運動エネルギー＝力学的エネルギーだし、 エネルギーは形を変えても量の変化はないのだから、①や②だとエネルギーを使いきってしまっているので③なんだ。	・エネルギーの変換や保存の原理に気づき、結果から理由を説明しようとする。 （興味関心） （科学的思考）
4 表現する 振り返る	③の場所に置けば、元の高さに達していないので、振り子のエネルギーを生かしながら、1回転することができることを説明したり、しようとしている。	・班ごとに、発表させてから、全体で確認する。 ・ノートにまとめる。

　えて、表にも特徴的に記載されている通り、どの授業においても生徒の「活動」が主軸になっていて、教師の行動は「支援」として取り扱われている。当然のことながら、これは教師からの情報伝達や働きかけ（従来の用語における指導）が皆無であることを意味しない。しかし、伝達だけで授業が成立するとははじめから想定されていない上、本時の授業でも伝統的な講義形態のみで進行していない。むしろ、指導は評価とみなされている点が興味深い。

　さて、このような授業の中で一体何が起こっているのかということに触れていくと、教育場面が言語によって活性化している様相が見えてくる。本授業で

は、まず教室前方に生徒たちを集めて振り子の実験が行われた。単元目標にあるエネルギーという概念は直接目に見えないこともあって、中学生が（もちろ

図5.9　個人的行動

ん成人でも）理解するのはたいへん難しい。まして、その保存性を了解した上で、現実世界でどうなるのかを予測することは困難を極める。しかし、実際の現象を目の当たりにしてから理屈を（妥当かどうかは別として）考えることならば誰にでもできる。ただし、その思考過程を妨げられてはならない。

過程の断絶は、たとえば単純に答えを与えるという行為によっても引き起こされる。解答の提供が教師から生徒へという一方向の行為であるからである。以上を踏まえた上で行われた実験であるが、すでにこの段階で言語活動が発生している。教師がやって見せて終わりにするのではなく、実験をしながら生徒からの意見（予測）を拾い、または言わせて、なぜそう思うのかと問いかける。質問も受け付ける。それでも完全な答えは言わない。かなりまわりくどい過程かもしれないが、生徒たちの学習はこうした時間をかけた言語活動の中で生まれるのである。

　実験終了後、生徒たちは一旦各自の席に戻る（図5.9）。前時で行った授業内容に触れながら、実験の結果をどう解釈したらよいかについて教師がある程度の解説をする。形態としては従来型の講義に近い。それでも、生徒一人一人は、話に耳を傾けたり、ノートを取ったり、発問に手を挙げて答えたりしながら学習を進める。つまり個人的な言語操作を行っている。

　この時点でも活動が起こっていると言えるのは、各生徒の中で次々に発生している疑問（あるいは混乱）が呟きとして、隣人同士のアイコンタクトとして、さらには（何とかして答えを探そうとする）板書の凝視として現れているためである。これは、N教諭曰く「ぐちゃぐちゃにする」（後日の校内研修会での発言）

という、生徒たちを混沌とした状況に誘う働きかけである。もちろん、意図的なものである。それが、かかわり合いを付けるための、すなわち一人では解決できないことに思い至らせる「手立て」と言えよう。

段階2と3の間では班活動が実施された（図5.10）。この段階での目標は、振り子が一回転するポ

図5.10　集団的行動

イントを発見することおよびその理由を考えることである。ただ、実際にはなかなか解決に至らない。ポイントの発見という技術的な目的と、発見のヒントとなる理論の構築という思考的な目的が相補関係にあるためである。したがって、考えて試し、試して考えるという過程を経ないと目標に届かないのである。しかし、班活動はその過程を経るという絶好の経験場を提供する。しかも複数の生徒が集まると、必ず技術的な対応に得意な者、逆に考えることを厭わない者、その他アイデアを出したがる者や早く答えを教えてほしいと思う者など多様な学習者が存在することになって、必然的にやりとりが活性化する。このような場面では、互いが何を考えているのか、何をしようとしているのかを言語によって語り合い、探り合いながら互いの行動を調整していかなくてはならなくなる。一般的に言語活動として協働学習に言及されることが多いのも、このような相互交流の側面を言語活動が現すからである。

一通りの問題解決に至った班は、教師へ結果を報告する（図5.11）。どのようにして一回転ポイントを見つけたのか、なぜその点においては一回転するのかを説明する。話し手と聞き手という形態なので、（参加人数は2人以上であるが）対人的な活動になっている。形態としては非対称的であるものの、質疑応答が繰り返されるという点において言語による相互の影響関係と言うことができよう。当然、説明者である生徒一人一人と彼ら/彼女らが学んでいる経験場

の間に言語が介在している。言語活動なくして学びが生まれないことは、このような実践例を観察してみても明らかになる。

前節と同様に階層毎の場面を検討してみると、やはり個人・対人・集団の連続性が手に取るように現れていることが分かる（表5.5）。本授業をその特徴的な事象別に時系列で並べれば、個人的（図5.9）、集団的（図5.10）、対人的（図5.11）な行動の推移ということになるだろうが、それは表面上形態として目に見えるところを強調した結果にすぎない。実際には、班活動が行われている間に結果報告をしている班もあり、班活動の中で観察経過をノートに取っている生徒もいた。このような事象の同時生起という現れは、前節で言及した実践例と何ら異なるところがない。したがって、重要なことは協働的な形態を採用する（さらに採用を前提とする）ということではなく、授業のそれぞれの段階に適切な方法を考えるということである。そして、最も念頭に置くべきことは、どのような方法を用いるにせよ言語活動が発生しないと学習そのものが成立しないという点である。つまり、「個体と環境の相互構成性」と、相互構成を促進する「言語の媒介性」を踏まえた授業実践であり学習活動でなければならないのである。

図5.11　対人的行動

以上の考察からも明らかなように、言語を使用するだけでなく、言語によるやりとり、たとえば生徒同士、生徒と教師、生徒と教科書・ノート・資料等、生徒と教室内の教具を含めた教材、といったものの間における言語の往還が発生してはじめて言語活動となる。やりとりが発生すればそこに学習も生まれる。言語活動を教育実践とみなしても、けっして過言ではないだろう。そのために、活動を行いさえすれば良い実践ができるという捉え方は短絡的と言える。質の高い教育実践を展開する上では、やはり質の高い言語活動を実施しなくてはな

らない。質の高さという点からすると、本節で取り上げた理科の授業は相当質の高い授業ということができよう。

表5.5　階層表3（H中学校）

実践　　階層	エネルギー保存の法則の発見と理解
個人	実験への参加、内省的思索、観察記録、聴講
対人	アイデアの提供、実験結果報告、意見交換、質疑応答
集団	実験の実施、実験進行の話し合い、教材の共同使用、理論（回答）構築

5.2.3　協働学習が意味するもの

　質の高い言語活動を行う上では階層間の連続性を踏まえた総体的な実践を目指すことが鍵になるが、活動的なことを実施すれば質が高くなるという見方だけで対処するのは早計である。特に、活動中に何が生起しているのかを具体的に観察する視点がないと、学習者同士で学び合うような形にする、一般的に言う協働学習の場を設定することのみに注視し、協働学習的形態が現れただけで学習の成功とみなしてしまうことになる。そこで本節では、教育実践中のプロセスを詳しく吟味していく。

　本節で取り上げるのはブラジルの教育の事例である。ブラジルを含む南米系の教育事情を言語教育の文脈で取り上げると、どうしても人的資源の送り出し側としての立場に焦点が当てられがちになるが、地元での取り組みにも注視すべき点は多い。近年は、民主化以前の時代に比した現体制における経済的成長と政治的安定化への動向に対して、各国から注目が集まっていることも見逃せない。教育政策に関しても、そのスピーディーな対応と先進性には目を見張るものがあると言われている。2001年立案の国家教育計画により制度の民主化が加速され、およそ十年後の2010年にはGDPの6%ほどの莫大な資金が教育関連分野へ投資されたという（江原・山口, 2012）。具体的な指針（Plano Nacional de Educação 2011-2020）については2011年に定められたばかりであり、その点

で各地での対応については現在も進行中ということになろうが、今後の発展が大いに期待されている。

　2012年現在のサンパウロ市教育長Célia Regina Guidon Falótico氏からも、上の教育に対する配慮と発展を裏付けるような見解が寄せられた。中でも、全市予算の31％が教育関連費に充てられているという実態には、教育行政にかける並々ならぬ尽力が感じられた。財政規模もさることながら、施策内容の充実度も突出している。経済的・文化的教育格差を是正するための「幼少期からの学習機会の均等化」、教師力量の進展を図る「（金銭的・時間的）負担をかけない研修制度の充実」、現代的課題に対応できる人材育成を目指した「地域的ニーズを踏まえたカリキュラム改編」、従来行われてきた評価法を問い直す「新評価法の開発」といった取り組みをプロジェクト単位で次々と敢行し、教育の質そのものの向上にも焦点を当てる。当該プロジェクトは、行政機関（教育委員会）・研究機関（大学）・実践機関（学校）の3者連携の下で実施しているが、ここに現職教師を関与させることで、制度設計と教師の社会的地位向上を並行して達成する道筋も付けている。

　ここで注目したいのは、カリキュラム構成や教育制度設計における手法と考え方である。殊に、現場の教師独自の工夫や意見を随所に、しかも随時提案できるという柔軟性（多様性の許容・均衡性の配慮）は、様々な文化的価値観が共存し、社会的変化が加速するサンパウロ市のような地域にとって必要不可欠である。結果的に完成された仕組みとは言えない、いわば荒削りの型枠となって顕現することは必至であるが、「未完成」を認めかつ「構築しながら運用するプロセス」（持続可能性の追求）自体を積極的に評価する体制に対しては、特筆しておかなくてはならない。当該体制は、本来の教師の専門性が最も活かされる場とも言え、教職における一種のやり甲斐の喚起にも繋がっている。そうした場が、まさにフレイレが述べる「意識」「課題」「対話」の発生現場である。自己が埋め込まれている実存状況の意味を省察の過程の中で気づき、気づいた内容を批判的課題として認識しながら具体的な行動に結び付け、他者との調整を通して学校・教室といった共同体の変革を促進していく、このような経験の

連続が教育場面の構成員でもある学習者と共にある教師の有力感を積み上げる。自己の努力が直接実践に還元されると同時に、実践からの評価が直接自己に与えられるという相互作用性があってこそ、当事者にとってはそこが「居場所」と認められるのである。調査した市内5つの学校・施設[60]においても、教職を否定的に捉える談話（多忙・生徒指導問題・学力低下・教材不足・職場環境悪化等）は一切聞かれなかった。反対に、授業内容、学級運営、生徒の様子、同僚の教師や管理者（校長・副校長）、行政の対応等々について、生き生きと興味深く誇りをもって語る様子が非常に印象的であった。

　下記の授業実践も、そうした柔軟な取り組みが成果を上げつつあることの一例であろう。

5.2.3.1　主言語の授業

　本節で紹介する主言語（ポルトガル語）の授業は、2012年9月25日に市立Jenny Gomes校で実施されたものである。8年生の25名を対象とした70分の授業であった[61]。当校での言語科の授業は、どの学年も週5コマ（1コマは45分）の時間割で行われているが、上級学年に対しては2コマを連続させて実施する頻度を増やし、深い内容理解に繋げるための時間を確保している。

　教室内には、予め個人の学習机を4つ寄せ合わせ上からテーブルクロスをかけて1つの広い会議机様にしたもの（島）が6つ設置されており、1つの島につき最大6名の生徒が顔を突き合わせて着席できるようになっている。担当教師のHorikawa氏によると、主言語の授業はどの学年もこの形態の教室で実施されているという。この6名グループという班編成の規模と形態は、本校歴代教師の経験の蓄積を経て淘汰され、最も適切な形として継承されてきたものだ

60　Escola Municipal de Educação Especial Anne Sullivan（市立特別支援学校）、CEU Quinta do Sol Cangaiba（地域学習センター）、EMEF Jenny Gomes（市立学校）、EMEF Máximo de Moura Santos（市立学校）、EMEF Bartolomeu de Gusmão（市立学校）の5か所。
61　この授業は、筆者ら外部ゲストを招いた上での公開授業だったため、開始から10分が（別室での）概要説明、終了後10分が（感想やコメントを述べてもらう）講評に充てられた。普段は、最後の発表時間を長くして全班からの発表を執り行っている。

そうである。

　本時の授業進行は、下記の通りである。

　授業が始まると、生徒たちは予め決められた場所に着席する[62]。

表5.6　生徒に配付された授業進行表＋論点表（日本語訳）

各班で行うこと
➢ 下の質問を順番に話し合う。
➢ 班内で出た意見を記録する。
➢ 班員名、各人の家庭の（年齢も含めた）人員構成、下の質問への回答を記載した報告書を作成する。
➢ 発表時間での報告代表者を選出する。
質問
1.　あなたは誰と住んでいますか。各々何歳ですか。
2.　どういう新聞をとっていますか。また、それらはどのように入手していますか。
3.　あなたの家ではなぜ新聞を読む/読まないのですか。
4.　その日に起こった社会的に重大な情報は、どのように得ていますか。
5.　新聞を読むことは大切ですか。それはなぜですか。

　最初に、本時の授業進行と議論の論点を列挙したカードが配られる。カードには表5.6に示したことが記載されている。次に、カードに記載されている評価の仕方の説明が教師から行われる。と言っても、「まずは皆さんの中で自由に決めてください。後ほど私とのやりとりの中でどうするか考えていきましょう」という投げかけに留めている。続いて「意見とは何か」という発問が出され、班活動に入る前の各生徒が思い描くイメージを学級内で共有していく。関連して、「どこでその意見を聞いた？」「新聞には意見が載っているかしら？」などという教師からの発問と、生徒からの発言の活発な交換が執り行われる。ここでの問いかけは、教師が「本当に知りたいと思っていること」であり、けっして「予め想定していた解答に合致するかどうかの確認」ではない。ここに

62　班の人員は単元が変わる毎に組み替えるが、基本的に互いに話をしやすい友人関係を軸として生徒自身が決める。（Horikawa氏からの談話）

も生徒の主体性を重んじる姿勢が見て取れる。授業テーマが「情報・意見とは何か」であることはカードの内容からも推測可能だが、それを教師が明示することはない。授業目的さえ生徒に委ねられている点に留意したい。

学級全体での意見交換が20分ほど続いた後、議論の場は各班に移る。質問の1や2といった具体的な項目に回答することはたやすいが、「なぜ」への回答にはなかなか難儀している様子であった。しかも、生徒の中には「なぜ1や2といった単純なことを質問するのだろうか」「その他の質問と何か関係があるのだろうか」と質問そのものの真意に疑問を抱く者もいて、白熱した議論が展開されていく。このような深い議論をする中では、当然のことながら、誰も発言を行わないという空白時間の発生が否めない。しかし、そのような状態になった班には、すかさず教師のサポートが入る（図5.12）。あるいは、生徒自らが教師を呼んでサポートを求めることもある。

教師のサポートは、「新聞は何に使う？」「インターネットに書き込んだものは意見と言っていい？」などという問いかけや、「うん、その新聞は面白いよね」といった何気ない受け答えの域を越えていない。しかしながら、一つ一つの発話が本題の「質問」に関するものであったり、「えっ、先生もそう思うの？」といった次

図5.12　班内の議論と教師のサポート

の回答に結び付く発話を引き出していくものであったりする。答えを伝達する、あるいはそのヒントを出すのではなく、あくまでも参加者の一員としての意見を述べ、感想を言い、共感を示す発話なのである。

班毎でおおよそまとめの段階になった時点で、実物の新聞が配付される。本物を手に取った生徒たちは、各々感想を述べたり興味のある記事を読み始めたりするのであるが、そうした行為自体が質問への回答を拡張する体験にもなっ

ている[63]。少なくとも生徒たちは、(一見自分勝手な)行為が一切咎められていない時点で、自身の振る舞いが「自発的な」行為として肯定的に評価されていることを知るのである。

　班活動は約25分間であった。その後、各班からの発表に移っていく。ここで興味深いのは、「発表の仕方はどうしますか」「発表中はどうしたらよいですか」という教師の問いかけである。発表の方法だけでなく、聴衆としての態度をも生徒に決めてもらうというのである。「班で1つの意見にまとめて代表1人が発表する」「いや、各々が1つずつ意見を言っても構わないのではないか」等々、ここでも議論が盛り上がる。方法の議論だけでも優に10分を費やす。結論には至らなかったが、当座「1つの班の発表が終わったら、その内容を理解したかどうかの確認を学級全員で行い、評価していこう」ということになった。

　本時では、時間の制約により2つの班からの発表に留まった。しかし、発表そのものの時間よりも、当該発表の評価をどうするかという議論にかける時間が増え、その中で多面的な観点が次々と提案されていく。たとえば、「先生のサポートを受けたかどうか」「個々の意見の提示だけでなくまとめの内容があったかどうか」「発表中の声の大きさ・聴衆への配慮(分かりやすさ等)・正確さ(論旨の一貫性等)があったかどうか」といった観点である。教師は、そうした観点を板書によって明示しながら、生徒から出された意見を元に「秀・優・良・可」といったグレード・スコアを付けていく。それでも、実際に生徒から「じゃあ先生は、今の班についてどう評価するの？」と聞かれると、「分からない」と回答し続け、「評価するのはあなた方だ」という意図を伝えていく。そうした教師の態度も相まって、グレードについては生徒間でも賛否両論が噴出し、喧々諤々の議論の結果として、一旦付けられた評価に次々と「＊(アスタリスク＝仮の表示であることの印)」が施されていった。

---

[63] 新聞記事等の一節を読んで議論することは、課題提起型教育のビジョンをもつための手段ともなりうる。(フレイレ, 2011, p.192)

各班に対する評価自体は曖昧なものであったが、その一方で、議論をし尽くしたという高揚感が各生徒には生まれていた。生徒たちからは「今回の授業も面白かった」「この授業に参加できて楽しかった」「色々な意見があることが分かった」といった肯定的な感想を聞くことができたが、何よりもこうした感想が本授業の充実性を示している。

本授業を、従来の知識伝達の観点から否定的に眺めることは容易い。意見や情報に関する説明が教師側から一言もなかったばかりか、この時間に何を学習するのかという目標や具体的内容が生徒側に示されていない。しかも、確定的な評価をあえて避けているようにも見える活動のためか、「尻切れトンボ」あるいは「やりっぱなし」と断じられてもおかしくないかもしれない。

ところが、このような見解には学習者のコントロール＝抑圧こそが指導、もしくは教育実践であるという捉え方が潜在している。既存知識の獲得およびその完了をもって授業の成功とみなしてしまうと、学習者が本当に学んだことに対する考察の機会を逸してしまう。

第三者の立場による観察からも明白なのであるが、生徒たちは確実に「創造的イマジネーションの発達による表現力」（フレイレ, 1984, p.45）を広げている。しかも、その広がりを「多様な意見がある」「一面的な評価は不可能」という個々人の気づきが支えている。そうした多様な実態への意識化が根底にあるからこそ、他者には「ことばを尽くして説明を試みないと理解してもらえない」ことを知り、そこから表現の創意工夫や推敲をはじめるのである。これは、学習しないと意識化できないとか意識が学習に先行するといったことではない。フレイレが主張するように、意識化は学習の過程の中で生じるものなのである。

学習プロセスそのものを重視していることは、授業目的の未提示からも見えてくるが、各班の発表で終了するはずの内容がいつの間にか評価法の議論に移行していた様子からも推測できる。評価法に関する議論は当初から教師が企図していた素材であるが、その進む方向まで準備されていたわけではない。むしろ、生徒の思考を「でも、こうした見方もできますよ」「でも、○○さんの意見が間違いと思うのはどうでしょうか」といった批判的働きかけによって、あ

えて迷わせるような手法（本稿5.2.2節も参照）さえ採用している。これはしかし、生徒を追い込んで思考させる方法なのではなく、内容を絶えずつくり変えていきながら課題を生成していくプロセスなのである。

さて、前節で議論したように実践場面の分析は授業中の一場面を切り取って検討することができるが、当然のことながら1コマの授業実践を一場面と捉えることもできる。それをまとめると表5.7のようになる。

表5.7　階層表4（Jenny Gomes 校）

水準＼実践	「意見」とは何かを考える
個人	学習課題（質問事項）への回答、個々の経験の想起、他者への伝達、資料に目を通す
対人	生徒による教師への質問、班のメンバーへの説明、教師による生徒への発問
集団	各人の回答を記載した報告書の作成、班内討論、報告会の進行、各班からの発表に対する評価、全体の場での質疑応答

この表が示す通り、個人の操作が対人の行為へ、対人の行為が集団の活動へ推移している、あるいは同時に生起している。反対に、集団活動に見えるものはすべて対人行為や個人操作に還元することも可能である。重要な点は、こうした行動こそが対話的実践というものであり、学習過程を重視した運営が活動を基盤にした場面と言えるというものであるが、それをそのまま言語活動と換言しても何の問題もない。そして、言語活動の連続性は、実際にも各階層の時間的分断になっていないという様相から伺い知ることができる。つまり、個人毎の検討の時間、ペアワークの時間、教室内討論の時間といった授業時間の分割が起こっていない（少なくとも教師主導で各時間の枠を指示していない）ということである。実質的な時間の分割が起こっていないのは、本稿5.2.2節の理科の授業とまったく同じである。

以上のように、言語は環境と個体の間に介在している。介在しているからこそ言語の活動が現象し、介在のおかげで環境と個体が分断せずに済んでいる。

さらに精確性を期すならば、言語活動の発生が環境の在り方（目的等）を変え、個体の在り方（力量等）を変えるので、目的を「成就するための」活動、力量を「獲得するための」活動という言い方が理論的にもできないことになる。これは、言語活動が原因的な手段にも結果的な目的にも成り得ないことの根拠でもある。このようにして言語活動の過程そのものが言語形成に貢献し主体変容に貢献する。そして、本実践のように主体が参加し変容する過程そのものが学習になることで、授業が成立する。こうして、言語活動が生起する（＝充実する）ことで適切な（＝良質な）教育実践に結び付くのである。少なくとも、これまで漠然と教育実践と語られてきた内実に対して、「言語活動を充実する＝教育実践」のように具体的な方向性を示す意義は評価されてよい。

授業後、担当教師に「こうした活動を基盤にした授業の成果は何か」を尋ねてみたところ、次の回答を聞くことができた。

> 「民主化」が成果と言えるのではないでしょうか。確かに、どの部分がどれだけ伸びたなどということを明確にはできませんし、数値化することも不可能です。成果を示すやり方も十余年に渡って考えてきましたが、未だに完成されていません。ですが、誰でも自由に考えられる機会、規範を批判できる機会が増えたことは、喜ばしいことだと思います。

本授業は、理念的な教育目標に支えられた実践の力強さと言えるのではないだろうか。

5.2.3.2　非主言語の授業

本節での英語の授業は、2012年9月26日に市立 Máximo de Moura Santos 校で実施されたものである。4年生29名を対象とした45分の授業であった。数年前までは5年生から導入していた英語科であるが、現在では市内全域で1年生から実施している。大半の学校では、本校の Guariento 氏（本校英語教師）と同様、地域在住（英語を主言語としていない）教師が担当する。

本時での教室内には、前節の教室と同じような島が7つ設置されている。実

施場所が図書室のため島には丸テーブルが使われているが、4〜5人の生徒が互いに向き合って着席する形態は前節の授業と同等である（図5.13）。

図5.13　英語での対話活動

　授業進行は、簡潔な形でパターン化されている。生徒は時系列に従った行為をしながら授業に参加していく。はじめに、「これから何をするか」を知る。次に、全員で一斉に声を出しながら発音とリズムに慣れる。その後、慣れたフレーズを使用して生徒同士でやりとりをし、最後にビデオを視聴したり歌を歌ったりして締めくくる。この分かりやすいパターンが生徒の授業への自発的なかかわりを喚起している。次に何をすべきかが、教師による解説がなくとも理解されているということである。この授業進行は、初年度（1年生）から継続して行われているため、教師の指示に戸惑う生徒は一人もいない。なお、実際の授業は、「挨拶」についての活動と「気持ち」についての活動の2部で構成されていた（表5.8）。

　継続して実施されている方法には、もう一つ重要なものがある。それが、目標言語による授業運営、いわゆるイマージョン・プログラム（immersion program）である。本校においては、概念の解説や生徒同士の話し合い、および教師への質問時には、ポルトガル語の使用も可能なので、ゆるやかなパーシャル・イマージョン（partial immersion）と言えよう。

　動きのあるスライドを使用した解説、リズムに合わせて行う発声練習、遊びの要素を取り入れた言語運用、そして目標言語に浸った（イマージョン的）活動、これらを良好なタイミングでかつ淀みなく行う教師の力量は相当なものに見える。また、そうした教師のガイドによる授業が外国語を学ぶ楽しさを生み、まるで別世界に誘われたような感覚が生徒の好奇心をくすぐっているようである。イマージョンの手法もこの感覚の喚起に一役買っている。

表5.8 本時の授業進行

前半
1. 教室前方のスライドにGreetingsの種類（握手・手を振る・頭を下げる・肩を叩く・キスをする・鼻を突き合わせる等）を、イラストを交えて提示。それぞれの意味を教師と生徒のやりとりで確認。
2. 「shaking hands」「patting your shoulder」といった挨拶行為を示すフレーズを、実際にその動作をしながら、学級全体で発話練習。
3. Social Practice Timeの時間。一人の生徒とその生徒が指名した他の生徒同士で、好きな挨拶を行う。スマイルボール（ハンドボール大のビニールボールに笑顔が描かれているもの）を投げ、受け取った生徒を指名先の相手とする。
4. 他の学校の生徒が作成したGreetingsについての動画を視聴する。

後半
1. 前方のスライドにFeelingsの種類（喜怒哀楽）を、イラストを交えて提示。それぞれの意味を教師と生徒のやりとりで確認。
2. 相手に気持ちを尋ね・答えるフレーズ（How do you feel today? Today I'm happy/sad/angry, etc.）を練習。
3. 上のフレーズの型を使用して、Social Practiceを行う。方法は前半と同様。
4. 「幸せなら手を叩こう」を英語で歌う。歌いながら当該行為（拍手・足踏み・肩叩き等）を行う。

　しかしながら、こうした授業運営の手法やイマージョン・プログラム自体は特段に珍しいものではなく、その効果についても研究が進んでいるため、現在では世界中の外国語学習の現場で採用されている。一方、採用したからといって即本授業のような活動が現出するとは限らないこともよく知られている。その理由は、活動の成否が教師の力量の差だけに還元できないためである。

　本節で強調しておきたい点は、教師の力量向上も含めた授業運営の効率化が対話的実践の後に伴って発生する二次的なものにすぎないということである。この「二次的」というのは、力量の有無に関する考察を教師がないがしろにしているという意味ではなく、教師自身が、良質な教育実践をするための努力を個人の責務として（自身を追い詰める形として）捉えることがないということである。言い換えれば、教師の力量が向上すれば適切な授業が実現するという因果関係に基づく実践ではなく、授業実践そのものが教師の力量になっていくという考え方なのである[64]。そのため、実際にも数値的に測れるような、あるい

は生徒の成績向上だけを目指した効率的な授業を行うことは目標とされない。各種手法を採用したりうまく使いこなしたりすることを、最終的なゴールとして認識しないのである。あくまでも学ぶことの主導権が生徒にあることを意識し、生徒のために何が可能なのかを追究していった結果が、本時のような授業となって結実する。その意識は、次のGuariento氏の談話にも現れている。

> 私が生徒たちに感じてもらいたいのは、「楽しさ」と「自由」と「自信」です。英語を使うのは楽しいんだよ、英語が話せるともっと色々なことができるんだよ、そして、最初は話したくない、話せないと思っていても、やってみると案外できるもんだよ、ということです。沢山の人たちと知り合って、自分を活かす場を見付け出すきっかけになれば、いいですね。

選択肢、すなわち「遊び」がないところに楽しさは生まれない。本授業では最初に大枠が示されるが、それは生徒の行動を縛り付けるものではない。その場でどんな挨拶をするのかは、全面的に生徒に任されている。英語を使うかポルトガル語を使うかの判断さえ、教師は指示することがない。またあるいは、既存の枠に囚われない、すなわち「逸脱」が許されないところに自由は生まれない。どんな発音をしようが、どんなミスをしようが、他者がフォローしてくれるという雰囲気があるために、どの生徒も積極的に発言(体験・発表)したがる。さらに、「挑戦」の機会とその難事の克服がないところに自信は生まれない。最低でも「できなかった」では終わらせない。たとえ表面上失敗したかのような状態になったとしても、当該行動に挑んだ勇気を讃えるのである。少なくとも「つまらなかった」とは感じさせない、その心意気は本授業で用いた様々な自作教材に滲み出ている。スマイルボールもそうであるが、おそらく、英語教師ならば明日にでも使いたくなるようなものが、ふんだんに使用されていた。

---

64 すぐに言及する通り、ここで重要なのは方法を目的として捉えない点である。これは、本研究の主張でもある内容=方法(内容と方法を分断しない)の理念と言える。おそらく、方法を目的とした瞬間に「方法を獲得(伝達)しないと目的に達しない」銀行預金型の実践が避けられなくなる。

教授者と享受者の水平化は、フレイレの対話的実践の根幹でもある。この観点から本授業を捉え直すと、確かに教師は素材を数多く提示してはいるものの、授業時間中は補佐役に徹している。単純なことではあるが、「笑顔を絶やさない」「心から楽しんで取り組む」といった行為が、教授行為以上に教室の良質な雰囲気づくりに貢献している。教師自身が行動しない「交流の時間（Social Practice Time）」であっても、生徒への目配りは忘れず、何か生徒のつまずきが見えた時には、すかさず声を掛ける等何らかのサポートを行う。

　教師と生徒があるトピックについて何気ない会話を交わす、教師が一元的な解釈（確定的な答え）を押し付けない、といったことも、前節の主言語の授業と共通している。そして何より、言語を駆使したやりとりを軸にした活動が展開されているという点では、まさに両授業とも対話的な教育実践と言ってよいだろう。

　このような対話的な活動を、単なる学習方法の一形態だとみなす文脈は依然として多い。当該文脈においては、教育の内容が確定しない限り方法も決まらない、内容あってこその方法であって方法自体を内容化するのは極めて不自然な捉え方である、というような認識が一般的かと推測される。

　しかし、本節で言及してきた教育実践は、内容＝方法とも捉えることができる様相である。双方のカテゴリー化を前提としたものではなく、総体的な活動そのものを学習とした授業である。そのために、活動の成否が学習者による知識の獲得に依存することがない。換言すれば、活動が有効かどうか、あるいは効率的かどうかを学習者が得たもので評価していないということである。これが、本稿4.3.3節で述べた意味としての評価である。また、こうした捉え方から、対話的な活動が混乱を引き起こすということ自体がありえないことにもなる。一見混乱のようでも、それこそが学習なのである。フレイレの言を借りると、「混乱」という否定的な語を使う者はすでに「抑圧者側」にいることを示している。

　ただし、ここで気をつけなければならないことは、「活動」が含意する集団的な事象と「学習」から想起される個人的な事象という解釈のずれである。

「学習は個人が行うもの・活動は集団で行うもの」という了解に固執したままだと、本稿で取り上げた実践群も「個人のために行った集団的活動」と再定義されかねない。つまりは、活動が単なる手段として捉えられかねない。

本節の主張はそこにない。対話を行うことが教育であり、教育という営為を通して世界が探索されていく、このことが重要である。意味あるテーマを探索するプロセスが「意識化」であり「課題提起」なのである。本稿5.2.1節での実践同様、ここにも活動と学習の区別などない。レオンチェフも述べている通り、個人的な「操作」と集団的な「活動」が対人的な「行為」で媒介されていくのである。これが広い意味での活動であり、教育実践の意義である。

本節で言及した両実践とも、生徒が世界の媒介者として位置付けられている。生徒が日常生活で触れ合う人々、その中で感じたことや考えたこと、さらには自らが直接感じる気持ちなどが、積極的に取り上げられている。授業の中身が「生徒の世界」と分断されていないのである。そのために、授業中に現出する様々な事象が生徒自らの課題として意識化されていく。さらに、両実践とも批判的思考による基準の解体と新しい認識の構築が、間断なく発生している。まさに教室内で「発生している」のであって、教師から生徒へ与えられているのではない。その意味で、内容と方法が同時に創発していると言うことができる。

言語教育は、上述の創発プロセスを最も明示的に実施できる教育であろう。それは、言語自体に世界を変える、あるいは構築する力があるためである。フレイレも次のように述べている。

> 真実の言葉というものは、世界を変革する力がある。人間として存在するということは世界を言葉に出して主体的に肯定して引き受け、その上で世界を変えていくことである。引き受けられた世界は、引き受けた者に更なる問題を返し、さらに言葉による肯定を進めるべく迫ってくることになる。　　　　（フレイレ, 2011, p.120)

先の授業実践の中で「進行が変わった」「評価法が作られた」等が起きたのも、言語が使われたためである。言語が使われるから変化が起こる。言語教師をして「民主化が成果だ」と言わしめた根拠が、ここにある。つまり、自由に

考え、自由に批判して世界を変えていく道具こそが言語である。本研究で構築をしている言語論が方法論になるのも、言語が内容でかつ方法だからなのである。

　従来からの「言語能力を伸長させるために協働的な学習が必要だ」という述べ方について、いくら肯定的な研究結果が示されたとしてもどこか胡散臭いものが漂っていた理由は、「個人の言語能力を伸ばす」という観点と「集団的な秩序を維持する・各人の公平化を図る」という観点が抱える原理的な矛盾にある。ところが、サンパウロ市の言語教育の実態からは、その矛盾が越えられるのではないかと感じさせるものがあった。俗に、日本型の教育は集団主義（協調を重視する）、欧米型の教育は個人主義（個性を伸ばす）などと言われることがあるが、本節の考察から教育は個人の方向を目指しても集団の方向を目指してもうまくいかないことが示唆される。当然のことながら、集団の中で（他者がいるからこそ）個人が学ぶのであり、個人の属する世界とは集団内に違いないのである。対話的な活動そのものが学習だとする見方は、この当然の様相をそのまま活かすような考え方である。あるいは、サンパウロ市での教育の特徴が、個を突出させるだけではなく、集団の中で個が活かされるような、個が生み出す他への影響性を考えるようなものなのかもしれない。

　対話の理念の実践化に向けての取り組みは、世界の各地でも緒についたばかりである。それはサンパウロ市でも同様であり、実際の制度設計についても各学校内で試行錯誤が続いている。本節の調査においても、当該実践が「完成形」だとする提示は皆無であった。もちろんその背景には、構成員の人種や言語、歴史等がコミュニティ毎に異なっていて、試行錯誤に地域性を反映せざるをえないという事情もある。おそらく、こうした本市がもつ多様性のために、現場での実践方法について統一的、あるいは画一的な対応を打ち出すという教育政策が採用されにくいのであろう。上記の事例も、けっしてサンパウロ市を代表したものとは言えず、他の学校でも同様の取り組みが行われていると結論付けることもできない。それでも、理念を実践化する際のプロセスを詳細に辿る必要性と、同じ理念の下であっても異なる形となって具現化するということ

は理解されなくてはならない。また、当該事例についてはあくまで臨床的なものに留め、一般例として解釈されてはならないだろう。なぜなら、文脈を越える（文脈を度外視した）典型的・客観的な方法論が存在するという考え方自体が、実践＝研究の理論である生態学的言語論には当てはまらないからである。

5.3　言語形成における媒介

　本章では、観察の尺度を柔軟に移行させながら言語教育の実践場面を考えてきた。ただしこの方法は、従来型の論考上では採用されにくいものと言えるかもしれない。部分的要素の分析を積み重ねその結果を合算することで全体像を描き出す流れの方が、全体像そのものを解明する目的にあって通常順当な方法論と認められるからである。しかし、要素還元主義を批判する本研究にあっては、全体像、すなわち言語形成・主体変容・実践場面を細切れに分解した個別要素に対する分析だけでは不十分と考えてきた。この捉え方を踏まえて考察の基盤としたのが、要素間の過程分析と範疇間の関係分析であった。これは、要素そのものに対するものより流動的な過程性と関係性を優先させた分析と言えよう。そして、こうした分析および論考を通して明らかにしてきたことが、言語素材・主体行動・実践資源の媒介、つまり学習者や支援者が具体的に取り扱い可能な現れ（記号的代表）を介在させることの重要性である。これが良質な実践に繋がっていく。その理由も今や、言語形成には素材が、主体変容には行動が、実践場面には資源が必要不可欠なためであると断言できる。加えて、素材なり行動なり資源なりは動的に（記号論的に）存在している。だからこそ「抽出」や「伝達」や「獲得」ではなく、「媒介」することが教育的な営為となってくる。

　本稿の随所で学習者への理解が支援であると述べ、本章での実践例でも支援者による介在的な行動が学習自体を促進する様相を取り上げてきたが、これらはとりもなおさず行動が媒介したゆえの実践である。この媒介の様相は巨視的な観点、特に前節で議論した全体的な言語活動に焦点を当てても見えてくるが、

微視的な尺度で観察しても顕現していることが分かる。そこで、本節では個人的階層から見た言語形成である「専有」を軸に考察を進め、素材・行動・資源が媒介することで学習が促進されるとはどういうことなのかを議論する。ひいては、良質な実践場面には何が必要なのかを探る。

5.3.1 専有の発生と相互作用・対話・意味づくり

公立学校での言語教育は、ここ数年で大きな変容を遂げている。かつて「取り出し」と言えば、一般の授業についていくのが難しい児童生徒に対してある程度の時間を費やし言語の集中的な指導を行うことであった。近年では、形式上取り出し的な方法をとっていても、取り扱うシラバスは在籍学級のものと同一のもの、もしくは限りなく近い内容を採用する場面が多くなっている。本稿 5.1 節や 5.2 節で言及した実践もそうであったが、以下の事例も在籍学級との繋がりに配慮したものである。

表 5.9 の授業は、(自作の) 図鑑に載せたい生き物を選択し、その生き物について調べたい事柄を項目化することが目標である。T_9 は、2 年生用教科書の単元「さけが大きくなるまで」の学習を行う中で、「さけはかわいそう。だってお母さんと会えないから」「さけってすごいね。だってここ (おびれ) で小石や砂、掘るんだもん」といったランの発話に接し、文章の内容をおおまかに理解する力があることを知る。その一方で、「いつ」「どこで」「何を」といった質問には明確に答えられないところから、文章の主旨や大事な個所を抜き出す練習をし、分からないことを自分で調べる授業を設定した。こうした点から、シラバス自体がランとの交流の中で決定されていることが分かる。また、本授業以前に、ランが生き物に興味を示すことを T_9 が把握していたことも看過できない。支援者の学習者に対する理解の重要性を知る好例である。

授業全体の様相からも、支援の過程が学習者に対する理解の過程に重なることが見て取れる。一見何の脈絡もないような発話を拾い上げたり、「私も知りたい」と同意したり、「誰に見せたい?」と発問したりするという T_9 の働きかけによって、ランは確実に新しい言語表現を生み出している。理由を述べるこ

表5.9　対話の中での専有1（Q小学校）

場所：東京都内Q小学校の国際学級
学習者：ベトナム系の2年生ラン（1名）　　　　支援者：国際学級担当者T_9
授業概要：図鑑にしたい生き物を考え、調べたいことを決める国語の授業
（「ランさんは何が好き？」「知りたいことを教えて」といった働きかけを含む）T_9とランのやりとりの後、「ザリガニ」が選択された。その絵をプリントに描いたランが突然「ザリガニが怒る！」と発言する。T_9はその発言を受けて「なぜ怒っていると分かるの？」と問う。ランが理由（「ガキガキッ！て動いている」等）を語っている間、T_9はうなずきながら話を聞き続ける。「何を食べる？」「どんな卵？」といった項目の抽出時には、「そう、私もそれ知りたいね」と言いながら発話を促す。項目の抽出が終わりに近づくと、「図鑑を見せたい！」というランの発話を継いで「じゃ，誰に見せたい？」「その人は何が知りたいと思う？」という質問をし、説明を促した。

と、共感を示すこと、他者の視点に気づくこと、そのいずれもが言語形成に欠かすことができない。換言すれば、授業への参加を促進することで学習者の専有が発生しているのである。「この図鑑は○○ちゃん（在籍学級の児童）たちに見せたい！」という発言などは、参加がさらに学級単位の言語活動へと広がる可能性を示唆している。

　逐一の言語行為を眺めると、表5.9のような対人的なやりとりだけが際立つが、当然、行為の相手が変わればその度に新規のやりとりが発生する。こうした相互作用の蓄積について、視点を変えて観察すると言語活動の様相が見えてくる。次の事例は個人から集団への広がりを示すものである（表5.10）。

　この事例は、見方によっては一般的な国語の授業と何ら変わらない方法で行われているかのようにも感じられよう。もっとも、そうした普通の授業が日本語を主言語としない生徒たちに対しても可能であるという点にまずは注目しておきたい。それに加えて本授業では、対人的な行為が集団的な活動へと収斂していく様相が、実に明瞭な形で顕現している。たとえば、朗読者へ他の生徒がアドバイスするという働きかけは一対一の相互行為であるが、同時に〈間違っても誰かが助けてくれる〉〈アドバイスは教師だけがするものではない〉などといった意味を教室全体に流布するものでもある。その意味も、T_{10}が当該生

表5.10　対話の中での専有2（T高等学校）

場所：東京都内T高等学校の外国人学級 学習者：中国・マレーシア・フィリピン系の1年生（5名）　支援者：外国人学級担当者T_{10} 授業概要：テキストの読解を中心とした国語の授業 内容理解に関する質疑（「インターネットなどの高い技術のことを何と言いますか」「私たちはどんな生活ができると考えていましたか」等）応答を行う中で、T_{10}がテキストのキーワードを生徒の発言を聞きながら板書していく。その後、各生徒がテキストを朗読していく。うまく読めなかったときには、周囲の生徒が朗読者に漢字の読み方等をアドバイスする。同時に、T_{10}がその読みにくい語彙や漢字（「走破」「削減」「一変」等）を、振り仮名を付けながら板書する。一人の朗読が終了した段階で、提示した語彙を取り上げ、関連する語を提示する（「削減」に対して「削る」「減る」など）。その際にも、逐一「（みなさんは）どこへ買い物に行きますか？」「車を使いますか？」といった発問を織り交ぜ、生徒の日常生活を想起させていく。生徒も、そうした質問に応えながらT_{10}や他の生徒との会話を続ける。

徒の行為を咎めない態度、むしろ発展的な学習素材を提供する行為によって一層明確にされている。この時点で重要な行動は、教室の秩序を維持することではなく学習を進展させることなのである。さらに、生徒自らの授業への参加の意思（「次はどうなっていくのだろうか」といった期待感等）が、質疑応答・朗読・語彙の把握・読解という一つ一つの事象を「質疑応答→朗読→語彙の把握→読解」という一連の活動へとまとめる後押しをしている。確かに活動の骨格を予めアレンジしたのはT_{10}なのであるが、授業が円滑に展開していったのは生徒とのやりとりがあってこそのものである。実際にも、活動の切れ目というものが存在していない。日常生活を想起させることも、本授業にまったく関係のない活動ではなく、学習内容を生徒に返し理解を生む活動なのである。本稿5.2.3.1節の授業と同じように、授業後の生徒たちから寄せられた「楽しかった」といった感想は、教室全体が生き生きとした学びの場となっていたことを示している。また、本稿5.2.3.2節の教師のように、T_{10}も生徒との会話を楽しそうに行っていた様子がとても印象的であった。

　こうした参加が制度を創り出すと同時に集団的な制度が学習者の授業参加を促すといった様相は、学ぶために環境を良くする、あるいは環境を良くすれば

学ぶというような因果関係に還元することができない。事例をいくら詳細に分析しても、専有が起こった根拠を活動単体には求められない。これまでも議論してきたように、学習の階層が分断されたものではなく同じ様相の異なった現れだからである。しかし、互いの影響関係は観察することが可能である。たとえば、個への働きかけが全体を変えること、全体の変容が個を変えること、そうした様相は多くの場面に見出すことができる。本稿5.2節で言及した言語活動もその例である。

これらの事例を塩谷（2008）に従って捉え直せば、「対話の促進が（教室の）文化や（学習者としての）自己を構築する」ということになるだろう。ただし、これまでの実践論では、巨視的に捉えた文化と微視的に捉えた自己の距離が離れすぎていて、なぜ両端が結び付くのかについては十分明確にされてこなかった。しかし本節のような事例分析を施すと、専有と参加と制度が同時進行するのが教育実践だということが見えてくる。特に、専有と制度が参加を介して結び付くことが明らかである。表5.9の事例については、項目の完成が図鑑作りの活動の中で執り行われた。なぜ完成に至ったか。それはランが授業参加をしたためである。表5.10の事例については、読解力の向上が授業の中で図られた。なぜ読めるようになったのか。それは生徒たちが協働して授業を組み立てていったからである。もちろん、実際の教育実践をこれほど単純化して解釈することはできない。しかしながら、個々の問題を単に全体の問題と捉え直しても（たとえば学習者が躓くのは授業のやり方がまずいからと考える）、逆に活動の良否を個人の良し悪しとしても（たとえば授業がうまくいったかどうかを個人の成績から推し量る）、具体的な対策は現場の支援者だけに任されてしまい、結局それが支援者の過度の負担を引き起こす。当然、教育的営為は支援者だけで行うものではない。実践場面に参加するのは学習者や支援者という主体であって、両者が同じ視点で見つめることができる具体的な行動も、唯一、主体間のやりとりである。それを塩谷（2008）は「対話」と言い、尾関（2008）は「意味創り」と言っている。ハリデーも述べている（本稿3.2.1節）ように、学習の意味そのものを生み出す活動が意味づくりである。意味を生み出す活動は主体間の参加の

中で現出し、参加が活性化すれば専有も活性化する。対話（参加＝対人的行為）が教室（制度＝集団的活動）と児童生徒（専有＝個人的操作）を繋ぐからである。意味づくりのある教育実践は、学習を行おうとする主体にとって多様な学びを保証する質の高い居場所となる。

　言語形成とは、単に個人の能力や技能を向上させることではない。専有を発生し、参加を促進し、制度を創造していくことである。だからこそ、言語形成の促進を指向することによって、学習に関する価値ある実践が可能になるのである。本章で言及している学校は、いずれも極めて雰囲気が良好である。外部者を拒む視線が皆無で、休み時間となると児童生徒の笑顔やおしゃべりがあちらこちらで見られ、教師間の相互連絡も活発に行われている。支援を行う教室が必ず学校の一番目立つ場所（校長室の隣など）にあり、他の児童生徒の出入りが自由で、取り扱っているシラバスが当該学習者の在籍学級と同じもの、時には予習的に先に進んだ単元に設定されている。支援の方法についても、支援者と学習者が絶えず対話を行う中で授業が進行していくのである。まさに、学習者を理解する行動がそのまま支援行動になる様相、そして支援行動がそのまま学習になる様相である。行動による媒介とはこのような状況を示す。こうした実践の中でこそ個人的な言語形成＝専有も生まれてくるのである。

5.3.2　創発するカリキュラムとシラバス

　言語形成の様相が明示的に際立つ「専有」は確かに個人的階層で観察できる現象であるが、これを旧来の「習得」と異なる取り扱いをしてきた理由は、専有が対人的な参加の中で起こるからである。さらに、その参加自体も集団的な制度の中に埋め込まれた教育的営為である。したがって「専有はなぜ発生するのか」という問いに対しては、言語形成全体の中に存する動的な素材や行動や資源による媒介、すなわち記号論的存在を介することで発生するという回答を与えることができる。そしてこの過程について、個人的階層での相互作用、対人的階層での対話、集団的階層での意味づくりと呼んできたことは繰り返すまでもない。

一方、言語形成上の記号論的存在とは他でもない言語そのものである。見方を変えると、だからこそ、言語形成の生じたことを記号論的存在（の顕現）で確かめることができる。むしろ、現実的にはそれ以外に確認するすべがない。ということはすなわち、内容と方法が予め既存しそれらを利用することで言語形成が生じるのではなく、言語形成の発生自体が当該内容と方法の創発[65]を意味している。この結論が示唆することは非常に重要である。言語形成を原理的に因果関係で説明できない理由でもある。教育学的な立場から言語形成の方法をカリキュラム、内容をシラバスとするならば、そのカリキュラムとシラバスはまさに言語形成の過程から生まれてくるのである。こうした捉え方は、「カリキュラムとシラバスに則って言語教育を実施する」という常識的な対応とは180度異なったもの、すなわち内容＝方法の理念に向かう教育実践になる可能性を秘めている。

　実際の場面を追ってみても、逐一の事象がカリキュラムとシラバスの創発を示していることが分かる。たとえば、本稿4.2.3節のギボンズが示した二人の子どものやりとりである。ここでは、同じ磁極が反発し合い異なる磁極が吸引し合うという「磁石の仕組み」に対する理解が生まれている。問題解決過程と規定することも可能な場面であるが、学ぶべき内容が創発しているところと見ることもでき、実際に二人はその内容を学習している。また同節ビアリスト

---

[65]「創発」については、これまでも本稿2.3節におけるホッパーやラーセン-フリーマンの言語観、3.1.1節における佐古論考のところで主に言及してきたが、もとは複雑系科学の分野から生まれた概念で、おおよそ小さな尺度での事象がより大きな尺度における事象の振る舞いを創り出すことと定義される（ジョンソン, 2004）。やがて、生命や気象や経済といった非常に複雑な現象の生起を取り扱うことのできる考え方として各界に広まっていき、現在ではほぼ一般名詞化している。ゆえに、本稿では特段の紙幅を割いての論述を控えているが、生態学とも親和性の高い概念である。部分を組み合わせても全体にならない上に変化が時間と比例せず（非線形性）、最終的な形態が初期状態から精確に予測できず（初期値敏感性）、混沌とした状態から自発的に秩序が生まれ（自己組織化）、完成態がなく常に姿を変え常に外界とのやりとりを行いながら形態を安定させている（動的平衡）、といった特徴が創発現象に観察されるためである。翻って、本稿で縷々議論してきた通り概して言語形成が創発現象だと言えるのも、変化に揺れがある上に方向性が予測不能で、言語規範が多様な要素と範疇の中で生まれ、相互作用・対話・意味づくりによって一定の形態（代表）が顕現するからである。なお、本稿ではほとんどの箇所で「発生」とほぼ同義に使用しているが、本節では、「まるっきり何も無いところからあたかも魔法のように生起する現象」という誤解を回避するために、あえて「創発」を用いた。

ク・ハクタの事例は、幼児が母親とのやりとりによって文法が生じた現場であり、ハリデーの事例も「うるさい」という語の意味を乳児が専有したと言える場面である。いずれも言語の表現および意味、すなわち言語素材が対話の中から創発しているのである。同時に、これらの場面においてはいずれも対人的な言語による交流という方法が生じている。この時点で方法の創発だと考えられるのも、当該方法を場面に参加している当事者が予め定めていない点にある。つまり、「こういう内容をこういう方法で学ぼう（教えよう）」と前もって決定せずとも、内容と方法が顕現するということである。

ただし、内容と方法の創発が言語形成だと言っても、まるっきり無計画・自由放任で実践することが可能だとは言えない。従来の捉え方における「事前に設定する（実践の前提として採用する）カリキュラムとシラバス」は、本研究上ではむしろ教育目標に近い在り方である。すなわち、一定の時間経過を経て顕現することがおおよそ予想できる素材・行動・資源の一面的な「現れ」（代表）であり、本稿4.3.3節で述べた「手本」である。これが本研究におけるシラバスとなる。そして、当該現れを媒介させることがカリキュラムになる。

本稿4.3節で取り上げた支援者と学習者の対話を追ってみよう。表4.2の場面では、「きれいな手」という複合的な表現が支援者と学習者の対話の中から生まれている。支援者が学習者に語彙を伝達したのでも文法規則を教授したのでもない点に注目したい。一定の場面に予め存在する素材が二者のやりとりの間に介在する（いわば素材が活性化する）ことにより、新しい表現および自然な語順規則が創発している。規則の創発という点では表4.3の場面も同様で、動作継続と結果継続の異なりに対する理解が学習者間で共有されている。また、表4.5の場面では、まさに見事な俳句が生み出されている。もちろん、俳句の構造を直接提示したのは支援者であるが、それは手本としての提示の仕方であって、支援者が当該表現そのものを学習者に付与したわけでも前もって用意していたわけでもない。ところがこの場面でも、創作表現（あるいは理解）がシラバスに、創作に向けての取り組みがカリキュラムになっている。このように真のカリキュラムとシラバスは実践場面の中から創発するので、何がどのよう

に発生するのかを精確に予測することもまた前提とすることもできない。そのために、たいていの実践場面では（具体的な表現そのものではなく）表現の完成を暫定的な目標に掲げることが多いのである。表4.10の場面では、【食料を入れ物に〜する】というかたり（パターン）を目標にして、最終的に【お茶をコップにいれる】【パンをおさらにのせる】【おかずをおさらによそう】という表現が出来上がった。これらは学習者が獲得したものではなく、場面の中に現出した素材である。だからこそ、再びこれらの素材が利用可能になり、利用可能になることでさらなる学習が続いていく。素材の生み出しがなければ学習の継続もない。

　言語形成のカリキュラムやシラバスは支援者が事前に用意できるものでもなければ、支援者だけが策定できるものでもない。むしろ、支援者・学習者を含む実践場面への参加者がやりとりをすることで発生する動的な素材・行動・資源である。確かに、旧来の教育実践上の枠組みでは、それらを前もって導入しておかないと実践が不可能だと考えられていた。しかし、もし本当に言語形成上のあらゆる内容と方法が精確に予測できるものならば、そもそも教育的営為が不必要になってしまう。ゆえに、繰り返しになるが、旧来の枠組み上でのカリキュラムとシラバスは、本研究上での教育目標として取り扱うのが望ましい。簡潔に「媒介」がカリキュラム、「手本」がシラバスとみなしてもよいだろう。実は、経験豊かな支援者たちは、どのようなカリキュラムやシラバスが創発する（可能性がある）のかをおおよそ熟知している。それも、一般化できるような理論としての知見ではなく、目の前の学習者に限った形成の方向性についての臨床的な知見である。なぜそのような知見があるのかといえば、本章の事例群で示した通り、支援者は誰よりも長く学習者に接しており、誰よりも的確に自分が相手にしている学習者のことを理解しているからである。当然、その知見はいわゆる「予測値」ではなく現象の集束点、あるいはこれまでも各所で述べてきた相互作用の中で形作られる「パターン」という解釈項に相当する。

　本稿5.1.1節でのイワンの言語形成の過程を追ってみると、友人たちとのコミュニケーションに必要な言語表現が様々な学校生活の中で専有されている。

周囲の児童を含む支援者からは、その時々で「ブラジルについて学ぶ」「ポルトガル語の劇をする」「イワンと仲良くなる」「泳げるようになる」などといった目標が掲げられている。教育目標に向けての素材・行動・資源の媒介があってこそ、端的には実践場面での参加者間のやりとりがあってこそ、イワンの言語形成そして主体変容に繋がっているのである。仮に、この2年間のやりとりの実際を詳細に記録し、その都度発生したイワンの言語表現を記述できたとすれば、それがイワンにとっての言語形成に資するカリキュラムとシラバスになったことは間違いない。そしてこの記録は同時に、M学級の全員にとってのカリキュラムとシラバスにもなるはずである。

　本稿5.1.2節でのH小学校の役割補完方式は、まさに学校全体の明示的なカリキュラムである。もちろん、このカリキュラムは経年的な経験の蓄積によって方法論化されたものであって、いわゆるパターンとしての了解事項となっている。パターン化されている知見は実践場面への新規の参加者にも参照しやすいものであり、実際新規に（外国人児童も在籍する）学級の担任になった支援者が日本語支援員との会合時に確認をするための資料になっている。E小学校の時間割もパターン化されたカリキュラムである。前述したように、この時間割は一朝一夕に出来上がったものではなく、長年の試行錯誤と関係者間の調整を経て日の目を見ている。さらに、運営上不都合な部分が発生すれば、その都度改編される動的な存在でもある。むしろ、流動的に取り扱えるものとなっているからこそ機能している。

　本稿5.2.1節のこえの素材は、創発したシラバスの典型例であろう。ポルトガル語の単語リストを予め準備したのはP教諭であるが、その発音は授業を開講してはじめてP教諭の知るところとなった。ユカとマミにとっても、本授業の中で当該単語を発声することは生まれてはじめての経験で、しかもその意味を日本語で理解したのもこの授業を通してである。他の児童が学んだ事柄についてはあえて言及するまでもない。これらの学びが言語形成でないと言うことはもはやできないだろう。

　本稿5.2.2節で示したN教諭の授業案は、日本の教育現場で広く採用されて

いる典型的なレッスン・カリキュラムである。当然のことながら、実際の場面がこの授業案通りに進むことはありえない。なぜなら、授業案とは作成者が数多くの実践の中で培ってきた一種の授業進行パターンであるからである。換言すれば、「このように進めるのが（学習者にとって）望ましい」という教育目標だからである。この理科の授業の中で生徒たちが何をどのように学んだかは先に述べた通りである。やりとりの中で発生した素材・行動・資源を通して行われた言語活動であった。

　本稿5.2.3節でのサンパウロ市での実践においても、カリキュラムとシラバスの創発が見られる。教室内に複数の島を設置すること、教師がサポート役に徹すること、授業進行を明示すること、形態毎の授業時間の分断をしないこと、などに代表される授業運営がカリキュラム、話し合いの論点表、実物の新聞などの教材、生徒たちからの意見、挨拶の行為と発声、質疑応答や声かけ－返答というやりとり、その他評価・報告・討論の中身、などに代表される事柄がシラバスである。むろん、この中には支援者が準備をしていたものも含まれるが、実践場面に出現していたものは、すべて当該授業独特のものであり、すべて新しいものである。その意味では、たとえ事前に準備をした素材・行動・資源があってもそれら自体が複写されたわけではない点に留意したい。準備物はどれもパターンとしての取り扱いの域を越えておらず、かつそれらが利用されて、つまりは媒介物となって学習者の言語形成を支えている。

　言語形成における専有は、言語についての表現および理解の発生であると言ってよい。記号過程において、表現は解釈項を代表に方向付ける行為によって発生する。理解は対象を解釈項に意味付ける行為によって発生する。そして対象は代表と関連付けられ、記号の要素循環が継続していく。このように言語は記号過程という動的な存在である。動的な存在であるからこそ、言語は動的な過程の中でしか存在しえない。言語形成上のカリキュラムとシラバスが創発するのも、少なくとも創発現象として見ることができるのも、言語がそれ自身を媒体として常時変化をしているからに他ならない。

5.3.3 仲介者としての支援者

　媒介するものを主体の観点から眺めると「仲介者」ということになるだろう。特に、実践場面においては支援者が仲介者の筆頭である。もちろん、ヴァンリアが述べるように当該場面に参加している学習者も他の学習者を仲介することがありえる。仲介には学習者の力量や水準を問わないのである。さらには、自分自身（自己）も自らを仲介する。内的資源との相互作用がその一例であった（図4.2）。資源の媒介は次節で取り上げることにして、本節では支援者の視点から言語形成を促進する行為について議論する。

　本稿4.3節で言及した実践を、もう一度検討してみたい。まずは方向付けの行為であるが、これは学習の新しい段階への変化を引き起こす行為である。表4.2のT_1は学習者の意図を探りながら、様々な表現を許容し続けている。特定の表現を言わせようとしているのではなく、この場面に即した表現と学習者の発言の間に介入しているのである。しかも、その介入の仕方もジェスチャーを用いたり、絵カードを提示したり、質問を繰り返したりと実に多様な方法を採る。変化の方向は予測できないために、支援者の行為も必然的に手探りのものになる。当然のことながら、手探りと言ってもけっして支援者の迷いなどではなく、方向付けの段階では必ず試みられる確信的行為である。支援者側に多彩な引き出しがあるがゆえに試行できる行為に他ならない。こうした介入が仲介者としての典型的な行為である。

　あるいは関連付けの行為はどうだろうか。表4.6のT_5は、取り上げている物語に関連する主人公、時期、状況を学習者に語りかけている。一見、物語の解説のようであるが、支援者の意図は内容を伝達するところにはない。学習者の応答に従って発言を変えているのである。しかも、感情的な抑揚を付けながらゆったりした口調で話している。そして、学習者が理解を示すとすかさず高い評価を返している。まさに、学習過程に介在する行為そのものである。また、表4.7と表4.8のT_6が行っている学習者への語りかけは、当該学習者へ向けた関心の高さを明示するものであり、先ほどの口調同様、対話の相手を尊重する行為となる。このように、関連付けをすることは支援者が学習者のことを如何

に忖度しているかを表する行為に直結する。学習者にとっては最も分かりやすく、かつ安心感と信頼感を与える行為なのである。表4.9で示したように一般的に「褒める行為」が求められるのも、賞賛自体が学習者に直接関連する評価だからである。ただし、デシ・フラスト（1999）が述べるように、報酬は外的に与えられてはならない（注53）。学習者に関連しなければ、特に学習過程に直接関連付けられなければ、報酬と雖も毒になる。仲介の行為には直接性が必要であり、関連付けの行為こそ直接的でなくてはならない。

さらに意味付けの行為においては、支援者が学習者の思考の流れに寄り添いながら表現創出の手助けをし、顕現しない結果に終わりがちな学習者の意図をできる限り明示する形で表面化させている。表4.10のT_7は、確かに自身が望ましいと考える学習者からの反応を予め想定していたが、望み通りの回答を導き出すことよりも学習者自らの発言を優先し、当該発言についての最も相応しい解釈を提案している。端的には、学習過程の全面的な肯定という（何を答えても構わないといった）態度である。この態度は表4.11のT_3についても同様で、事前にパターンが提示されてはいたものの、最終的にどのような絵本を制作するかは学習者に委ねられている。ここで誤解してはならないが、学習者に学習の過程を委ねるということは学習者を放任していることを意味しない。支援者が学びのプロセスに常時かかわっているという点でまさに学習者とその学習行動の間を取りもっているのである。これが媒介行為、すなわち仲介者としての行為になる。また、現時点での支援行為の意味を自らが理解し、学習者にも理解してもらおうとする表4.4および表4.5の行為は、学習活動全体の中での当該行為の位置付けを明確にするものでもある。この明確化によって、学習者に（レオンチェフの言う）操作の課題と行為の目的と活動の動機を感じてもらう機会を設ける。つまりは、学習の（途中で放棄しない）継続性を生み出しているのである。

これまで何度も主張してきた通り、言語形成は学習者個人や支援者個人が独立して、あるいは一方的に働きかけた結果成立するものではない。そのため、上述してきた仲介者としての媒介行為もあくまで「支援者側から観察した」時

に見えてくるものにすぎない。それでも、仲介者とはどのようなことを行うものなのかを考察する際には手がかりになる。特に、良質な実践場面を促進するという目標へ集団の構成員の意識を向けようとする場合には、誰もが、今すぐに、どこからでも始められる位の簡潔な工程から成る行為であることが望ましい。そして、上述した行為群はそれほど複雑なものではなく、中でも、学習者と接する機会の多い支援者が最も得意としている行為群と考えられる。それはやはり、当該支援者が異なった学習観・指導観・文化観・言語観などをもった人の間に入る仲介者の立場にあることが多いからであり、異なった価値観をもつ者同士の対話を促進する責務を負っているためでもあろう。

　教育実践に向けた行為群を仲介者の専門性とすることについては、これまでも触れてきた対話理論（フレイレ, 1979; Gibbons, 2002; van Lier, 2004; Vygotsky, 1962など）からの裏付けがある。フレイレは当該行為を、異なった両者の「見解や意見を生ぜしめる世界に媒介され」たものとする（フレイレ, 1979, p.106）。ギボンズは、スキャフォールディングの実践への言及を通して文脈を創出していく教師の力量だと述べている（Gibbons, 2002, ch.2）。ヴァンリアは、相互作用に基づく学習活動の促進が教師の役割だと各所で断言している（van Lier, 2004）。ヴィゴツキーが「媒介」を基本概念として相互作用の重要性を謳い、ZPD理論を唱えたことは繰り返すまでもない。総じてこれらの理論は、対話的な行動を相互作用や意味づくりのプロセス、媒介、そして個体と環境の一体化とみなす点で一致をみる。

　仲介者としての取り組みを総合的に加味していくと、具体的には次のような行動となって実践場面に現れる。

- 異質なものをそのまま受け止める
- 素材が足りないとせず眼前にある素材を活かした授業を行う
- 言語に不自由な学習者も同じ実践場面の一員とみなし互恵的な学習を促す
- 支援者の力量不足を問題視するのではなく足りないところは他者に任せる
- 自己の得意分野を生かす方法を試みる一方でできないところは他者に託す

- 学習者を未熟者とみなさず一人前の人間として接する
- 同じ場面に共存する者が対等の立場で交流をしていく

　これらの行為はすべて上述の学校で活躍する支援者に観察できたものである。むろん、それぞれは今までも普段の学級運営等において他所でも多くの教職員が実施してきたものであるに違いない。しかしながら、こうした実践が支持的風土（縫部, 1999, pp.77-80）の醸成に一役買っているのは事実であり、異質者間の理解の向上に寄与する面も否定できない。そして何より、実際に支援者たちはそうした行為を繰り返す中で言語形成の促進や実践場面の構築に貢献しているのである。

　さらにまた、仲介者としての媒介行動が顕現する理由は、やはりそのような行動を目標としていた成果とも言える。異質なものの受け入れと学習者に対する全幅の信頼は多様性を、互恵的な学習の促進や対等な立場での交流等は均衡性を、他者に託した役割補完は持続可能性を慮った行動である。したがって、仲介者としての役目を果たすことは生態学的教育目標にも合致した営為なのである。

5.3.4　媒介物としての教材

　媒介するものを資源の観点から眺めると「（教科書や教具を含めた）教材」ということになるだろう。それは本研究上で議論している「手本」に含めることができる。これまでも所々で取り上げてきたが、手本の性質を今一度確認しておこう。

- 「同化」や「同一」を課さない
- 「正解」や「絶対」という在り方で存在しない
- 学習の一手段（たとえば「まねること」）を越えない
- 共同体の中で「良いもの」「価値の高いもの」と意味付けられた素材
- 学習者に委ねられているアフォーダンス

実は、教科書等の既成物も、目の前にあるものを活かすという点においてはすべて手本とみなすことができる。つまりは、媒介するあらゆる物象は専有という言語形成に貢献し、言語形成を促進することに寄与するのである。要するに、教材の良し悪しについてはその形式や性質ではなく見方や捉え方が重要になってくるということである。このような教材観においては、学習者に教材そのものが伝授され蓄積されるという見方ができない。当然、教材は専有という動的なプロセス自体にはなりえないが、媒介物という在り方によって専有に欠かすことのできないものとなる。

これまでも触れてきたように、媒介の考え方はフレイレやバフチンのものが広く知られているが、その源泉はやはりヴィゴツキーの論考中に存している。特に、ヴィゴツキー自身が語っている手段(使用)としての在り方は、教材を考察する上でも重要である。

> 行動のあらゆる高次の形態の説明において中心的問題となるのは、人間が自己固有の行動の過程を取得するさいの助けとなる手段の問題である。(中略)すべての高次の精神機能は、被媒介的過程であるという共通の特徴をもつ。すなわち、それらは、その行動のなかに過程全体の中心的・基本的部分として精神過程の方向づけや支配の基本的手段としての記号の使用をふくむのである。われわれが問題としている概念形成において、このような記号となるものは、概念形成の手段としての役割をはたし、後にはそれのシンボルとなる言葉である。
> (ヴィゴツキー, 2001, p.156: 強調は原著通り)

たとえば、棚の上のほうにある本を取りたいけれど高すぎて手が届かないとき、私たちは脚立という道具を使う。道具が私たちと本を手に取るという行為とを媒介する。日常的に道具というと、ある目的を成就するために用いるものという見方が当たり前になっているが、媒介の議論における道具とは「目的達成保証物」(使えば必ず目的が達せられるものとしての道具)ではなく、新しい行為を構成する要素の一つとして存在する。よって、同じ道具を同じように用いる行為は当該行為の一回限りである。これは、別の道具を用いれば別の行為にな

ることを意味するが、同時にある一つの目的を達成する道筋がけっして一つだけではない（選択肢がある）ことにもなる。すなわち、媒介する道具は、一つのゴールを目指すための存在ではなく、プロセスを成立させる過程的存在である。先ほどの例で言うと、脚立の代わりに長い棒を道具にすることもできるということである。ところが、長い棒を道具として採用すると「本を手に取る」目的への流れも変わり、また違った（傍から見ると滑稽な）行為が現れる。それでも、棒が本の取得をアフォードする、つまり棒がアフォーダンスとして働くために、本を手に取るという目的の達成に近づく。棒の長さが短くなれば、本の入手をアフォードしないかもしれないので、（アフォーダンスであることには変わりないが）当初の目的達成は難しくなることだろう。

　脚立や棒などという物質的な道具に頼らなくても、「すみません、あそこにある本を取ってください」という発言によっても本の取得は可能になる。すなわち、言語素材も本節で述べている媒介物にすることができる。当然、ここでの素材も目的達成保証物にはなりえず、適切と思われる発言をしたからと言って、必ずしも目的が成就する（本を取ってもらえる）わけではない。だから、道具を与えて終わりにすることほど無意味な支援はないのである。道具は使われて、つまり媒介物となってはじめてまっとうに機能する。喩えれば、乳児に脚立を当てがっても仕方がないのと同様、学習者に「すみません、あそこにある本を取ってください」なるフレーズを丸暗記してもらっても仕方がない。むしろ、多様な行動の中で媒介するという経験を積み上げることが何よりも重要である。言語素材が目的達成保証物ではない以上、媒介する道具の使い方のほうをこそ学習する必要がある。まさしく、これが言語教育の方法、つまりカリキュラムとなる。

　身振り等の媒介的役割を支持しているのもヴィゴツキーだが（同著, p.105）、これも言語形成に媒介物が必須であることを示している。乳児は、「ママ」といった発話によって、身振り（たとえば椅子のほうに伸び上がったり手で椅子をつかもうとしたりする行為）を伴いながら、自分がして欲しいと望む行動（意味）を母親に訴えることができる。やがてこの子は、そうした身振りをしなくても

「ママ、椅子に座りたい」と発することで己の意思を表現するようになるが、この場面はまさに身振りが言語形成を媒介したところとして捉えることができる。同時に、身振りという媒介物に意思や思考が託されている様子も観察できる。

この身振りに関連しては、本稿3.1.4節で言及したようにラントルフ（Lantolf, 2010）が興味深い考察を行っている。身振り自体に思考が現れるのだから、言語教育にも身振りを適切に用いることができるはずだというものである。これは、言語形成が脳内に限られた局所的な現象ではないという含意を伴った上での主張である。言うなれば、思考が外の世界にも存在するという捉え方である。こうして、道具が思考そのものであるという見方が成立しなければ、言語形成に道具が媒介するという言い方もできないことになる。一般的な道具について再考してみると、そこには確実に人間の考え方なり見方なりが反映されていると言えよう。脚立における「乗るものである」、ドアノブにおける「握るものである」、鉛筆における「書くものである」、等々といったものは、道具に備わる性質と言うより私たちが道具を目の前にしたときに知覚するアフォーダンスである。よって、見る人が見れば（たとえば乳児にとって）、脚立は乗るものでなくなってしまう。言語についても同様の話が当てはまる。「すみません、あそこにある本を取ってください」という道具にも、ある思考すなわち意味が託されている。意味が託されているがゆえに人と人とを媒介することが可能になると言えよう。ということは、意味が託されているならば（つまり媒介物＝道具ならば）、どんな形式でもどんな性質でも対人関係を生む可能性が出てくる。これが「すみません、あそこにある本を取ってください」を何語で表現しようと、おおよそどうしてもらいたいかが他者に了解できる理由になる。ただしこの場合、おそらく棚の上部を指差すといったさらなる媒介行為を同期させることが必要になるだろう。特別な道具の使い方に慣れていない者に対しては、やはり、別のそれなりの道具を使う必要があるのだ。

関連する議論になるが、この「指差し」という媒介行為は記号論的な第二性である。連続性を考察するところで、行為が操作と活動を繋ぎ、対人的な参加

が個人的な専有と集団的な制度を繋ぐと主張してきたのも、殊に第二性が言語形成にとって重要な鍵になっていることを踏まえている。本節での道具論に引き寄せてみれば、本を棚の上から取るという行為自体は図像的であり、直接的であるがゆえに、単独でも行うことができる。これに対して、依頼という行為は象徴的である。だから、言語学習者にしてみれば、短時間でものにできるような行為ではない。象徴的な依頼行為が可能になる以前に登場する行為、それこそが「指差し」であり、リードの「指し言語」に相当するものである。これを使えば、うまく言語運用ができない場合でも依頼行為が可能になる。もちろん、指差しができたからといって確実に本を取ってもらえる保証はない。これも道具たるゆえんであるが、指差しという指標的な行為が象徴的な行為に進展するためのきっかけにはなるだろう。

概して、教材として学習者に向けて使われる、矢印や米マークなどの（一般的な文脈で呼称されている）記号、「これ」「それ」「あれ」といった直示表現、「前」「後ろ」「隣」「9時30分」「昨日」「2016年」などの位置や時間を表したもの、「お母さん」「息子」「先生」「太郎君」「おーい」といった呼称や呼び掛け、「はい」「いいえ」「痛っ！」「寒〜い」「嬉しい！」などという反応や感情表現などは、第二性的な解釈項が託されている。特に、学習の初期段階で指標的な教材が多用されるのは、第二性が言語形成にとっても極めて明示的な媒介的性質であるからである。すなわち、指標は実際にも取り扱いやすく分かりやすい媒介物なのである。縫部（1998）が「情意的シラバス」を提唱しているが、このように感情に訴えたシラバスが重要になってくるのも、心情や情感といったものが人と人とを繋ぐ道具の働きをするからに他ならない。主体の意識、つまり課題（一般的な文脈で言う動機）と目的（同興味関心）と動機（同信念）は、広く規定すれば主体の気持ちである。こうした学習者の意識は言語形成上無視することができない。本研究で「学習者への理解が支援である」と主張しているのも、学習者の意識が言語形成を媒介するからである。

指標性、広く第二性と呼ばれる範疇は、論理的に二項関係を示している。二項関係とは「一」と「多」の間に介在する関係であり、社会的関係性の根幹を

成す。マナーや配慮や思いやりといった道徳的事項も、突き詰めれば相対する者の存在があってこそ生まれるものと言えよう。残念ながらこの指標性に基づく事項、具体的には合意、調整、仲裁、交渉、立案、共感、協働作業といった一見言語形成とは無関係な行動群は、古典的な言語教育では内容として、さらには教材として取り上げられることがほとんどなかった。しかし、媒介を議論してくるとこのような事項こそ率先して教材化する必要性のあることが判明する。あらゆる諸行動の嚆矢は「一者」が「他者」と結び付くことである。まずは相対する者が存在し、次にはその者を通して別の人と繋がっていく。こうして、関係のネットワークが広がり社会が形成される。社会性への過程が、まさに第二性を経由する記号過程であることは他言を要しない。

教材を媒介物とみなすことは、教材を学習者とシラバス、学習者とカリキュラム、あるいは学習者と支援者を繋ぐ道具として考えるべきだという提案である。媒介道具とすることは、使用すれば失くなってしまう消費財にはしないことを意味する。教材が消費財でないとすれば学習者に与えることはできないし、まして獲得させることもできない。その点において、教材はまさに本節冒頭で触れた手本になる。事例の中では表 4.3 の絵カード、表 4.4 のひらがな表（マス目が空欄になったもの）、表 4.5 の俳句の構造（パターン）等々が相当してくる。手本は ZPD のヴィゴツキー定義による「潜在的な発達水準の間の距離」、あるいはエンゲストロームの「現在の行為と新しい形態の距離」という領域中に存在するものであるとも言え、その意味でも媒介物そのものに他ならない。

現実の実践場面では何を使って学習するかが大きな論点であり、本稿 3.1.5 節で取り上げたエンゲストローム的矛盾が示すように、支援者の常に尽きない悩みの種でもある。しかしながら、具体的にどういう形態の教材を採用するにせよ道具、すなわち本節で述べてきた媒介物として取り扱わない限り、言語形成に貢献することはない。これは同時に、媒介物にすればあらゆる物が教材として取り扱える可能性を示している。その場にあるものを活かすという視座は、実践場面を「資源の枯渇」から「潤沢な素材」に満ちた世界に変える逆転の発想となる。

第6章 結論と展望

　本研究の目的は、多様性の許容・均衡性の配慮・持続可能性の追求についての理論構築と実証であった。旧来型の対応とその根拠となる考え方は、現時点でのそして各地での教育の停滞状況を発生させていた。特に、言語教育場面では問題が深刻化していて、観点の捉え直しとその実現化が急務であった。現場からも経験的な希求として、一層流動的でかつ資源の枯渇を憂うことのない、つまり上記3観点に集約されるような活動が望まれていた。本研究はこうした背景に基づき、当該活動に直結する理論を組み立てることによって、言語教育の新たな捉え方と実践への道を提唱したのである。

　実践への道を妨げている思想とその現実的な具現化との間の著しい距離も、理論の再構築を行うことで埋めることができる。その理論を、本研究では生態学的言語論と称した。生態学的言語論とは、個体と環境とを結ぶ言語についての理論である。言語形成と主体変容と実践場面が等価であることを説明し、同時にその等価性が教育的営為になることを謳う。つまりは、言語と教育を一体化する捉え方である。

　言語教育についての研究においては、当然、言語現象の説明のみに終始してしまっては実践との結び付きがなくなる。本研究で方法論に注視したのも、理論と実践を対等に扱うすなわち省察と行動を同一視する試みであった。理論の応用として実践があるのではない、いわば実践＝研究を立証するために方法論を介して両極を繋いだのである。こうして、生態学的言語論は言語教育実践に向けての根本的な壁となっていた理論と実践、能力と状況、個人と社会の分断を解消した。それは言語と主体と実践を統合的に考察できる捉え方が生態学的言語論であるからに他ならない。中でも、本研究で取り上げてきた実践群は状況・文脈・行動・過程・関係などを含む広義の言語存在の下に成立する営為であった。それを本稿では、言語が登場する舞台の上で、人および言語そのもの

が変化を遂げていく様相として記述した。これが示していることこそ、言語が実践に埋め込まれている、つまりは言語による言語を介した営為が教育実践だということである。

　言語教育に関する知見・資源・人材・手法はすべて記号過程的存在である。よって、これらを獲得しようとする行動はけっして持続することはない。物象やノウハウの付与や提供は二元論的価値観に従った行動にすぎず、これが人材確保の要請と補償教育の敢行を引き起こしていた。本研究では、これらの施策に対する批判をする中で、教育場面で見られる言語教育の停滞状況解消に向けての方法を議論した。結果、多様性・均衡性・持続可能性を教育目標とする取り組みに向かう重要性を提案することになった。

　本研究でのアプローチは、言語教育とは何かということを問い直す強力な接近法でもあった。それは、「臨界期」「言語能力」「言語規範」等についての捉え方の変更を可能としたところからも分かる。生態学的言語論では言語変化に限界を設定できない。よって、「臨界期」という限界を謳う理論を支持する必要がなくなる。また当該観点から見た「言語能力」の設定は、当該能力の表出を内容形式で評価しなくてはならないという状況に依存した結果であることが判明する。いわば、社会システムが求めているものを能力として後付け規定したものである。能力が確実に定義でき、それを高めなくてはならないとされているわけではない以上、そうしたものを恐れることはない。そして、言語規範という固定化したルールも意味によって発生することが当該観点による分析で判明する。言語規範から意味が導出されるのではない以上、言語規範を基幹に据えた言語教育は意味を度外視したものになってしまう。意味や価値を無視することは言語教育でもなければ、そもそも教育ですらない。こうした論考を通して、（臨界期があってもなくても）変化を促進するのが言語教育である、（言語能力があってもなくても）関係を構築するのが言語教育である、（言語規範が存在してもしなくても）秩序を創出するのが言語教育である、といった提唱ができたように思う。

　主体の側面については、異なった価値観をもつ人々と、異なった場所で、異

なった生活を、なんとか送らなくてはならない者としての学習者を取り上げた。けだし、こうした主体は生態学的な有機体としては至極自然な存在である。私たち有機体が採択した戦略は、まずは生きていくために食糧を、つまり異物を取り入れることだった。そして、あらゆる天敵から身を守るために共同体を、つまり自分とは異質のものが集う社会を形成することであった。そもそも異なりの存在があったからこそ、今の世界がある。それでも私たちは、異質なものと接する際の嫌悪感を完全に払拭することができない。比喩的に述べればこれは宿命であろう。しかし、それを克服できる可能性も私たちにはある。なぜなら、主体は課題を意識して専有をする、目的を意識して参加をする、動機を意識して制度を成す有機体だからである。在り方自体が個人的なものであると同時に対人的・集団的なものでもあるために、自分とは異なる個体や環境を自らの内に宿すことが生命体となることに直結する。だからこそ、異質とのやりとりが私たちの生活を支えていくのである。この事実は、言語教育においても宿命的な呪縛であるが、同時に呪縛から脱することができる行動の効用を実例に基づいて取り上げた。このようにして、動的な場面に直面する教育とは何かを考察することになったのである。

　上の議論に並行して、教師あるいは指導者と呼ばれる支援者の立ち位置も明らかにした。ただしこの支援者は、言語学的内容論と教育学的方法論を統合したところで議論の俎上に乗る教育実践の構成員として、つまりは参加者として捉えることが必須であった。教育目標が多様性の許容、均衡性の配慮、持続可能性の追求にあるのならば、支援者の専門性も多様性を生む変化促進、均衡性を生む関係構築、持続可能性を生む秩序創出の活動の中になくてはならない。そうした専門性の発現が、学習者の適切な評価にも繋がっていく。学習の内容と方法が教育実践に存するのならば、支援者の力量も教育実践中に満ちていなければならない。こうした捉え方によって、構成員としての支援者の在り方も解き明かした。

　以上のように、教育実践が対話によって現象するとした結論からは、教育場面の言語教育へも大きな転換を迫る提言を可能とする。しかしながら、下記の

通り残された課題もいくつかある。

　まず、理論の妥当性の検討である。従来型の研究方法論上で確立している客観的妥当性に照らしてみれば、真理かどうかの証明が不十分なようにも見えるためである。それでも、基準自体の研究、たとえば生態学的妥当性についての検討が進めば、いずれ理論への評価も多面的に行われるようになるだろう。つまり、妥当かどうかの認定が多様化するため、理論を利用する/しないの判断についても一層多くの論拠が考慮されることになろう。

　また、本研究の結論は教育状況が創発的なものであるという見解を伴うものなので、見通しの立たないところで教育を実施してよいものなのかという疑義も出てくるだろう。具体的には、「事前にシラバスとカリキュラムを決定せずに教育が可能なのか」という批判に代表される。もっとも、これは先の二元論に端を発し、それゆえ、言語素材をシラバス・言語行動をカリキュラムとして準備をし学習者に伝達していくことで素材なり行動なりを身に付けさせることが言語教育だという根強い言説が残っているのである。しかし、本稿で考察してきたように、言語は獲得するものではなく形成するものである。少なくとも、当該言説についての不自然さは本稿の各所で指摘してきた。倫理的な観点からも、この言説自体がフレイレの論じる抑圧者側の視点であると断言できる。万一その視点が除外できたとしても、素材や行動や資源が顕現することとそれらを事前に確定することとはまったく別次元の問題である。しかも、それらの存在は動的（記号過程的）存在であるがゆえに、予め固定物として規定することができない。

　あるいはまた、言語が実践である（言語形成と実践場面が等価である）という結論に対しても広く理解を得るための議論が熟していない現実がある。実践そのものが言語だけで構成されているわけでもなければ、そのようなものとして実践を定義するための考察もまだまだ足りていないためである。関連して、能力至上主義的観点からも「言語能力の向上を目的としない実践は言語教育と言えるのだろうか」という批判が寄せられることであろう。もっとも、本稿の中でも度々能力概念そのものを全否定しているのではないことを断ってきたし、

本研究提案の一であるところの「あるものを活かす」という点においては当該言語観をうまく利用することで理想的な教育実践へと繋げられる可能性もある。ただし、もし言語能力を取り上げるのならばその前提として言語能力とは何かが解明されていなければならない。現在のところ、言語学分野においてすら統一見解がない。当然のことながら、能力を議論できる分野は言語学に限られない。それにもかかわらず、言語能力を規定できたと（仮定）する分野は言語学上のものが大半を占め、教育学からの提案がほとんど見られなかった。つまり、言語と実践の等価性の議論を妨げていた真の問題は言語能力の有無ではなく、言語能力を議論し吟味を行う場が限られているところにあったのである。

　だからこそ、本研究では言語学的概念に対する不適切性の是正ではなく、言語学的内容論の優位性回避を目指した。従来の言語学を論駁するのではなく、その位置付けを考察したと言えよう。むろん言語学的概念、とりわけ構造的単位の存在は、言語学的理論の精錬にとっては必要不可欠な要素である。しかし、たとえそうだとしても、構造的（あるいは観念的）存在を前提とした言語教育からは脱却していかなくてはならない。前提に対して批判を加えられない状況、いわば理論が教義になると理論自体が絶対的な権威をもってしまう。特に言語教育は言語学との関係が極めて深い分野だけに、言語学理論の影響力を完全に払拭することができない。仮に、当該理論が言語能力を規定した、少なくとも言語の共同体的な在り方を度外視して定義できたとすると、非主流語話者の主流語学習の進展しない理由が当該学習者の能力のなさに起因するとみなされるようになる。そうでなくても、「主流語を身に付けさえすれば社会に溶け込めるようになる」として一方的に言語教授の必要性が訴えられたりするのである。そこには、主流語圏側の要因を考察する観点が欠けているだけでなく、非主流語話者が黙しているのは主流語が分からないためだと短絡的に解釈する圧力がある。ダフ（Duff, 2002）やノートンら（Norton & McKinney, 2011）の指摘を待つまでもなく、こうしたことは日本を含め世界中の言語教育教室で起こっている実態である。おそらく、内容論の優位性は主流語社会の優位性に直結している。

　ではどうしたらよいかということになるが、やはり本研究の提案を契機にす

るのが一つの方法になるだろう。状況や文脈を抱合する言語の在り方を考えられる生態学的言語論の進展を図れば、言語学的内容論の優位性が解消される。言語への新しい見方を提供することに加え、個人を越えた言語観の醸成へと向かうことになる。本稿では取り上げなかった言語現象、たとえば音韻弁別素性・示差的意味特徴・文構造規則・適切性条件といった言語学的概念でさえ、先験的な前提として取り扱われることはなく、むしろ、記号過程の中から創発するアフォーダンスとみなすことが可能になる。ここから、言語学的概念を学習者に覚えさせることではなく、利用してもらうこと、また利用してもらうためにそれらの意味や価値を創出することこそが言語教育の方法になるという提案を導くこともできよう。さらに、これまでの言語現象全般も、生態学的に説明するような理論構築が可能になるかもしれない。

　本研究の議論が示唆する事柄は、私たちのこれまでの学習観に対する見直しを迫るものでもある。殊に、どのようにしたら学ぶようになるのかという原因の解明や、どのような成果を挙げることが学ぶということなのかという結果の追究だけでは、学びの全体像がほとんど見えないということを意味している。もし、今後予測のつかないような大きな社会変化が起こるとするならば、状況が益々混沌とし複雑化していくことは確実である。だからこそ、教育現場では、確実性や安定性を欠く場面が出現したとしても、それに十分対応可能な耐性を高めなくてはならない。その意味でも、学習の過程を重視し、変容を追い、媒介的な行為そのものを評価の対象として捉えていくことは、学習者がこれからの社会の中で生きていくための力を考えることにも繋がる。

　こうした大きな文脈を想定する上でも、言語および言語教育の生態学的な在り方を考察していくことは重要である。学習者や言語種の区別をしない学習が有効なのは、発達を環境の変化とみなすことができるためである。また言語形成と主体変容を同等と捉える生態学的観点が望まれるのも、良好な実践場面に結び付く手がかりになってくるためである。こうした観点にこそ個人と社会が融合する視座がある。そして、従来の観点に加えて新たな選択肢の存在を示すことにも大きな意義がある。選択如何ではこれまで絶対的だと考えられてきた

言語教育が別様に見えるということであり、代替することができなかった言語教育の専門性にも別様の開発の道筋が見えるということである。仮に、その専門性が一般的な教師の資質と何ら変わるところがないということが判明すれば、人材や資源の不足問題を解消する糸口にもなろう。少なくとも、生態学的観点では表現形式の良否を個体の能力に起因させず、個体間の言語種の異なりも同じ土俵で考察できると謳う。しかも、その同じ土俵というのは、人間の認知であったり、遺伝であったり、一般言語学的な理論であったり、政治的要請であったりという、およそ教育から遠く隔たったものなのではなく、学習者が他者と共存する動的な場面なのである。リードの言う「言語環境」（リード, 2000, ch.11）がこの共存するところであることは改めて強調するまでもない。こうして、本研究では言語を実践場面すなわち教育的営為とする結論に至る。

　もちろん、闇雲に実践が良いことだと言い続けると、「何かを行うことが良い教育だ」という述べ方に近いトートロジー的議論になってしまう。したがって、今後も良質化を目指す取り組みに視座を置くことが必要となる。実践の遂行に留まらず充実を謳うところに「良質化」「健全化」の意味を託すべきであろう。そして、将来的には教育現場の多様性、たとえば価値観・文化観・言語観の違いが広く容認されるだけでなく、そうした違いが十分活かされるような、バランスの取れた現場が肯定的に評価されるような、あるいはそうした場面の創出が取り組みの目標になるようなものにできたら、現在の教育的営為も大分変ってくるのではないだろうか。重ねて、このような主張で個々人の能力の側面を度外視するのではないが、何のための個人の発達であり、学力の向上であり、資質の獲得なのかという点を考えていかないと、いずれ能力至上主義の盲信からくる、個体の強化が実現すればするほど環境からの反発を受けざるを得ないというジレンマに陥ることになる。その危険性についても、本研究では最低限度示すことができたように考えている。

　生態学的言語論の構築は、以上のような多方面からの検討結果に因っている。そのため、細かい領域を抽出すると深い検討ができなかった部分が間違いなく露呈することだろう。しかし、今後は大局的な観点から各領域を見つめ直す研

究がもっと積極的に行われてもよいのではないだろうか。むろん、本研究がその地点に立てたかどうかは多くの識者からのご教授とご指摘を仰ぐしかないのであるが、少なくとも教育学分野においての基礎的研究の価値は今以上に認められなくてはならないように思う。本研究が理念として取り上げた考察も、つまるところ教育の場とはどうあるべきかという問いを発端にした言語教育の方法に対する論考であった。

　本研究が重要な柱としている記号過程の概念は形而上的議論に由来するものではあるけれども、現実的な状況特に言語教育に関する現象を最も精確に映し出す鏡であった。私たちは、時間的な推移を記号の要素を通して、空間的な位相を記号の範疇を通して知覚する。実際の場面では、推移の過程は多様性と均衡性と持続可能性となって現象し、位相の関係は個人・対人・集団の観点差となって顕現する。さらに、過程と関係のダイナミズムが生み出される中核に素材・行動・資源による媒介がある。媒介による言語形成を指向することこそが良質な教育実践を行うことに繋がっていく。これが、言語教育をめぐる社会問題解決への手がかりでもある。こうした希望を見出すことができるのも、生態学的言語論が私たちのあらゆる行動および実践の知見を明示する潜在力を備えたものであり、なおかつ当該方法論の現象型が教育現場での取り組みに転化する可能性を秘めたものであるからなのである。

付　記

　本書を構成するに当たっては、筆者のこれまでの研究成果を生態学的言語論の観点から再解釈し、体系化することを企図している。その趣旨を踏まえて、各節で引用・要約した先行文献を以下に列挙する。また、本書で言及している国内の実践事例について、学校・教室・学級名、支援者名、学習者名等は個人情報を保護する目的で匿名・仮名とした。当該調査の概要や実施方法の詳細は、ここで挙げた文献内で言及している。

ア．著書（単著）
　（1）『数えることば―数えることをめぐる認識と日本語』、日本図書刊行会、2001年1月、全324ページ
　（2）『教育言語学論考―文法論へのアンチテーゼと意味創りの教育』、風間書房、2006年10月、全307ページ
　（3）『新ことば教育論―いのち・きもち・だいちの考察』、風間書房、2011年9月、全262ページ
イ．著書（編著）
　（4）『対話でみがくことばの力―互いの異なりを活かすグループワーク26』、ナカニシヤ出版、2010年5月、全104ページ、野田敏郎・尾関史・藤田沙希・濱村久美
ウ．論文（単著）
　（5）「日本語数量詞体系の一考察」『日本語教育』87、日本語教育学会、1995年11月、1-11ページ
　（6）「数量詞の機能と形態」『国文学解釈と鑑賞』61-1、至文堂、1996年1月、53-60ページ
　（7）「数量詞のアスペクト限定詞用法」『Ars Linguistica』6、中部言語学会、1999年6月、59-80ページ
　（8）「量化及び遊離文の認知論的分析」『静岡大学教育学部研究報告（人文・社会科学篇）』第50号、2000年3月、1-16ページ

(9)「主観的表現におけるアスペクトの捉え方」『Ars Linguistica』7、中部言語学会、2000年6月、21-40ページ
(10)「学びの活性化と教育観―年少者日本語教育支援によせて」『日本語教育』116、日本語教育学会、2003年1月、99-108ページ
(11)「BICS-CALP区分についての覚書」『静岡大学教育学部研究報告（教科教育学篇）』第35号、2004年3月、23-36ページ
(12)「第2言語としての日本語と学習者の認知」『静岡大学教育学部研究報告（人文・社会科学篇）』第54号、2004年3月、1-16ページ
(13)「螺旋的言語能力発達モデル―理論化への試み」『静岡大学教育学部研究報告（教科教育学篇）』第36号、2005年3月、11-25ページ
(14)「意味の理論体系における文法性判断」『静岡大学教育学部研究報告（人文・社会科学篇）』第55号、2005年3月、1-16ページ
(15)「言語指導者の専門性―教育的視座からの言語分析」『静岡大学教育学部研究報告（教科教育学篇）』第38号、2007年3月、21-33ページ
(16)「言語指導者の専門性2―言語支援活動に見る統合的力量」『静岡大学教育学部研究報告（教科教育学篇）』第39号、2008年3月、1-15ページ
(17)「環境づくりの観点からの支援員養成―学校教育の文脈から」『大養協論集』2006-2007、大学日本語教員養成課程研究協議会、2008年8月、27-35ページ
(18)「多文化共生社会に根ざす環境づくり―仲介者的役割を果たす教員」『日本教育大学協会研究年報』第27集、2009年3月、39-51ページ
(19)「越境社会の学校教育における言語教育環境の構築」『静岡大学教育学部研究報告（教科教育学篇）』第44号、2013年3月、1-14ページ
(20)「教育的貢献を踏まえた言語観へ―生態学的言語論の提案」『静岡大学教育学部研究報告（人文・社会・自然科学篇）』第63号、2013年3月、1-14ページ
(21)「対話的教育実践の意義―サンパウロ市立学校での言語教育に学ぶ」『静岡大学教育実践総合センター紀要』第21号、2013年3月、1-10ページ
(22)「ダブルリミテッド言説に対する批判的論考」『静岡大学教育学部研究報告（教科教育学篇）』第45号、2014年3月、1-13ページ
(23)「文法現象の教育言語学的考察―数量詞と格助詞を再考する」『静岡大学教育学部研究報告（人文・社会・自然科学篇）』第64号、2014年3月、1-13ページ
(24)「言語活動の充実と学習環境づくり」『静岡大学教育学部研究報告（教科教育学篇）』第47号、2016年3月、1-15ページ

エ．論文（共著）
(25)「学習・生活を支える仲介的力量形成のための対話創出型カリキュラムの開発

と実証的検証」『日本教育大学協会研究年報』第29集、2011年3月、263-276ページ、菅野文彦

オ．翻訳・訳書（単著）

(26)「居場所をなくした十代からの声」『定住外国人の共生に関する法政策的研究―人権擁護と地域社会づくりの視点から―2005年度静岡大学競争的配分経費Ⅱ型研究プロジェクト研究成果報告書』静岡大学、2006年4月、19-29ページ

(27)「なぜ生態学なのか―『言語学習の生態学と記号論』の序章」『静岡大学教育学部研究報告（人文・社会科学篇）』第58号、2008年3月、277-292ページ

(28)『生態学が教育を変える―多言語社会の処方箋』、ふくろう出版、2009年7月、全356ページ

引用文献

<和文文献>

浅沼 茂. (2011).「カリキュラム・エンパワーメントと教授言語の問題」『国際移動と教育—東アジアと欧米諸国の国際移民をめぐる現状と課題』(江原裕美（編）)(pp.123-138). 明石書店.

有馬 道子. (2001).『パースの思想—記号論と認知言語学』. 岩波書店.

有満 麻美子. (2010).「パウロ・フレイレの教育思想」『立教女学院短期大学紀要』, 第42号, 1-19.

今井 邦彦・西山 佑司. (2012).『ことばの意味とはなんだろう—意味論と語用論の役割』. 岩波書店.

イリイチ I. (1991).『生きる思想—反＝教育／技術／生命』(桜井直文（訳）). 藤原書店.

ヴィゴツキー L.S. (1962).『思考と言語 下』(柴田義松（訳）). 明治図書.

ヴィゴツキー L.S. (2001).『新訳版 思考と言語』(柴田義松（訳）). 新読書社.

ヴィトゲンシュタイン L. (2013).『哲学探究』(丘沢静也（訳）). 岩波書店.

内田 伸子・今井 むつみ. (1996).「幼児期における助数詞の獲得過程」『教育心理学研究』, 44 (2), 126-135.

江原 裕美・山口 アンナ真美. (2012).「ブラジルの教育事情—経済発展とともに注目すべき教育改革」『留学交流』, 15（6月号）, 1-15.

エンゲストローム Y. (1999).『拡張による学習—活動理論からのアプローチ』(山住勝広・松下佳代・百合草禎二・保坂裕子・庄井良信・手取義宏・高橋登（訳）). 新曜社.

エンフィールド N.J. (2015).『やりとりの言語学—関係性思考がつなぐ記号・認知・文化』(井出祥子・横森大輔・梶丸岳・木本幸憲・遠藤智子（訳）). 大修館書店.

大久保 祐子. (2008).「日本語教育における母語指導に関する言説についての一考察—中国帰国者と在日ベトナム人を対象とした日本語教室の実践を事例として」『文化、ことば、教育—日本語／日本の教育の「標準」を越えて』(佐藤慎司・ドーア根理子（編）). 明石書店.

Ohri R. (2005).「「共生」を目指す地域の相互学習型活動の批判的再検討—母語話者の「日本人は」のディスコースから」『日本語教育』, 126号, 134-143.

岡崎 敏雄. (2005).「外国人年少者教科学習のための日本語習得と母語保持・育成—小学校 中高学年と中学生の学習支援」『文藝言語研究・言語篇』, 47, 1-13.

小川 郁子. (2003).「外国人児童・生徒の学習権を保障する—制度改革、意識改革、今

のままでもできること」『中国帰国者定着促進センター紀要』, 10, 59-79.
小川 郁子．(2010)．「実践報告：JSL進路学習の試み―自覚的に高校進学を考える中学生を育てるために」『中国帰国者定着促進センター紀要』, 12, 105-154.
尾関 史．(2008)．「「意味創り」を目指したことばの支援の可能性―移動する子どもたちが主体的に学習に参加するために」『早稲田大学日本語教育学』, 第3号, 11-24.
神吉 宇一．(2008)．「年少者日本語教育はどのように語られているか―関係論的観点からの批判的検討」『文化・ことば・教育―日本語／日本の教育の「標準」を越えて』（佐藤慎司・ドーア根理子（編））(pp.176-191)．明石書店．
川上 郁雄．(2003)．「年少者日本語教育における「日本語能力測定」に関する観点と方法」『早稲田大学日本語教育研究』, 2, 1-16.
川上 郁雄・髙橋 理恵．(2006)．「JSL児童の日本語能力の把握から実践への道すじ―新宿区立大久保小学校の実践をもとに」『日本語教育』, 128, 24-35.
ギブソン J.J．(1985)．『生態学的視覚論』(古崎敬・古崎愛子・辻敬一郎・村瀬旻（訳))．サイエンス社．
清田 淳子．(2003)．「母語を活用した内容重視のアプローチの試み―来日直後の外国人児童を対象に」『人間文化論叢』, 6, 199-210.
久保田 竜子．(2008)．「ことばと文化の標準化についての一考」『文化・ことば・教育―日本語／日本の教育の「標準」を越えて』(佐藤慎司・ドーア根理子（編))(pp.14-30)．明石書店．
クラッシェン S.D.・テレル T.D．(1986)．『ナチュラル・アプローチのすすめ』(藤森和子（訳))．大修館書店．
黒谷 和志．(2001)．「教育実践における批判的リテラシーの形成―パウロ・フレイレの再評価をめぐって」『広島大学大学院教育学研究科紀要』, 第三部 第50号, 249-256.
河野 哲也．(2003)．『エコロジカルな心の哲学―ギブソンの実在論から』．勁草書房．
齋藤 ひろみ．(1999)．「教科と日本語の統合教育の可能性―内容重視のアプローチを年少者日本語教育へどのように応用するか」『中国帰国者定着促進センター紀要』, 第7号, 70-92.
佐古 仁志．(2013)．「＜習慣＞に関する生態記号論的研究」．博士学位論文, 大阪大学大学院人間科学研究科．
佐藤 郡衛．(1997)．『海外・帰国子女教育の再構築―異文化間教育学の視点から』．玉川大学出版部．
塩谷 奈緒子．(2008)．『教室文化と日本語教育―学習者と作る対話の教室と教師の役割』．明石書店．
静岡新聞．(2016)．「外国人教育苦慮浮き彫り」．8月28日朝刊, 3面．

朱 桂栄．(2003)．「教科学習における母語の役割―来日まもない中国人児童の「国語」学習の場合」『日本語教育』, 119, 75-84.

ジョンソン S．(2004)．『創発―蟻・脳・都市・ソフトウェアの自己組織化ネットワーク』(山形浩生（訳))．ソフトバンクパブリッシング．

白畑 知彦・若林 茂則・須田 孝司．(2004)．『英語習得の「常識」「非常識」―第二言語習得研究からの検証』. 大修館書店．

杉村 泰．(2002)．「イメージで教える日本語の格助詞」『言語文化研究叢書』, 1, 39-55.

ソシュール F．(1972)．『一般言語学講義』(小林英夫（訳))．岩波書店．

高藤 三千代．(2008)．「沖縄日系ディアスポラ、国語、学校―ことばの異種混淆性と単一化の民族誌的考察」『文化・ことば・教育―日本語／日本の教育の「標準」を越えて』(佐藤慎司・ドーア根理子（編))(pp.267-292). 明石書店．

髙見澤 孟．(2004)．『新・はじめての日本語教育―基本用語事典』. アスク．

多田 富雄．(1993)．『免疫の意味論』. 青土社．

谷川 とみ子．(2004)．「現代アメリカ合衆国における P. フレイレの「リテラシー」論の受容と継承― I. ショアの「批判的リテラシー」論とその授業実践に焦点をあてて」『京都大学大学院教育学研究科紀要』, 第 50 号, 144-157.

デシ E.L.・フラスト R．(1999)．『人を伸ばす力』(桜井茂男（訳))．新曜社．

デューイ J．(1957)．『学校と社会』(宮原誠一（訳))．岩波書店．

寺村 秀夫・鈴木 泰・野田 尚史・矢澤 真人．(1987)．『ケーススタディ 日本文法』. おうふう．

土屋 千尋．(2005)．『つたえあう日本語教育実習―外国人集住地域でのこころみ』. 明石書店．

時枝 誠記．(1941)．『國語學原論―言語過程説の成立とその展開』. 岩波書店．

時枝 誠記．(2007)．『国語学原論（上)』. 岩波書店．

時枝 誠記．(2008)．『国語学原論 続編』. 岩波書店．

塘 利枝子．(1999)．『子どもの異文化受容』. ナカニシヤ出版．

中西 晃・佐藤 郡衛（編)．(1995)．『外国人児童・生徒教育への取り組み』. 教育出版．

新村 出（編)．(2008)．『広辞苑第六版』. 岩波書店．

西尾 敦史．(2010)．「パウロ・フレイレとコミュニティ・オーガニゼーション― 1970 年代以降の北米のコミュニティ実践とその理論モデルへの影響」『沖縄大学人文学部紀要』, 第 12 号, 17-33.

西口 光一．(2013)．『第二言語教育におけるバフチン的視点―第二言語教育学の基盤として』. くろしお出版．

縫部 義憲．(1998)．『心と心がふれ合う日本語授業の創造』. 瀝々社．

縫部 義憲．(1999)．『入国児童のための日本語教育』．スリーエーネットワーク．
縫部 義憲．(2007)．「英語教育学と日本語教育学」『日本語教育』, 132, 13-22.
野家 啓一．(1993)．『言語行為の現象学』．勁草書房．
野元 弘幸．(2000)．「課題提起型日本語教育の試み―課題提起型日本語学習の作成を中心に」『首都大学東京人文学報』, 教育学（35）, 31-54.
パース C.S．(2001)．『連続性の哲学』（伊藤邦武（訳））．岩波書店．
ハイムズ D．(1979)．『ことばの民族誌―社会言語学の基礎』（唐須教光（訳））．紀伊國屋書店．
ハタノテルミ L．(2009)．『マイノリティの名前はどのように扱われているのか―日本の公立学校におけるニューカマーの場合』．ひつじ書房．
バフチン M．(1980)．『言語と文化の記号論』（北岡 誠司（訳））．新時代社．
バフチン M．(1995)．『ドストエフスキーの詩学』（望月哲男・鈴木淳一（訳））．ちくま学芸文庫．
バフチン M．(1996)．『小説の言葉』（伊東一郎（訳））．平凡社．
浜田 寿美男．(1995)．『意味から言葉へ―物語の生まれるまえに』．ミネルヴァ書房．
原 安利．(2011)．「パウロ・フレイレの教育論における「対話」に関する一考察」『教育実践学論集』, 第 12 号, 99-112.
原 安利・森川 直．(2007)．「パウロ・フレイレの教育論における識字に関する哲学的探究―『自由のための文化行動』を中心に」『岡山大学教育学部研究集録』, 第 136 号, 135-144.
ピアジェ J．(1970)．『構造主義』（滝沢武久・佐々木明（訳））．白水社．
ビアリストク E．・ハクタ K．(2000)．『外国語はなぜなかなか身につかないか―第二言語学習の謎を解く』（重野純（訳））．新曜社．
久野 美津子．(2003)．「ブラジル人幼児の場所表現「に」と「で」の習得過程」『日本語教育』, 117, 83-92.
フッサール E．(1979)．『フッサール/イデーン I-1』（渡辺二郎（訳））．みすず書房．
フレイレ P．(1979)．『被抑圧者の教育学』（小沢有作・楠原彰・柿沼秀雄・伊藤周（訳））．亜紀書房．
フレイレ P．(1982)．『伝達か対話か―関係変革の教育学』（里見実・楠原彰・桧垣良子（訳））．亜紀書房．
フレイレ P．(1984)．『自由のための文化行動』（柿沼秀雄・大沢敏郎（訳））．亜紀書房．
フレイレ P．(2001)．『パウロ・フレイレ 希望の教育学』（里見実（訳））．太郎次郎社．
フレイレ P．(2011)．『新訳 被抑圧者の教育学』（三砂ちづる（訳））．亜紀書房．
フレネ C．(1986)．『仕事の教育』（宮ヶ谷徳三（訳））．明治図書出版．

ブレント J．(2004)．『パースの生涯』(有馬道子 (訳))．新書館．
ブロンフェンブレンナー U．(1996)．『人間発達の生態学―発達心理学への挑戦』(磯貝芳郎・福富護 (訳))．川島書店．
ベイトソン G．(2000)．『精神の生態学 改訂第2版』(佐藤良明 (訳))．新思索社．
ベゴン M．・ハーパー J．・タウンゼンド C．(2013)．『生態学 (原著第四版)―個体から生態系へ』(堀道雄監 (訳))．京都大学学術出版会．
ホール E．(1966)．『沈黙のことば』(國弘正雄・長井善見・斎藤美津子 (訳))．南雲堂．
細川 英雄．(2002)．『日本語教育は何をめざすか―言語文化活動の理論と実践』．明石書店．
ポラニー M．(1980)．『暗黙知の次元』(佐藤敬三 (訳))．紀伊國屋書店．
本多 啓．(2005)．『アフォーダンスの認知意味論―生態心理学から見た文法現象』．東京大学出版会．
前田 英樹．(2008)．「時枝誠記のプラグマティズム」『国語学原論 続篇』(時枝誠記 (著)) (pp.293-308)．岩波書店．
三嶋 博之．(1997)．「アフォーダンスとは何か」『アフォーダンス』(佐々木正人・松野孝一朗・三嶋博之 (編)) (pp.7-25)．青土社．
水谷 有未子．(2006)．「ブラジルの環境教育における教育者のあり方―『PEDAGOGIA DA AUTONOMIA』に見るパウロ・フレイレの教育理念」『ESD環境史研究：持続可能な開発のための教育』，第5号, 103-107．
光元 聰江・岡本 淑明・湯川 順子．(2006)．「外国人児童のためのリライト教材・音読譜による国語科の指導」『岡山大学教育学部研究集録』, 131, 113-122．
南浦 涼介．(2008)．「JSL児童生徒のための社会科授業構成―二文化統合理解学習としての単元「私たちのまわりのお店のくふう」をもとに」『日本語教育』, 139, 72-81．
メルロ―ポンティ M．(2001)．『言語の現象学』(木田元・滝浦静雄・竹内芳郎 (訳))．みすず書房．
森 篤嗣・庵 功雄 (編)．(2011)．『日本語教育文法のための多様なアプローチ』．ひつじ書房．
文部科学省．(2011a)．『言語活動の充実に関する指導事例集 (小学校版)―思考力、判断力、表現力等の育成に向けて』教育出版．
文部科学省．(2011b)．『言語活動の充実に関する指導事例集 (中学校版)―思考力、判断力、表現力等の育成に向けて』教育出版．
文部科学省．(2017)．「日本語指導が必要な児童生徒の受入状況等に関する調査 (平成28年度)」の結果について．参照先：http://www.mext.go.jp/b_menu/houdou/29/06/1386753.htm

柳沼 良太．(2005)．「後期デューイの自然主義的形而上学と教育理論」『岐阜大学教育学部研究報告 人文科学』, 54（1），1-8.

山口 アンナ真美．(2000)．「政策立案者としてのパウロ・フレイレ―サンパウロ市立学校をつくり変える」『教育学研究』，第67巻第4号，41-53.

山田 泉．(2010)．「生涯学習としての日本語教育」『異文化間教育』, 31, 33-46.

山内 博之．(2009)．『プロフィシェンシーから見た日本語教育文法』．ひつじ書房．

山脇 啓造・横浜市立いちょう小学校（編）．(2005)．『多文化共生の学校づくり―横浜市立いちょう小学校の挑戦』．明石書店．

米盛 裕二．(2007)．『アブダクション―仮説と発見の論理』．勁草書房．

リード E.S.（2000）．『アフォーダンスの心理学―生態心理学への道』（細田直哉（訳））．新曜社．

レイヴ J.・ウェンガー E.（1993）．『状況に埋め込まれた学習―正統的周辺参加』（佐伯胖（訳））．産業図書．

レオンチェフ A.N.（1980）．『活動と意識と人格』（西村学・黒田直実（訳））．明治図書出版．

ロゴフ B.（2006）．『文化的営みとしての発達―個人、世代、コミュニティ』（當眞千賀子（訳））．新曜社．

ワイリー N.（1999）．『自我の記号論』（船倉正憲（訳））．法政大学出版局．

＜英文文献＞

Atkinson, D. (Ed.). (2011). *Alternative Approaches to Second Language Aquisition.* London, NY: Routledge.

Bakhtin, M. (1981). *The Dialogical Imagination.* Austin: University of Texas Press.

Bateson, G. (1979). *Mind and Nature: A Necessary Unity.* London: Fontana.

Bourdieu, P. (1991). *Language and Symbolic Power.* Cambridge, MA: Harvard University Press.

Brent, J. (1993). *Charles Sanders Peirce: A Life.* Bloomington, Indiana: Indiana University Press.

Bronfenbrenner, U. (1979). *The Ecology of Human Development.* Cambridge, MA: Harvard University Press.

Cazden, C.B. (1988). *Classroom Discourse: The Language of Teaching and Learning.* Portsmouth, NH: Heinemann.

Chomsky, N. (1965). *Aspects of the Theory of Syntax.* Cambridge, MA: MIT Press.

Croft, W. (1998). The structure of events and the structure of language. In M.

Tomasello (Ed.), *The New Psychology of Language: Cognitive and Functional Approaches to Language Structure* vol.1 (pp.67-92). Lawrence Erlbaum Associates.

Crook, C. (1994). *Computers and the Collaborative Experience of Learning.* London: Routledge.

Duff, P.A. (2002). The discursive co-construction of knowledge, identity, and difference: An ethnography of communication in the high school mainstream. *Applied Linguistics,* 23 (2), 289-322.

Gibbons, P. (2002). *Scaffolding Language Scaffolding Learning: Teaching Second Language Learners in the Mainstream Classroom.* Portsmouth, NH: Heinemann.

Gibson, J.J. (1979). *The Ecological Approach to Visual Perception.* Hillsdale, NJ: Erlbaum.

Givón, T. (1998). The functional approach to grammar. In M.Tomasello (Ed.), *The New Psychology of Language: Cognitive and Functional Approaches to Language Structure* vol.1 (pp.41-66). Lawrence Erlbaum Associates.

Goffman, E. (1981). *Forms of Talk.* Philadelphia: University of Pennsylvania Press.

Halliday, M.A.K. (1993). Towards a language-based theory of learning. *Linguistics and Education,* 5, 93-116.

Halliday, M.A.K. and Matthiessen, C.M.I.M. (1999). *Construing Experience Through Meaning: A Language-Based Approach to Cognition.* London: Continuum.

Hopper, P.J. (1998). Emergent grammar. In M.Tomasello (Ed.), *The New Psychology of Language: Cognitive and Functional Approaches to Language Structure* vol.1 (pp.155-175). Lawrence Erlbaum Associates.

Kockelman, P. (2011). Biosemiosis, technocognition, and sociogenesis: Selection and significance in a multiverse of sieving and serendipity. *Current Anthoropology,* 52 (5), 711-739.

Kockelman, P. (2013). *Agent, Person, Subject, Self: A Theory of Ontology, Interaction, and Infrastructure.* NY: Oxford University Press.

Langacker, R.W. (1998). Conceptualization, symbolization, and grammar. In M. Tomasello (Ed.), *The New Psychology of Language: Cognitive and Functional Approaches to Language Structure* vol.1 (pp.1-39). Lawrence Erlbaum Associates.

Lantolf, J.P. (2010). Minding your hands: The function of gesture in L2 learning. In R. Batstone (Ed.), *Sociocognitive Perspectives on Language Use and Language Learning* (pp.131-147). NY: Oxford University Press.

Lantolf, J.P. (2011). The sociocultural approach to second language aquisition. In

D.Atkinson (Ed.), *Alternative Approach to Second Language Acquisition* (pp.24-47). NY: Routledge.

Larsen-Freeman, D. (2011). A complexity theory approach to second language acqusition. In D.Atkinson (Ed.), *Alternative Approaches to Second Language Aquisition* (pp.48-72). NY: Routledge.

Larsen-Freeman, D. and Long, M.H. (1991). *An Introduction to Second Language Acquisition Research.* London: Longman.

Lave, J. and Wenger, E. (1991). *Situated Learning: Legitimate Peripheral Participation.* Cambridge University Press.

Leather, J. and van Dam, J. (2003). Towards an ecology of language acquisition. In J.Leather and J.van Dam (Eds.), *Ecology of Language Acqusition* (pp.1-29). Kluwer Academic Publishers.

Leont'ev, A.N. (1978). *Activity, Conciousness and Personality.* Englewood Cliffs: Prentica Hall.

Leont'ev, A.N. (1981). The problem of activity in psychology. In J.V.Wertsch (Ed.), *The Problem of Activity in Contemporary Psychology* (pp.37-71). Armonk, NY: M.E.Sharpe.

Lewin, K. (1943). Defining the 'field at a given time'. *Psychological Review,* 50, 292-310.

Mehrabian, A. (1968). Communication without words. *Psychology Today,* 2, 52-55.

Merleau-Ponty, M. (1962). *Phenomenology of Perception.* London: Routledge & Kegan Paul.

Neisser, U. (1988). Five kinds of self-knowledge. *Philosophical Psychology,* 1, 35-59.

Norton, B. Peirce. (1995). Social identity, investment and language learning. *TESOL Quarterly,* 29, 9-31.

Norton, B. and McKinney, C. (2011). An identity approach to second language acquisition. In D.Atkinson (Ed.), *Alternative Approach to Second Language Acquisition* (pp.73-94). NY: Routledge.

Peirce, C.S. (1958). *Reviews, Correspondence, and Bibliography: Collected Papers of Charles Sanders Peirce,* vol.8 (A. Burks (Ed.)). London: Harvard University Press.

Peirce, C.S. (1965). *Principles of Philosophy: Elements of Logic: Collected papers of Charles Sanders Peirce* vol. 1-2 (C.Hartshorne and P.Weiss (Eds.)) Cambridge, MA: Belknap Press of Harvard University Press.

Reed, E.S. (1988). *James J. Gibson and the Psychology of Perception.* New Have, CT: Yale University Press.

Reed, E.S. (1995). The ecological approach to language development. *Language and Communication*, 15, 1-29.

Rogoff, B. (1995). Observing sociocultural activity on three planes: Participatory appropriatetion, guided participation, and apprenticeship. In J.V.Wertsch, P.Del Rio and A.Alvarez (Eds.), *Sociocultural Studies of Mind* (pp.139-164).

Sato, C. (1988). Origins of complex syntax in interlanguage development. *Studies in Second Language Acquisition*, 10 (3), 371-395.

Skutnabb-Kangas, T. and Phillipson, R. (1989). Mother tongue: The theoretical and sociopolitical construction of a concept. In U.Ammon (Ed.), *Status and Function of Language and Language Varieties* (pp.450-477). NY: Walter de Gruyer.

Spolsky, B. and Hult, F.M. (Eds.). (2010). *The Handbook of Educational Linguistics*. West Sussex: Willey-Blackwell.

Tomasello, M. (Ed.). (1998). *The New Psychology of Language: Cognitive and Functional Approaches to Language Structure* vol.1. Lawrence Erlbaum Associates.

Tomasello, M. (1992). *First Verbs: A Case Study of Early Grammatical Development*. Cambridge: Cambridge University Press.

Tomasello, M. (2012). The Usage-based theory of language acquisition. In L.Bavin (Ed.), *Cambridge Handbook of Child Language* (pp.69-87). New York: Cambridge University Press.

Trevarthen, C. (1990). Signs before speech. In T.Sebeok and J.Sebeok-Umiker (Eds.), *The Semiotic Web* (pp.689-755). The Hage: Mouton.

van den Branden, K. (2006). *Task-Based Language Education: From Theory to Practice*. New York: Cambridge University Press.

van Lier, L. (1996). *Interaction in the Language Curriculum: Awareness, Autonomiy & Authenticity*. Edinburgh Gate, Harlow: Pearson Education Limited.

van Lier, L. (2004). *The Ecology and Semiotics of Language Learning: A Sociocultural Perspective*. Dordrecht: Kluwer Academic Publishers.

van Lier, L. (2007). Action-based Teaching, Autonomy and Identity. *Innovation in Language Learning and Teaching*, 1 (1), 46-65.

Volosinov, V.N. (1976). *Freudianism: A Marxist Critique*. (J.R. Titunik (Trans.)) NY: Academic Press.

Vygotsky, L.S. (1978). *Mind in Society*. Cambridge: Cambridge University Press.

Vygotsky, L.S. (1962). *Thought and Language*. (E. Hanfmann and G. Vakar (Trans.)) Cambridge, MA: MIT.

Vygotsky, L.S. (1987). *Thinking and Speech: The Collected Works of L. S. Vygotsky, vol.1 Problems of General Psychology.* (N. Minick (Trans.)) New York: Plenum Press.

Wittgenstein, L. (1958). *Preliminary Studies for the "Philosophical Investigations".* Oxford: Blackwell.

Wood, D., Bruner, J.S. and Ross, G. (1976). The role of tutoring in problem solving. *Journal of Child Psychology and Psychiatry,* 17, 89-100.

索　引

【人名】

イリイチ, I.　36, 153
ヴァンリア, L.　13, 16-18, 28, 31-34, 36, 41, 57, 60, 98, 153, 199, 251, 253
ヴィゴツキー, L.S.　22, 30-32, 36, 51, n.20, 53, 54, 57, 59, 78, 85, 86, 98, 103-105, n.38, 156-158, 184, 253, 255, 256, 259
ヴィトゲンシュタイン, L.　60, n.26, 154, 41,
ヴォロシノフ, V.N.　42, n.10, 57, 143
エンゲストローム, Y.　80, 85-89, 92, 95, 99, 153, 157, 164, 184, 186, 213, 217, 259
エンフィールド, N.J.　42, n.9, 43, n.10, 44, n.11, 45, 50, 56, 57, 59, 62, 91, 184
ギブソン, J.J.　36, n.23, 61, 62, n.26, 71, 99, n.41, n.42
ソシュール, F.　45, n.12, n.13, 49, 50, 56, n.22, 58, 104, 109
デューイ, J.　38, n.37
時枝 誠記　14, 56, n.21, 57, n.22, 58, 59, 98, 109
トマセロ, M.　57, 98
ナイサー, U.　53-57, 69, 91
縫部 義憲　210, 254, 258
ネス, A.　36
ノートン, B.P.　23, 98, 265
パース, C.S.　38, 39, n.7, 40, 41, 46, n.14, 47, n.16, 48, n.17, 51, 53, 54, 56, n.21, 57, 63, 66, 85, 92, 99, 108, 151, 196

ハイムズ, D.　24, 25, 57, 98
バフチン, M.　23, 36, 59, 60, 70, 92, 98-103, 113-115, 128, 134, 154, 214, 255
ハリデー, M.A.K.　14, n.2, 98, 108, 109, 160, 161, n.56, 186, 247
フッサール, E.　59, 98, 102, 103, 105, 106
フレイレ, P.　17-19, 27-29, 31, 36, 37, 57, 61, 69, 70, 96-98, 107, 110-113, 115, 151, 218, 226, n.63, 231, 237, 238, 253, 255, 264
フレネ, C.　107, n.38
ブロンフェンブレンナー, U.　82, 84, 85, 88, 90, 99, 116, 118, 154, 155, 206, 213
ベイトソン, G.　81, 82, 85, 87, 99, 213
細川 英雄　33, 92, 98, 214
ラントルフ, J.P.　98, 257
リード, E.S.　28, 34, 57, 61-66, n.25, 67, 70-72, n.27, 74-76, 87, 95, 99, n.41, n.42, 186, 199, 258, 267
レイヴ, J.・ウェンガー, E.　25, 27-29, n.5, 57, 75, 117, 187
レオンチェフ, A.N.　78, n.32, 79-81, 83-85, 88, 92, 99, 114, 117, 119, n.47, 165, 168, 188, 194, 213, 214, 238, 252
ロゴフ, B.　24, 30, n.5, 31, 34, 57, 59, 75-77, n.31, 92, 98, 117-119, 168, 170, 213
ワイリー, N.　41, 57, 99

283

【事項】

あ

アイデンティティ　11, 23, 30, 39, 40, n.39, 141, 151

アフォーダンス　11, 37, 58, n.23, 60-64, n.24, 65-67, n.26, 68, 69, 71-73, n.28, 74, 90, 92, 95, 123-126, 128, 129, n.45, 131-135, 140, 141, 159, 167, n.55, 193, 212, 254, 256, 257, 266

アフォード（する）　62-67, n.26, 68, 69, 71, 256

現れ→代表

（過程論的）意識　29, 34, 61, 62, 78, 79, 80, t.3-2, 92, 95, 99-101, 103, 114, 115, 119, 124, 126, 131, 166, 167, 180, 188, 194, 195, 211, 226, 258, 263

意識化　110, 194, 218, 231, 238

意識的行為　142, t.4-1, 146-148, 150

一体化　6, 37, 68, 253, 261

居場所　4, 9, 119, 150, 151, 154, 210, 227, 245

異物（の排除）　4, 6, n.30, n.57, 201, 263

意味→解釈項

意味づくり　10, 108, 140, 141, 160, 162, 182-185, 186, 187, 190-194, 206, 211, 241, 244, 245, n.65, 253

意味付け　n.2, 30, 106, 131-133, 154, 161, 162, 166, 177, 178-180, f.4-4, 181-183, 185, 192, 210, 250, 252, 254

意味論　n.8, 90, n.34, 104, 122-124, n.41, 125, 127, 128, n.45, 130-134

か

外国語　32, 101, t.4-1, 146, 147, 152, 166, 234, 235

解釈項　10, 38, 39, n.7, 40, 41, n.8, 42-44, n.14, 48, 49, t.3-1, 55, 56, 58, 59, 62-65, 67-69, 74, 90, 91, t.3-2, 92, 94-96, t.3-4, 98, 108, 115, 121, 125, 135, 136, 140, 141, 170, 177, 180, f.4-4, 182, 184, 185, 191, 195, 212, 213, 248, 250, 258

階層　10, 77, n.31, n.32, 79-86, 88, 90, 108, 110, 115, 119, 168, 183, 185, 213, t.5-1, 214, 217, t.5-3, 219, 224, t.5-5, 225, t.5-7, 232, 241, 244, 245

学習→学び

学習者　4, 5, 8-11, 22, 23, 31, 32, 35, 37, n.31, 82, 84, 88, 89, 95, 111, 112, 115-120, 125, 134, 135, 137, 141, 142, t.4-1, 144-151, n.4-1, 152, 153, 158-170, t.4-2, n.54, t.4-3, 172, 173, t.4-6, 174-176, t.4-10, 177-180, 182-190, 193, 196, 211, 213, 216, 219, 223, 225, 227, 231, 237, 240, 241, t.5-9, 242-245, 247, 248, 250-256, 258, 259, 263-267

学習論　29, 33, 35

格助詞　n.3, 129-133, 135, 136, 169

獲得　4, 5, 8, 17, 18, 21, 24, 27, 29, 34, 35, 75, 76, 80, 85, 94, 98, 103, 118, 128, n.47, 146, 147, 168, 185, 187, 190-192, 211, 231, 233, n.64, 237, 240, 248, 259, 262, 264, 267

（関係論的）課題　78, 79, t.3-2, 92, 165-167, 188, 194, 226, 252, 258, 263

課題提起　18, 110, 111, 218, n.63, 238

かたまり（塊）　48, t.3-1, t.3-2, 136, 169, 177, 178, 195

かたり（語り）　48, t.3-1, t.3-2, 136, 169, 170, 177, 178, 195, 248

語り言語　71, 72, n.27, 87

索引　285

（過程論的）価値　24, 31, 36, 37, 39, n.23, 62, 63, 68, 73, t.3-2, 92, 95, 96, 106-108, 110, 167, 169, 178, 180, f.4-4, 183, 189, 190, 192, 193, 195, 210, 254, 262, 266
（関係論的）活動　6, 7, 10, 78, n.32, 79, 80, 83-89, t.3-2, 92, 117, 119, 120, 141, 166, 168, 181, 183, 184-186, 188, 190-196, 210, 211, 217, 218, 232, 233, 237-239, 242, 244, 245, 252, 257, 263
活動論　78, 80, 85
過程（性・論）　36, 40, n.8, 50, 58, 98, 109, 115, 210, 211, 240
カリキュラム　32, 36, 84, 110, 189, 190, 226, 245-250, 256, 259, 264
（個体と）環境　n.25, 75, 76, n.30, 77, 82, 109, 110, 113-115, 224, 232, 233, 253, 261, 263
関係構築　6, 7, f.4-4, 184-186, 192, 210, 263
関係（性・論）　23, 36, 54, 75, 83, 87, 98, 110, 121, 182, 195, 196, 209, 210, 219, 240
観点→尺度
関連付け　167, 174-177, 180, f.4-4, 181-183, 205, 210, 250-252
記号過程　9, 37, 38, n.7, 41, f.3-1, 51, 54, 57, 58, 68-73, 79, 90, t.3-2, 92, 96, 98, 106, 107, 109, 115, 121, 129, 134, 139, 140, 141, 151, 153, f.4-2, 160, 162, 168, 169, 170, 177, 179, 180-182, 186, 188, 191, 213, 250, 259, 262, 264, 266, 268
（意味の）既存　9, 24, 26, 27, 37, 58, n.23, 70, 94, 96, 98, 99, 103, 104, 123, 151, 231, 246
教育（的営為）　4, 6, 7, 8, 9, 11, 13, 30, 35, 36, 90, 95, 110, 117, 122, 151, 192, 194-197, 199, 210, 218, 244, 245, 248, 261, 267
教育目標　13, 194, 196, 210-214, 219, 233, 247-250, 254, 262, 263
共存　102, 103, 105, 106, 113, 128, 226, 254, 267
均衡性　6, 7, 32, 183, 184, 196, 197, 212, 213, 226, 254, 261, 262, 263, 268
決着（の強要）　4, 6, n.57, 201, 203
（一般）言語学　8, 25, 26, 35, 37, n.8, 48, 49, 58, 60, 70, 92, t.3-3, 93-95, 122, 123, 267
言語活動　33, 37, n.10, 80, 92, 113, 188, 213, 214, 217-219, 222-225, 232, 233, 240, 242, 244, 250
言語規範　24, 25, 37, n.33, 89, 91, 98, 99, 100, 101, 113, 115, 121, 122, 129, 134-136, 140, 161, 185, n.65, 262
言語形成　9, 17, 23, 28, 30, 31, 34, 35, 37, 51, 56, 57, 59, 69-75, 79-81, 84, 87-90, 92, 104, 109, 110, n.40, 117-121, 124, 125, 134, 135, 139, 140, 142, 143, 145, 146, 159, 160, 162, 169, 182-184, 186, 187, 188, 190-192, 196, 211-214, 233, 240-242, 245, 246, n.65, 247-252, 254-259, 261, 264, 266, 268
言語種　1, 115, 117, 119, 120, 142, 146, 147, 149, 150, 191, 266, 267
言語能力　8, 21, 24, 25, 70, 98, 100, 112, 121, 239, 262, 264, 265
（関係論的）行為　10, n.6, 53, 67, 78-80, 88, 89, t.3-2, 92, 110, 119, 138, 141, 159, 160-162, 165-168, 170, 180-183, 185, 192, 194, 195, 210, 211, 213, 232, 238, 242, 245, 250-254, 257

（過程論的）行動　10, 17-19, 37, 56, 61, 62, 69, 73, n.28, 74, 75, 78, 79, 81-83, 86, 90, t.3-2, 92, 95, 97, 98, 110, 111, 115, 117, 119, 124, 134, 163, 166, 167-181, 183, 186-188, 194, 195, 206, 211, 213, 214, 224, 240, 241, 245, 247-250, 253-256, 261, 264, 268

行動科学→活動論

こえ（声）　48, t.3-1, 50, t.3-2, 136, 139, 169, 195, 214, 215, 249

個人（的）　10, 14, 16, 23, 31, 77, 85, 86, t.3-2, 114, 115, 117-120, 168, 169, 187, 211, 213, 217, f.5-9, 222, f.5-11, 237, 238, 241, 245, 258, 263

個体（と環境）　9, 10, 14, 15, n.2, 34, n.25, 73-76, n.30, 77, n.31, 82, 109, 110, 113-115, 160, 187, 224, 232, 233, 253, 261, 263, 267

個物（記号）　47-49, 64-66, t.3-2, 96

コミュニケーション　1, 5, 18, 24, 26-30, 33, 40, 72, 86, 87, 99, 102, 103, 105, 111, 113, 114, 116, 176, 200, 205, 248

さ

最近接発達領域→ZPD

指し言語　71, 72, 258

参加　23-25, 28, 29, 30, 33, 59, 75, 77, n.31, 83, 84, t.3-2, 92, 117, 118, 168, 170, 187, 188, 197-199, 205, 210, 213, 233, 234, 242-245, 247, 251, 257, 263

3範疇　10, 46, 47, n.16, 51, 53, 54, 63, 72, 96, 109, 151

3要素　10, n.7, 40, 41, 43, 44, 48, 68, 94, 95, 177

支援者　11, 116, 117, 153, 163, 164, 166-168, 170, t.4-2, n.54, t.4-3, t.4-4, t.4-6, 175, 176, t.4-10, 178, t.4-11, t.4-13, 182, 183, 185, 187-189, 199, 201-203, 210, 211, 213, 216, 240, 241, 244, 245, 247-254, 259, 263

資源　11, 62-65, 73, n.28, t.3-2, 92, 95, 110, 159, 169, 170, 174, 180, f.4-4, 183, 184, 195, 196, 240, 241, 245, 247-250, 254, 259, 261, 262, 264, 268

自己　11, 31-33, 53-56, 69, n.30, 90, t.3-2, 95, n.37, 108, 113, 116, 145, 151, 153, f.4-2, 167, 185, 189, 190, 192, 195, 226, 227, 251

（過程論的）事象　51, t.3-2, 95-97, 106, 137, 180, 195

持続可能性　6, 7, 113, 184, 196, 197, 212, 213, 226, 254, 261, 262, 263, 268

実践（場面）　4, 7-10, 37, 73, 90, 117, 121, 135, 153, 159, 168-171, 177-180, f.4-4, 181, 183, 184, 188, 209, 211-214, 219, 240, 241, 244, 247-251, 253, 254, 259, 261, 264, 266, 267

指標　48, t.3-1, 65, t.3-2, 160, 258, 259

社会文化歴史的理論→SCT

尺度　9, 14, 15, n.2, 16, 17, 26, 77, 82, 85, 92, 109, 178, 183, 217, 240, 241, n.65

集団（的）　10, 31, 77, 85, 86, t.3-2, 115, 117, 119, 120, 169, 183, 187, 211, 213, 216, 217, f.5-10, 224, 237-239, 242, 243, 245, 258, 263

習得論　16, 20, 22, 23, 35, 37, 70, 92, 93

主言語　10, 101, 115-117, 119, 120, 137, 144, 149, 150, 152, 164, t.4-5, 173, t.4-13, 187, 205, 216, 227, 233, 237,

242
主体（変容） 9, 57, 69, 71, 78, 90, 95, 121, 135, 141, 153, 160-162, 169, 184, 188, 211, 212, 214, 233, 240, 249, 261, 266
主流語 5, 10, 101, 112, 115-117, 119, 120, 150, 170, 187, 216, 265
（過程論的）状況 t.3-2, 92, 95, 169, 180, f.4-4, 195
省察 10, 17-19, 37, 69, t.3-2, 97, 98, 111, 226, 261
象徴 42, 48, t.3-1, 51, 54, 64, 66, 67, t.3-2, 136, 151, 161, 186, 258
シラバス 36, 110, 125, 189, 192, 241, 245-250, 258, 259, 264
人材（の確保） 4, 5, 7, 196, 207, 210, 226, 262, 267
身体 33, 55, 56, 71, t.3-2, 186
（一般）心理学 8, 32, 35, n.11, 55, 57, 60, n.25, 68, 76, 78, 79, 83, 85, 92, t.3-3, 94, 122, 123, 142, 147, 148, 165
遂行（的） n.25, 67, 73, 74, 219
数量詞 15, 125-127, n.44, n.45, 135, 136
図像 48, t.3-1, 64, t.3-2, 135, 139, 258
性質（記号） 47-49, 64, 66, 67, t.3-2, 96
生態学（的言語論） 6, 13, 35, 36, 38, 57, 60, 70, 71, 75, 85, 90, 92, 97, 99, 110, 112, 121, 124, 134, 141, 188, 190, 191, 194, 195, 196, 211, 214, 240, 261, 262, 266, 267, 268
生態心理学 28, 61, 69, 79, 90, 92, 122-124, n.41, 128
（関係論的）制度 75, t.3-2, 92, 117, 118, 187, 243-245, 263
正統的周辺参加（論） 27, 28, 30, 31, 34, 117, 156

専有 77, t.3-2, 92, 117-119, 168, 187, 188, 241, t.5-9, t.5-10, 244, 245, 247, 248, 250, 255, 258, 263
相互作用 9, 10, 11, 17, 18, 29, n.6, 37, 38, 59, 61, 62, 70-72, n.27, 73-76, 82, 83, 86, 90, 93, 99, 104, 108, 109, n.39, 113-117, 121, 139, 154, 159, 160, 161, 167, 175, 185, 186, 187, 194, 196, 211, 217, 227, 241, 242, 245, n.65, 248, 251, 253
（関係論的）操作 10, 53, 78-80, 86, 88, t.3-2, 92, 119, 120, 165, 166, 168, 180, f.4-4, 181, 185, 192, 194, 195, 196, 211, 213, 232, 238, 245, 252, 257
創発 22, 23, 27, 37, 63, 64, n.24, 67, 210, 238, 245, 246, n.65, 247-250, 264, 266
素材 11, 56-58, 69, 73, 90, 95, 109, 118, 138-140, 150, 162, 164, 168, 169, 175, 176, 178, 180, 182, 183, 185, 186, 188-195, 197, 207, 209, 211, 214, 216, 231, 237, 240, 241, 245, 247-250, 253, 254, 256, 259, 264, 268
組織化 22, 61, 62, 68, 72, 95, 108, 154, n.65

た
第一性 10, 46, n.14, n.16, 48, 49, t.3-1, 50, 51, 53, 54, 63-66, 72, t.3-2, t.3-4, 109, 120, 151, 160, 166, 187, 195, 212
第三性 10, 46, n.14, 47-49, t.3-1, 50, 51, 53, 54, 63, 64, 66, 67, 72, n.27, t.3-2, 92, t.3-4, 109, 120, 151, 167, 187, 195, 212
（記号論的）対象 10, 38, 39, n.7, 40, 41, n.8, 43-45, n.14, 48, t.3-1, 49,

50, 55, 56, 58, 59, 62, 63, 68, t.3-2, 91, n.34, 94-96, t.3-4, 105, 108, 110, 140, 176, 177, 180, f.4-4, 191, 195, 212, 213, 250

対人（的） 10, 31, 54, 77, t.3-2, 117-119, 145, 151, 161, 162, 169, 187, 211, 213, 217, 223, 224, 238, 242, 245, 247, 257, 263

第二性 10, n.6, 46, n.14, 48, 49, t.3-1, 50, 51, 53, 54, 63-67, 72, t.3-2, t.3-4, 109, 151, 166, 170, 187, 195, 212, 257, 258, 259

（記号論的）代表 10, 11, n.6, 39, n.7, 40, 41, n.8, 43-45, n.14, 47, 48, t.3-1, 49, 50, 55, 56, 58, 59, 62-64, 68, 69, 73, t.3-2, 91, 94-96, t.3-4, 98, 105, 108, 110, 115, 137, 140, 151, 169, 176, 177, 180, f.4-4, 184, 191, 195, 212, 213, 240, n.65, 247, 250

対話 10, 18, 19, 27, 36, 37, 41, 42, n.10, 70, 98, 109-119, 158, 167, 170, t.4-2, t.4-3, 172, 173, t.4-6, 175, 176, t.4-10, 178, 180, 181, 185-187, 194, 205, 206, 208, 211, 218, 226, 238, 239, 241, t.5-9, t.5-10, 244, 245, n.65, 247, 251, 253, 263

多様性 6, 7, 25, 32, 84, 141, 142, 150, 151, n.4-1, n.52, 184, 196, 197, 212-214, 219, 226, 239, 254, 261-263, 267, 268

探索（的） 66, n.25, 73, 74, n.43, 219

（直接）知覚 11, 44, 45, 52-56, 62, 63, 65, 68, 69, 73, 123, 128, 133, 139, 141

秩序創出 6, 7, f.4-4, 184-186, 192, 210, 263

仲介者 210, 251-254

調整 31, 34, 61, 62, n.25, 68, 71-73, 76, 83, 95, f.4-2, 159, 162, 186, 189, 196, 199, 223, 226, 249

手本 81, 192, 193, 247, 248, 254, 255, 259

（関係論的）動機 67, 78, 79, t.3-2, 92, 166, 167, 188, 194, 252, 258, 263

道具 13, 60, 75, 239, 255-259

徒弟制 77, 117, 118, 156, 168

な

内容論 7, 98, 122, 263, 265, 266

二元論 33, 34, 36, 77, 103, 109, 114, 196, 262, 264

は

媒介 22, 46, 57, 75, 89, 111, 114-116, 224, 238, 240, 241, 245, 247-251, 253-259, 266, 268

場面→実践

評価 13, 36, t.3-2, 92, 95, 96, 110, 188-194, t.5-4, 221, 226-228, 230, 231, t.5-7, 237, 251, 252

（過程論的）表現 38, 41, 50, n.19, 56-58, 60, 69, 71, 90, t.3-2, 91, 92, 95, 105, 110, n.40, 114, 123, 124, 138, 140, 145, 162, 167, 180, 192, 195, 211, t.5-4, 231, 247, 250

表示先→対象

複雑系 22, 23, n.65

文法→言語規範

変化促進 6, 7, f.4-4, 184-186, 192, 210, 263

方向付け 169-174, 179, f.4-4, 181-183, 210, 250, 251

法則（記号） 47, 48, 67, 96

方法論 7, 23, 27, 57, 92, t.3-3, 93, 97, 98, 239, 240, 261, 263, 268

補償教育 4-7, 112, 262

ま

学び　4, 9, 21, 28, 30-32, 160, 219, 224, 243, 245, 249, 252, 266
矛盾　4, n.13, n.32, 85, 87-89, 108, 164, 167, 184, 190, 203, 207, 239, 259
（関係論的）目的　78, 79, t.3-2, 92, 166-188, 258, 263

や

有機体　10, 36, 61-63, n.24, 65, 66, n.25, 68-70, n.31, 82, 124, n.42, 141, 212, 263
要素還元（主義）　36, 40, 78, 79, 240

ら

臨界期　16, 17, 262

A~Z

SCT　22, 30, 32, 85
ZPD　22, 28, 30, 31, 85, 86, 105, 117, 153, f.4-2, 155, 157-159, 184, 253, 259

謝　辞

　本著は、平成27-30年度日本学術振興会科学研究費補助金（基盤研究（C））「教室の言語文化的多様性を積極的に評価する対話的活動による学習環境づくり」（課題番号15K04219）による研究成果の公開を目的に編纂したものです。学術書出版という薄利の体裁にもかかわらず非常に面倒な労をとっていただき丁寧なご助言を度々お寄せてくださった風間書房の風間敬子様に、まずは心より謝意を表します。また、ご退職された現在でも精力的に教育研究活動に献身されている細川英雄先生には、本著の執筆時から幾多の叱咤激励を賜りました。ここに厚く御礼を申し上げます。

　本研究の完遂は、過去二十余年の間に出会った多くの方々の支えなくして成し得ませんでした。学校教育・言語教育に携わっている教職員の先生方をはじめ、教室の子どもたち、地域在住のボランティアのみなさん、さらには教育委員会等教育行政に関わっている方や、大学内外の学生さんおよび研究者の方々から多大なご支援とご協力を頂戴しています。そのすべてをご紹介申し上げられないのは断腸の思いですが、既刊の拙論・拙著における謝辞にて代えさせていただくことをどうかお許しください。この場では今まで言及の機会を逸しておりました中澤喜代子さん、濱村久美さん、内田恵さん、菅野文彦さん、坂口京子さん、ヤマモト－ルシア－エミコさん、古屋憲章さん、齋藤智美さん、佐藤慎司さん、尾辻恵美さん、アフマッド－ダヒディさん、アエプ－サエフルーバッフリさん、ディアンニーリスダさん、ジュジュ－ジュアンシーさん、デディ－ステディさんへ、職務や共同研究等を通してたいへんお世話になったことに特段の謝意を添えたいと思います。ありがとうございました。

2018年9月

宇都宮　裕章

著者略歴

宇都宮裕章（うつのみや　ひろあき）

静岡大学学術院教育学領域教授（教育言語学）。主な著書に『教育言語学論考―文法論へのアンチテーゼと意味創りの教育』（2006年，風間書房）、『生態学が教育を変える―多言語社会の処方箋』（2009年，ふくろう出版）、『対話でみがくことばの力―互いの異なりを活かすグループワーク26』（2010年，ナカニシヤ出版）、『新ことば教育論―いのち・きもち・だいちの考察』（2011年，風間書房）などがある。

生態学的言語論が語る学びの未来

2018年11月15日　初版第1刷発行

著　者　　宇都宮裕章

発行者　　風間敬子

発行所　　株式会社　風間書房
〒101-0051　東京都千代田区神田神保町1-34
電話 03(3291)5729　FAX 03(3291)5757
振替 00110-5-1853

印刷・製本　中央精版印刷

©2018 Hiroaki Utsunomiya　　　　NDC分類：810
ISBN978-4-7599-2236-3　Printed in Japan

JCOPY〈(社)出版者著作権管理機構 委託出版物〉

本書の無断複製は、著作権法上での例外を除き禁じられています。複製される場合はそのつど事前に(社)出版者著作権管理機構（電話 03-3513-6969、FAX 03-3513-6979、e-mail: info@jcopy.or.jp）の許諾を得て下さい。